Learn German

More than 100 didactic texts to learn and improve your German

Learn vocabulary and grammar while your are reading

by   Dominik Wexenberger

Table of Contents

Introduction

First of all thank you for your interest in this book. I hope it will help you a lot on your way to dominating the German language. I wrote this book because I wanted to make the process of language acquisition easier. I've been a language teacher for several languages for a while and I could observe many different types of struggles and problems of my students. But in the end all of them managed to overcome them and get more and more fluent in the respective language. I think it is all about motivation and fun. And the easiest way to create motivation and fun is by generating a permanent feeling of progress.

In my school time I was often told that I didn't have talent for learning languages. Today I speak various languages and I taught them to me myself. I'm an autodidact and I love to learn. Knowledge is power is a phrase I'm sure most of my readers will have heard of one time or the other. I think it is not so much about power but about empowerment. Learn something and doors will open, paths will show up and opportunities will appear. Life is all about becoming someone, getting somewhere. One way of progressing in our life is through learning and developing our knowledge and thus ourselves.

In my classes I try to pass this passion about knowledge and lifelong learning over to my students. Most of the time it works quite well. Why? Because they feel that if they only try hard enough they will succeed. I'm convinced that learning and achieving one's goal is closely related to one's own believe of being able to succeed. I know this sounds kind of obvious but nevertheless it is worth mentioning because I meet people everyday who might tell me this but they don't believe it. They don't believe in their possibilities to achieve their goals. Reasons for this misbelief are countless, you might take the time to reflect on the topic yourself. It is worth the time.

What I seek to try with this book is to make you believe that you can learn the German language. It is structured in a way that will make you build up knowledge, self-confidence and ambition. I tested all of the texts with many students, guiding them towards their goal of learning German. I'm convinced that one key of language learning is reading.

Reading has several big advantages. First, it doesn't put pressure on us because we have all the time we need to understand the phrase, to analyze its structure, to get the feeling for its sounding. Second, language exists only in context, never as mere words. It describes always a bigger context, a picture, an idea or an imagination. Reading is the perfect medium in order to take the time to understand, to feel and visualize the author's message and intentions. Third, reading texts is probably the most important part of creating the famous feeling of the language for which we envy native speakers so much. I believe that it is actually not that difficult to get to the point of feeling a language. Think about a song or a melody and try to sing or hum it starting from an arbitrary point in the middle of the song. You will see that you are not able to do this. You have starting points in the song. It is the same with language. The deeper you get into the language the more it will resemble a song in your head and words will trigger words and will help you speak fluently. Another example: Try to change some words in the song and sing it again. Feels funny doesn't it? It is the same with language. For a native speaker you change words and sounds in his or her language and make it sound wrong. I'm convinced we can use this effect for our own purposes. And a big help with this is reading.

The problem of many students I met was that they didn't know what to read or better which texts suited their level and wouldn't make them feel frustrated. I always told them that I would try to find first children's books, fairytales and suchlike in order to get used to the language and broaden my vocabulary and understanding of grammar. Then I would go for books for 10 to 12 years olds. After a while I would go for books for adolescents. At this point you have actually already won the match. But for many students it seemed harder to find and select literature than I thought. That is why I decided to write this book for them and everyone who would like to learn German.

The book should help you not only to learn a few words and a bit of grammar but to achieve the important transition from level to level, improving your German up to the point of being able to apply it in an understandable and confident way. Each topic is conceived to contribute something new without overwhelming you with too much knowledge or frustrating you with texts you can't make sense of. Of course, you still have to study and look up words. Language-acquisition is an active process and far away from putting the book below your pillow. But I promise you, if you work thoroughly through the book at the end you will have a proper base in order to do whatever pleases you with the German language.

Before you start your journey, just some recommendations how to use the book the most effectively:

1. Install Goldendict on your computer and find a dictionary from your language to German. In my opinion it is the very best option to look up words you don't know. It gives you the possibility to just click on words in books, newspaper articles, social networks and so forth and see their translation instantaneously. You can find it here: http://goldendict.org/

2. Go through a text and look up all the words you don't know. Try to understand the sentences in depth. In depth means that you really understand the phrase as if it were in your native language. In depth doesn't mean "It means more or less this".

3. When you have understood the entire text thoroughly, reread it. This time try not to translate it but to understand it through the German sentence. Try to find the ghost behind the phrase as I call it. Behind every phrase is an image, a message that is the sum of the words and creates the meaning of it. Think of reading in your native language. You don't read and understand the mere words but something underlying. Think of it like the ghost behind the phrase and try to see it.

4. Practice is important. Find the WANNATEACH-textbook-group and write a small text about every topic you complete. I will be there and correct your text.

5. Make it a habit. I know people nowadays are always tremendously busy and never have enough time. Nevertheless try to dedicate time on a daily base to the text work. That's why the texts are so short. You can work through them in 15 minutes.

If you are interested in private classes, if you have any interesting comment on my work or you just want to say hello, feel free to contact me on Facebook or on Skype. You will find me there with my name.

And now it's time to get it cracking. Dive into the first topic and start learning. You are already one step closer to your goal to speak German. You can do it!

Good luck and have fun,

Dominik Wexenberger

Präsentation

Text 1

Hallo, guten Tag! Wie geht es dir ? Mir geht es gut. Ich heiße Dominik und wie heißt du ? Ich komme aus Deutschland, aus der Nähe von München und woher kommst du ? Wo wohnst du? Ich bin 28 Jahre alt. Wie alt bist du ? Meine Hobbys sind Sport, Sprachen, Reisen und mich mit Freunden treffen. Ich mag gutes Essen. Ich mag Malen. Ich mag Computer spielen und was magst du ? Was magst du nicht? Ich mag schlechtes Wetter nicht und ich mag schlechtes Essen nicht. Ich spreche Deutsch, Englisch, Spanisch und ein bisschen Französisch. Und was sprichst du ? Welche Sprachen sprichst du? Was ist dein Beruf? Ich arbeite als Lehrer. Ich unterrichte Sprachen. Ich habe studiert. Studierst du auch? Oder was machst du?

Text 2

Hallo, wie geht's? Mir geht es gut. Ich stelle dir heute meinen Vater vor. Mein Vater ist sehr nett. Mein Vater heißt Roland. Und wie heißt du? Mein Vater ist 55 Jahre alt und wie alt bist du? Er wohnt in Deutschland. Und wo wohnst du? Er spricht Deutsch und ein bisschen Englisch. Er mag Fußball. Er mag Kochen. Er mag Hunde und er mag gute Filme. Und du? Was magst du? Was sind deine Hobbies? Er mag keine Katzen und er mag keine schlechten Leute. Und du? Was magst du nicht? Erzähl es mir! Das ist bestimmt interessant. Tschüss!

Text 3

Hallo, wie geht's? Alles klar? Hast du einen guten Tag? Kennst du meinen Bruder? Mein Bruder heißt Mark. Er ist sehr sympathisch. Er ist 26 Jahre alt. Und wie alt bist du? Er arbeitet als Ingenieur. Und du? Als was arbeitest du? Er mag Musik. Er spielt Gitarre. Er hört gerne Musik und er macht gerne Musik. Und du? Was machst du gerne? Er kocht gerne. Er mag Kochen. Und du? Magst du Kochen? Er mag keinen Alkohol. Er trinkt keinen Alkohol. Und er mag keine Spinnen. Und er mag Fußball nicht. Magst du Fußball? Magst du Spinnen? Schönen Tag noch! Tschüss.

Farben und Kleidung

Text 1

Welche Farbe hat die Hose? Die Hose ist schwarz. Welche Farbe hat das T-Shirt? Das T-Shirt ist grün. Welche Farbe hat der Pulli? Der Pulli ist blau. Welche Farbe haben die Socken? Die Socken sind gelb. Welche Farbe hat die Unterhose? Die Unterhose ist weiß. Welche Farbe hat die Badehose? Sie ist rot. Welche Farbe hat die Trainingshose? Sie ist blau. Welche Farbe hat das T-Shirt? Es ist rosa. Und welche Farbe hat die Hose? Sie ist grün.

Text 2

Hallo, was hast du heute an? Ich habe heute eine Jacke an. Die Jacke ist grau. Ich habe eine graue Jacke an. Und ich habe ein Hemd an. Das Hemd ist hellblau und weiß. Ich habe ein hellblaues Hemd an. Und ich habe ein T-Shirt an. Das T-Shirt ist gelb. Ich habe ein gelbes T-Shirt an. Und ich habe eine Hose an. Die Hose ist schwarz. Ich habe eine schwarze Hose an. Und ich habe Socken an. Die Socken sind auch schwarz. Ich habe schwarze Socken an. Und ich habe Schuhe an. Meine Schuhe sind schwarz. Ich habe schwarze Schuhe an und du? Was hast du an? Was trägst du heute?

Text 3

Guten Morgen! Was ziehe ich heute an? Ich ziehe meinen Pyjama aus. Ich ziehe eine Unterhose an. Ich ziehe grüne Socken an. Ich ziehe eine schwarze Hose an. Ich ziehe ein weißes Hemd an. Ich ziehe eine blaue Krawatte an. Und ich ziehe meine rote Jacke an. Ich ziehe Schuhe an. Was ziehst du an? Ziehst du ein Hemd an? Ziehst du eine Bluse an? Ziehst du Schuhe an? Ziehst du Handschuhe oder einen Schal an?

Text 4

Es ist Wochenende! Ich gehe in die Disko. Ich ziehe ein buntes T-Shirt an. Ich ziehe eine grüne Hose an. Ich ziehe schwarze Schuhe an. Und ich ziehe eine schöne Jacke an. Ich ziehe kein Kleid an. Ich ziehe auch keinen Anzug an. Ich ziehe keine Sandalen an. Ich ziehe keine Handschuhe und keinen Schal an. Und du? Was trägst du in der Disko? Was ziehst du an?

Schreibtisch

Text 1

Was machst du mit diesen Dingen? Mit der Lampe beleuchtest du den Schreibtisch. Mit dem Radiergummi radierst du. Mit dem Spitzer spitzt du den Bleistift. Mit dem Filzstift malst du. Mit dem Lineal misst du eine Distanz. Mit dem Taschenrechner rechnest du. Mit dem Rucksack transportierst du deine Sachen. Auf den Blättern schreibst du. Mit dem Bleistift zeichnest du. Im Federmäppchen verstaust du deine Sachen. Auf dem Block schreibst du und machst Notizen und in Büchern liest du und du lernst mit den Büchern.

Text 2

Heute reden wir über den Schreibtisch. Wir haben eine Lampe, um den Schreibtisch zu beleuchten. Wir haben Bücher. In den Büchern lesen wir und wir lernen mit den Büchern. Wir haben einen Block. Mit dem Block machen wir Notizen. Wir haben ein Federmäppchen. Im Federmäppchen verstauen wir Bleistifte, Filzstifte oder zum Beispiel unseren Radiergummi oder unseren Spitzer. Auf den Blättern schreiben wir oder malen wir. Mit dem Rucksack transportieren wir unsere Utensilien. Mit dem Taschenrechner rechnen wir. Wir addieren, wir subtrahieren, wir dividieren oder wir multiplizieren. Mit dem Lineal können wir Distanzen messen. Mit den Filzstiften malen wir. Mit dem Spitzer können wir die Bleistifte spitzen und später können wir das Geschriebene mit dem Radiergummi wieder löschen.

Text 3

Was ist das? Das ist eine Schere. Mit einer Schere kann man schneiden. Man schneidet Papier. Was ist das? Das ist ein Bleistift. Mit einem Bleistift kann man schreiben. Es gibt einen Spitzer, um den Bleistift zu spitzen.. Was ist das? Das ist ein Klebeband. Mit einem Klebeband kann man etwas festkleben. Was ist das? Das ist ein Filzstift. Mit einem Filzstift kann man malen. Was ist das? Das ist ein Buch. In einem Buch kann man lesen. Und was ist das? Das ist ein Block. Auf einem Block macht man Notizen. Was macht man mit einem Tacker? Man tackert Dokumente zusammen. Was macht man mit einem Kugelschreiber? Man schreibt einen Text oder man unterschreibt ein Dokument. Was macht man mit einem Pinsel? Man malt ein Bild.

Einkaufen

Text 1

Ich bin heute auf dem Markt. Ich brauche Gemüse. Ich brauche Tomaten. Rote Tomaten. Sie kosten 1 € das Kilo. Außerdem möchte ich Gurken. Sie kosten 2 € das Kilo. Ich brauche auch Chilis. Hier kostet das Kilogramm Chilis 5€. Ich kaufe auch Salat. Ich möchte einen Kopfsalat. Der Salat sieht lecker aus. Er kostet 70 Cent das Stück. Ich kaufe Kartoffeln. Wie viel kosten sie? Die Kartoffeln kosten 1 Euro und 20 Cent das Kilo. Ich brauche noch ein bisschen Brokkoli. Brokkoli kostet 1,50 € das Stück. Das ist nicht teuer. Das ist günstig. Das ist alles. Wie viel kostet das alles zusammen? Ich bezahle und gehe nach Hause.

Text 2

Ich brauche Früchte. Ich kaufe Früchte im Supermarkt. Hier gibt es schöne Bananen. Sie kosten 1,40 € das Kilo. Außerdem gibt es Melonen. Ich möchte eine Melone kaufen. Eine Melone kostet 1 € das Kilo. Auch die Birnen sehen gut aus. Ich möchte Birnen kaufen. Birnen kosten 2,50 € das Kilo. Außerdem möchte ich eine Ananas kaufen. Die Ananas kostet 2 € das Kilo. Und zum Schluss kaufe ich noch Äpfel. Die Äpfel sehen sehr lecker aus. Sie kosten 1,20 € das Kilo. Ich kaufe heute keine Erdbeeren, keine Nüsse, keine Mangos und keine Kirschen. Ich habe nicht so viel Geld heute. Was kostet das alles?

Text 3

Ich bin im Supermarkt. Ich brauche ein paar Sachen. Ich kaufe frische Milch und Käse. Ich mag Käse sehr gerne. Und ich möchte Joghurt. Ich esse gerne Joghurt mit Früchten und Hafer. Ich möchte auch ein bisschen Fleisch und Fisch kaufen. Ich kaufe ein Stück Fleisch und einen Fisch. Ich brauche auch einen Karton Eier. Natürlich kaufe ich Bio-Eier. Und ich habe keinen Saft mehr zu Hause. Ich kaufe Orangensaft und Apfelsaft. Und ich kaufe ein bisschen Schokolade. Brauche ich sonst noch etwas? Ich denke nicht. Doch! Ich brauche frisches Brot! Jetzt habe ich alles. Ich gehe zur Kasse. Ich brauche noch eine Einkaufstüte. Ich bezahle mit meiner Kreditkarte.

Alltag

Text 1

Es ist 6 Uhr morgens. Ich stehe auf. Und du? Wann stehst du auf? Es ist halb 7. Ich dusche und ich frühstücke. Und wann frühstückst du? Es ist 8 Uhr. Ich fange an zu arbeiten. Ich arbeite bis mittags um 12 und du? Wann fängst du an zu arbeiten? Wann machst du Mittagspause? Ich arbeite um 1 weiter. Ich arbeite den ganzen Nachmittag bis 6 Uhr abends. Ich fahre nach Hause. Um 8 Uhr gibt es Abendessen. Um halb 9 sehe ich einen Film. Danach, um 11, lese ich noch ein bisschen. Und um 12 gehe ich ins Bett. Und du? Was machst du abends? Wann gehst du ins Bett?

Text 2

Hallo. Ich beschreibe heute meinen Tag. Ich stehe um 5 Uhr auf und gehe in die Küche, um Kaffee zu kochen. Danach gehe ich zum Duschen in das Bad. Ich wasche mich und ich rasiere mich. Danach putze ich meine Zähne. Danach ziehe ich mich an. Danach frühstücke ich und trinke Kaffee. Danach gehe ich in die Arbeit. Ich arbeite bis Mittag, bis viertel nach 12, halb 1. Dann esse ich zu Mittag. Am Nachmittag arbeite ich noch bis viertel nach 5, halb 6. Dann fahre ich nach Hause. Ich komme gegen viertel vor 7 zu Hause an. Ich koche mein Abendessen und esse zu Abend. Danach sehe ich noch ein bisschen fern oder ich lese noch ein bisschen. Um 10 gehe ich ins Bett und schlafe.

Text 3

Mein Wecker klingelt. Es ist früh am Morgen. Es ist 6 Uhr. Ich stehe auf und mache mein Bett. Dann gehe ich duschen. Ich dusche und putze meine Zähne. Am Morgen bin ich immer ein bisschen langsam. Ich föhne meine Haare. Ich kämme und schminke mich. Danach ziehe ich mich an. Ich mache mein Frühstück und ich frühstücke. Ich frühstücke ein Brot mit Marmelade und trinke einen Kaffee. Danach gehe ich in die Schule. Ich lerne viele neue Sachen. Mittags gehe ich nach Hause. Ich mache meine Hausaufgaben und danach treffe ich meine Freundin und spiele den ganzen Nachmittag. Am Abend bereite ich das Abendessen zu. Ich esse zu Abend. Danach gehe ich ins Bett und schreibe in meinem Tagebuch. Bevor ich schlafe lese ich noch ein bisschen. Und dann schlafe ich und träume viele schöne Dinge.

Familie

Text 1

Das ist die Familie von Anna. Anna ist dreizehn Jahre alt und sehr freundlich. Ihr Bruder Tom ist elf Jahre alt und spielt gerne Fußball. Der Vater von Anna und Tom ist 45 Jahre alt und sehr hilfsbereit. Ihre Mutter und Ehefrau von ihrem Vater heißt Monika. Sie ist sehr interessant. Ihr Vater und ihre Mutter sind ein Ehepaar. Sie sind verheiratet. Der Vater von Annas Vater ist der Opa von Anna. Er ist ihr Opa. Er ist verheiratet mit der Oma von Anna und Tom. Anna und Tom lieben ihre Großeltern sehr. Die Oma von Tom ist 75 Jahre alt und der Opa ist 80 Jahre alt. Tom und Anna sind die Enkelkinder von ihren Großeltern. Der Vater von Anna und Tom hat zwei Brüder. Sie sind die Onkel von den Kindern. Anna ist die Nichte von ihrem Onkel und Tom ist der Neffe. Monika hat eine Schwester. Sie ist Annas und Toms Tante. Und die Kinder haben einen Cousin und eine Cousine. Sie sind die Kinder von Annas und Toms Tante, Monikas Schwester.

Text 2

Das ist mein Bruder und das ist meine Schwester. Wir sind Geschwister. Wir sind die Kinder von unseren Eltern. Meine Schwester ist die Tochter und wir sind die Söhne und wir sind die Enkelkinder von unseren Großeltern. Meine Schwester ist die Enkeltochter und ich bin der Enkelsohn. Das ist mein Vater. Mein Vater ist der Sohn von meiner Oma und meinem Opa. Und das ist meine Mutter. Sie ist die Schwiegertochter von meinem Opa und meiner Oma. Mein Vater hat auch einen Bruder. Er ist unser Onkel und seine Ehefrau ist unsere Tante. Meine Schwester ist ihre Nichte und ich bin ihr Neffe.

Text 3

Ich mag meine Familie sehr gerne. Mein Vater ist sehr freundlich. Meine Mutter ist sehr fleißig. Wie sind deine Eltern? Wie ist dein Vater und wie ist deine Mutter? Meine Schwester ist sehr intelligent. Wie ist deine Schwester? Mein Bruder ist sehr sportlich. Und dein Bruder? Wie ist dein Bruder? Meine Oma ist sehr herzlich. Und wie ist deine Oma? Mein Opa ist super lustig. Und wie ist dein Opa? Wie ist deine Familie?

Körper

Text 1

Der Mensch hat ein Gesicht. Im Gesicht hat er einen Mund. Mit dem Mund spricht er und er isst. Im Mund hat er Zähne und eine Zunge. Mit den Zähnen kaut er und er beißt. Mit der Zunge schmeckt er. Er hat auch Lippen. Mit den Lippen küsst er. Er hat ein Kinn, zwei Backen und zwei Augen. Mit den Augen sieht er. Er hat Wimpern und Augenlider. Die Wimpern sind lang. Er hat Augenbrauen. Der Mensch hat eine Stirn. Er hat schwarze Haare. Er hat eine Nase. Mit der Nase riecht er. Er hat Ohren. Mit den Ohren hört er.

Text 2

Was macht man mit den Beinen? Mit den Beinen geht man. Was macht man mit den Füßen? Mit den Füßen steht man. Was macht man mit den Händen? Mit den Händen kann man greifen und man kann klatschen. Was macht man mit den Fingern? Mit dem Finger zeigt man. Was macht man mit dem Knie? Mit dem Knie kniet man. Was macht man mit dem Hintern? Auf dem Hintern sitzt man. Was macht man mit der Hüfte? Mit der Hüfte tanzt man. Was macht man mit dem Bauch? Mit dem Bauch verdaut man. Was macht mit der Brust? Mit der Brust atmet man. Was macht mit dem Rücken? Mit dem Rücken trägt man. Was macht man mit den Schultern? Man zuckt mit den Schultern. Was macht man mit den Armen? Man umarmt einen Freund oder die Familie.

Text 3

Mein Kopf ist groß. Ich denke mit meinem Kopf. Meine Nase ist spitz. Ich rieche mit meiner Nase. Meine Augen sind braun. Ich sehe mit meinen Augen. Meine Lippen sind rot. Ich küsse mit meinen Lippen. Meine Zähne sind weiß. Ich beiße und kaue mit den Zähnen. Meine Schultern sind breit. Ich trage mit meinen Schultern. Meine Brust ist stark. Ich atme mit meiner Brust. Meine Arme sind lang. Ich umarme meine Freunde. Meine Hände sind schmal. Ich greife nach einem Apfel. Meine Finger sind dünn. Ich zeige auf ein Bild mit meinem Finger. Mein Bauch ist dick. Ich brauche ein bisschen Training. Mein Hintern ist rund. Ich sitze auf meinem Hintern. Meine Beine sind muskulös. Ich spiele Fußball mit meinen Beinen. Meine Füße sind behaart. Vielleicht bin ich ein Hobbit.

Freizeit

Text 1

Was machst du gerne? Was sind deine Hobbies? Meine Hobbies sind Wandern und mit meinen Hunden spazieren gehen. Ich lese gerne. Ich schaue gerne Fußball. Ich treffe mich gerne mit meinem Vater. Und ich gehe gerne zum Schlittschuh laufen. Ich höre gerne Musik. Ich gehe auch gerne ins Kino. Ich mag gute Filme und ich esse gerne Popcorn. Ich höre auch gerne Nachrichten. Politik, Sport und Wirtschaft finde ich sehr interessant. Ich lese auch sehr gerne. Romane und auch wissenschaftliche Literatur. Ich lese jeden Morgen die Zeitung. Und ich spiele gern mit meinen Freunden. Ich spiele gerne Gesellschaftsspiele, Karten und Playstation. Und ich mache gerne Sport. Ich spiele Basketball und Fußball. Aber Gewinnen ist nicht so wichtig. Ich kann auch verlieren. Und was machst du gerne? Was macht dir Spaß? Was findest du lustig und unterhaltsam?

Text 2

In meiner Freizeit übe ich oft mit meiner Gitarre. Musik machen macht mir viel Spaß. Ich singe und ich spiele den ganzen Nachmittag. Ich schreibe auch eigene Lieder. Ich kann auch Klavier spielen. Das macht auch Spaß, aber ich mag meine Gitarre mehr. Zwei Mal pro Woche gehe ich zum Yoga. Ich bewege mich gerne und trainiere meinen Körper. Außerdem schwimme ich gern im See oder im Meer. Es macht mir auch Spaß im Garten zu arbeiten. Ich pflanze kleine Bäume, Blumen und andere Pflanzen. Das ist sehr entspannend. Ein weiteres Hobby ist der Computer. Ich spiele gerne ein Videospiel. Manchmal spiele ich den ganzen Nachmittag und vergesse meine Hausaufgaben und sogar das Abendessen. Ich lerne auch, wie man programmiert. Ich möchte auch Videospiele programmieren können. Und ich surfe im Internet. Ich chatte mit meinen Freunden oder ich lese Nachrichten und andere Informationen online. Trotzdem schreibe ich auch noch Briefe. Meine Freunde lieben meine Briefe und ich schreibe oft viele Seiten. Es macht Spaß zu schreiben und seine Ideen zu erklären. Und manchmal liege ich einfach in der Sonne und mache nichts. Ich bin faul und schlafe. Und du? Programmierst du? Schreibst du Briefe? Arbeitest du im Garten oder schwimmst du gerne im See? Was machst du in deiner Freizeit?

Kalender

Text 1

Was machst du die ganze Woche? Ich arbeite von Montag bis Freitag. Manchmal arbeite ich auch am Samstag. Am Montag mache ich Sport. Am Dienstag treffe ich mich mit Freunden. Am Mittwoch habe ich eine Französisch-Klasse. Am Donnerstag gehe ich gerne in den Park und gehe mit meinen Hunden spazieren. Am Freitag gehe ich oft in eine Bar und ich trinke ein paar Bier. Am Samstag mache ich gerne Sport und ich lese am Nachmittag. Am Samstagabend gehe ich gerne in eine Diskothek. Und am Sonntag ruhe ich mich aus. Am Sonntag ist auch Markt und ich gehe einkaufen. Und was machst du die ganze Woche?

Text 2

Was hast du dieses Jahr gemacht? Im Januar habe ich einen Schneemann gebaut. Im Februar habe ich gearbeitet. Im März bin ich nach Mexiko geflogen. Im April habe ich angefangen zu arbeiten. Im Mai habe ich meine Freundin kennengelernt. Im Juni habe ich Urlaub gemacht. Im Juli bin ich im Meer schwimmen gewesen. Und im August habe ich viel gelesen. Im September habe ich viel Party gemacht. Ich habe viel gefeiert. Im Oktober war es kalt. Ich war viel zu Hause und habe viel Musik gehört. Und im November war es noch kälter. Ich habe viel gelernt und viele Filme gesehen. Ich bin kaum nach draußen gegangen. Und im Dezember habe ich Weihnachten gefeiert. Das war sehr lustig. Und du? Was hast du dieses Jahr gemacht?

Text 3

Was hast du letztes Jahr gemacht? Hast du Freunde besucht? Oder hast du gutes Essen gegessen? Hast du viel Alkohol getrunken? Hast du gemalt? Oder hast du viele Parties gefeiert? Hast du Urlaub gemacht? Ich habe im Frühling viele Parties besucht. Und im Sommer habe ich viel gebadet und ich habe viel Zeit am Strand gelegen. Und im Herbst habe ich viel gegessen, viel Sport gemacht, viel Saft und Tee getrunken und ich habe mich viel mit meinen Freunden getroffen. Und im Winter habe ich viel gelernt und ich habe viel Zeit in der Bibliothek verbracht. Und ich habe immer viel Spaß gehabt. Und du? Hast du viel Spaß letztes Jahr gehabt? Warst du zufrieden und glücklich? Was war nicht so gut?

Berufe

Text 1

Ein Schauspieler lernt seine Rolle und interpretiert sie. Er arbeitet im Studio vor der Kamera. Ein Architekt plant ein Gebäude und zeichnet einen Plan. Er arbeitet im Büro. Eine Künstlerin malt Bilder mit Farbe und Pinsel und arbeitet in einem Atelier. Ein Ingenieur baut Autos und Motorräder und arbeitet in einer Werkstatt. Eine Babysitterin passt auf das Kind auf und liest dem Kind eine Geschichte vor. Sie arbeitet im Haus. Eine Bäckerin bäckt Brot und verkauft es. Sie arbeitet in der Bäckerei. Der Friseur schneidet dem Kunden die Haare. Er arbeitet im Friseursalon. Der Geschäftsmann schließt einen Vertrag ab und unterschreibt den Vertrag. Der Metzger macht Wurst und schneidet Fleisch. Er arbeitet in der Metzgerei. Die Schreinerin sägt und hämmert mit Säge und Hammer in ihrer Werkstatt.

Text 2

Die Kassiererin verkauft Produkte und kassiert im Supermarkt. Der Koch wäscht das Gemüse, kocht es und bereitet das Essen zu. Er arbeitet in der Küche in einem Restaurant. Die Kindergärtnerin erzieht die Kinder und spielt mit den Kindern. Sie arbeitet im Kindergarten. Der Programmierer programmiert und entwickelt Programme am Computer. Der Hausmeister repariert und putzt im Haus. Der Sekretär vereinbart Termine und geht ans Telefon. Die Pizzabotin bringt die Pizza nach Hause. Der Hafenarbeiter kontrolliert die Container am Hafen. Der Fabrikarbeiter packt das Paket, kontrolliert es und schließt es in der Fabrik. Der Bauer pflegt seine Tiere, baut Gemüse und Früchte an und fährt mit dem Traktor auf dem Bauernhof und auf den Feldern.

Text 3

Der Feuerwehrmann löscht das Feuer und rettet die Leute. Der Fischer fängt frischen Fisch und verkauft den Fisch auf dem Markt. Der Chef stellt das Personal ein und aus und bezahlt ihr Gehalt. Die Gärtnerin pflanzt Bäume und Blumen im Garten. Der Krankenpfleger pflegt die Patienten und hilft den Patienten. Er gibt den Patienten ihre Medizin. Der Hausmann bleibt zu Hause und macht die Hausarbeit. Der Journalist interviewt wichtige Personen, zum Beispiel Politiker, und schreibt Artikel für die Zeitung. Die Anwältin verteidigt ihre Klienten vor Gericht. Die Postbotin bringt die Post.

Text 4

Der Filialleiter leitet die Filiale und kontrolliert die Mitarbeiter. Die Nagelpflegerin pflegt die Nägel und bemalt sie. Die Mechanikerin repariert und testet den Motor in einer Werkstatt. Der Arzt untersucht den Patienten und verschreibt ein Rezept. Er arbeitet in seiner Praxis. Der Spediteur hilft beim Umzug und fährt den LKW. Der Pianist gibt ein Konzert und begeistert das Publikum im Konzertsaal. Die Malerin streicht die Wand von meinem Haus. Der Apotheker informiert die Patientin und mischt ihre Medizin. Die Fotografin fotografiert das Modell und entwickelt die Fotos in ihrem Studio. Die Pilotin fliegt das Flugzeug und landet es. Sie arbeitet im Flughafen und im Flugzeug. Der Polizist regelt den Verkehr und verhaftet Diebe. Der Elektriker repariert das Kabel und installiert das Licht. Die Autoverkäuferin verkauft das Auto und überzeugt den Kunden.

Text 5

Der Müllmann holt den Müll ab. Der Wachmann bewacht die Firma und kontrolliert den Ausweis. Der Soldat verteidigt oder greift ein Land an. Der Lehrer unterrichtet die Schüler. Er schreibt Prüfungen und er korrigiert sie. Er arbeitet in der Schule. Die Übersetzerin übersetzt Gespräche und Texte von einer Sprache in die andere. Sie arbeitet im Büro oder auf Konferenzen. Die Reisebüromitarbeiterin berät die Kunden, organisiert Reisen und verkauft sie im Reisebüro. Der LKW-Fahrer transportiert Waren und Güter von einem Ort zum anderen. Der Tierarzt untersucht Tiere und gibt den Tieren Medikamente. Er arbeitet in einer Tierarztpraxis. Die Kellnerin nimmt die Bestellung auf und bringt das Essen. Später bringt sie die Rechnung und kassiert.

Text 6

Was ist dein Beruf? - *Ich bin Polizist.* - Und wie viel verdienst du? - *Nicht so viel.* - Wie lange musst du arbeiten? - *Ich arbeite jeden Tag acht Stunden, 5 Tage pro Woche.* - Ist deine Arbeit interessant? - *Ja, ich mag sie sehr. Sie macht mir Spaß.* - Hast du studiert? Oder hast du eine Ausbildung gemacht? - *Ich habe eine Ausbildung gemacht. Du brauchst kein Studium, um Polizist zu werden.* - Sehr interessant! Danke für das Gespräch! - *Bitte, gern geschehen.* -

Haus

Text 1

Das ist die Küche. In der Küche kochen wir. Es gibt ein Spülbecken. Im Spülbecken spülen wir das schmutzige Geschirr. Es gibt einen Herd. Auf dem Herd kochen wir unser Essen. Es gibt eine Kaffeekanne. Mit der Kaffeekanne machen wir leckeren Kaffee. Es gibt einen Ofen. Mit dem Ofen backen wir Kuchen oder Pizza. Es gibt auch einen Kühlschrank. Im Kühlschrank bewahren wir die Lebensmittel auf. Es gibt einen Schrank. Im Schrank bewahren wir die Teller, die Töpfe und die Pfannen auf. Der Schrank hat einige Schubladen. In den Schubladen ist das Besteck, Messer, Gabel, Löffel und andere Utensilien. Es gibt auch einen kleinen Tisch. Auf dem Tisch bereiten wir das Essen zu und essen es später.

Text 2

Das ist mein Schlafzimmer. In meinem Schlafzimmer schlafe ich. Es gibt ein Bett. Im Bett schlafe ich. Auf dem Bett liegen eine Decke und zwei Kissen. Neben dem Bett habe ich einen Nachttisch. Auf dem Nachttisch steht eine Lampe. Ich habe auch einen Kleiderschrank. Im Kleiderschrank bewahre ich meine Kleidung auf. In meinem Zimmer gibt es auch ein Sofa. Auf dem Sofa sitze ich und manchmal schlafe ich auf ihm. Außerdem gibt es einen Spiegel und eine Kommode. Im Spiegel kann ich mich sehen. In der Kommode bewahre ich meine Unterhosen und meine Socken auf. Es gibt auch einen kleinen Mülleimer für den Müll. Und natürlich gibt es ein paar Pflanzen. Sie dekorieren das Zimmer. Und an der Wand hängen ein paar Bilder.

Text 3

Das ist das Wohnzimmer. In unserem Wohnzimmer gibt es ein Sofa. Auf unserem Sofa liegen zwei Kissen. Es gibt einen kleinen Wohnzimmertisch und es gibt einen Sessel. Auch haben wir einen Kamin. Im Kamin liegt Holz. Wir haben auch einen großen Tisch in unserem Wohnzimmer mit fünf Stühlen. Hier essen wir gemeinsam unser Essen. Und es hängen Bilder an der Wand. Sie sind Dekoration. Am Boden liegt ein Teppich. An der Decke hängen zwei Lampen. Das Wohnzimmer ist gemütlich.

Text 4

Das ist unser Bad. Es gibt ein Waschbecken. Im Waschbecken waschen wir uns die Hände und das Gesicht. Es gibt einen Spiegel. Im Spiegel können wir uns sehen. Es gibt eine Toilette. Es gibt Klopapier. Es gibt zwei Zahnbürsten. Mit der Zahnbürste putzen wir die Zähne. Es gibt einen Mülleimer. Und es gibt Seife. Mit der Seife waschen wir uns die Hände. Es gibt ein Handtuch. Mit dem Handtuch trocknen wir uns nach dem Duschen ab oder wir trocknen unsere Hände ab. Und es gibt eine Dusche. In der Dusche duschen wir. Es gibt auch einen Duschvorhang. Auf dem Boden liegt ein kleiner Teppich. Und es gibt eine Heizung. Wenn es im Winter kalt ist, machen wir sie an. Im Sommer machen wir sie aus. Wir brauchen sie nicht.

Text 5

Das ist unser Haus. Es gibt eine Eingangstür. Das Haus hat viele Fenster. Es gibt auch einen schönen Garten. Im Garten gibt es viele Pflanzen. Es gibt Bäume, Büsche und Blumen. Die Kinder spielen gern im Garten. Und wir liegen gern in der Sonne und sonnen uns im Garten. Wir haben auch eine Garage. In der Garage stehen das Auto und die Fahrräder. Ein Zaun umgibt das Haus. Es gibt auch einen Briefkasten für die Post. Das Haus hat ein Dach und einen Kamin.

Text 6

Meine Wohnung ist sehr schön. Es gibt viel Platz. Die Wohnung ist sehr hell und gemütlich. Sie hat 3 Zimmer, eine Küche, ein Badezimmer und ein Wohnzimmer. Außerdem hat sie einen großen Balkon. Die Miete ist nicht teuer. Sie kostet nur 300€. Außerdem bezahle ich noch ein bisschen Nebenkosten. Nebenkosten sind Kosten für Wasser, Strom, Gas und Heizung. Ich mag meine Wohnung. Ich wohne gerne hier. Hier ist mein Zuhause. Meine Nachbarn sind auch sehr nett und sympathisch. Es gibt keine Probleme. Wie groß ist deine Wohnung? Wie viel Miete bezahlst du für sie? Sind die Nebenkosten teuer? Wie viele Zimmer hast du? Hast du auch einen Balkon oder hast du einen Garten? Wohnst du allein oder wohnst du mit deiner Familie oder mit Freunden zusammen? Wie sind deine Nachbarn? Hast du Probleme mit den Nachbarn oder ist alles super?

Krankheit

Text 1

Ich bin krank. Mein Kopf tut mir weh. Er schmerzt sehr stark. Ich brauche eine Kopfschmerztablette. Kannst du mir Tabletten kaufen? Ich gebe dir Geld und du gehst schnell in die Apotheke. Kannst du das für mich machen? Danke. Ich habe auch Durchfall. Das Essen gestern hat mir nicht gut getan. Mir ist den ganzen Tag schon schlecht und ich fühle mich nicht gut. Kannst du in den Supermarkt gehen und mir ein paar Dinge kaufen? Kannst du mir Äpfel, Bananen und Klopapier mitbringen? Und kannst du meinen Chef anrufen und ihm sagen, dass ich heute nicht in die Arbeit komme? Ich bringe ihm morgen oder übermorgen ein Attest. Und kannst du mit meiner Hündin spazieren gehen und ihr etwas zu fressen geben? Ich bin dir sehr dankbar. Es ist super, dass du mir hilfst. Vielen Dank!

Text 2

Meine Eltern sind krank. Sie haben Grippe. Sie haben Schnupfen und niesen die ganze Zeit. Der Kopf tut ihnen weh und sie haben Probleme mit dem Magen. Ich habe ihnen Aspirin gekauft. Sie haben auch Fieber und Husten. Es geht ihnen nicht sehr gut und ich mache mir ein bisschen Sorgen. Sie sollten zum Arzt gehen. Der Arzt untersucht sie und verschreibt ihnen Medikamente. Außerdem gibt er ihnen ein Attest. Das ist wichtig. Das Attest ist für ihren Chef. Sie geben ihm das Attest, wenn sie wieder gesund sind und es ihnen besser geht. Ich koche ihnen eine heiße Suppe. Eine leckere Suppe mit Hühnchen, Ei und viel Gemüse. Die Suppe wird ihnen gut tun. Und ich bringe ihnen Filme aus der Videothek mit. Ich suche einen Action-Film für meinen Vater. Action-Filme gefallen ihm sehr. Und für meine Mutter suche ich eine Komödie. Komödien gefallen ihr sehr. Später mache ich uns heißen Tee und wir setzen uns auf das Sofa und sehen die Filme zusammen.

Text 3

Meine Frau ist krank. Es geht ihr nicht gut. Sie hat einen Sonnenbrand. Wegen dem Sonnenbrand hat sie starke Kopfschmerzen und ihr ist schlecht. Sie übergibt sich permanent. Außerdem hat sie Magenprobleme und Durchfall. Ich gehe jetzt in die Apotheke und kaufe ihr ein paar Medikamente. Hoffentlich geht es ihr später wieder besser. Die Medikamente helfen ihr sicher.

Text 4

Ich habe eine Wunde. Sie blutet. Was soll ich tun? Ich muss die Wunde säubern und ich muss sie desinfizieren. Dann brauche ich ein Pflaster. Ich klebe das Pflaster auf die Wunde. Schon besser! Ich habe Schnupfen. Was kann ich machen? Ich brauche ein Taschentuch und ein Nasenspray. Ich putze meine Nase mit dem Taschentuch. Das hilft schon ganz gut! Ich habe Halsschmerzen. Mein Hals tut mir so weh! Was kann ich machen? Ich kann mir einen Tee mit Honig und Zitrone machen und ich möchte ein paar Tabletten in der Apotheke kaufen. Danach geht es mir sicher besser. Mich hat ein Hund gebissen. Was soll ich tun? Ich muss schnell die Wunde sauber machen und die Wunde desinfizieren. Danach gehe ich zum Arzt und lasse mich impfen. Vorsichtshalber, man weiß ja nie!

Text 5

Mir geht es nicht gut. Ich glaube, ich habe eine Grippe. Ich gehe heute zum Arzt und lasse mich untersuchen. Er gibt mir sicher ein paar Medikamente und ein Attest für die Arbeit.

Patient: Guten Tag, Herr Doktor.

Doktor: Guten Tag. Wie kann ich Ihnen helfen? Was ist Ihr Problem? Haben Sie schmerzen?

Patient: Ja. Ich habe Kopfschmerzen, Bauchschmerzen und Halsschmerzen. Und ich habe Fieber, fast 40 Grad. Mir ist heiß und mir ist kalt. Ich glaube, ich habe auch Schüttelfrost. Was soll ich machen?

Doktor: Wie lange geht es Ihnen schon schlecht? Wie viele Tage haben Sie schon Fieber?

Patient: Seit 3 Tagen. Ich habe gedacht, dass es mir in ein paar Tagen wieder besser geht. Aber es wird nicht besser. Es geht mir immer noch schlecht und mir tut alles weh.

Doktor: Es ist wichtig, dass Sie im Bett bleiben und sich ausruhen. Ein paar Tage Ruhe hilft immer. Außerdem verschreibe ich Ihnen ein paar Tabletten gegen das Fieber und die Halsschmerzen. Machen Sie sich heißen Tee mit Honig und Zitrone. Und essen Sie heiße Suppe. Ich schreibe Ihnen auch ein Attest für die Arbeit. Keine Sorge, in ein paar Tagen geht es Ihnen wieder gut.

Patient: Vielen Dank Herr Doktor.

Doktor: Gern geschehen. Gute Besserung!

Orte

Text 1

Hallo, was hast du heute vor? Hast du Lust spazieren zu gehen? Gehen wir in den Park? Ich glaube, heute ist ein Fußballspiel. Hast du Lust ins Stadion zu gehen? Fahren wir in die Stadt und schauen wir ein Fußballspiel im Stadion. Hast du Lust? Oder gehen wir nachmittags in ein Café und trinken einen Kaffee? Was meinst du? Oder einen Tee? Wir können am Abend auch ins Kino gehen. Ich möchte einen Film sehen. Und danach gehen wir in eine Bar oder in eine Diskothek. Was meinst du? Hast du Lust? Ist das eine gute Idee?

Text 2

Es ist Wochenende. Mir ist langweilig. Was kann ich machen? Es gibt viele interessante Aktivitäten. Wohin soll ich dieses Wochenende gehen? Ich kann ins Museum gehen. Dort gibt es Kunst zu sehen. Oder ich kann in eine Galerie gehen. Ich kann auch auf ein Konzert gehen. Dort kann ich Musik hören und tanzen. Ich kann auch ins Theater gehen. Sicher gibt es ein interessantes Theaterstück zu sehen. Aber die Tickets sind sehr teuer. Ich kann auch in einen Freizeitpark fahren. Das macht sicher viel Spaß! Oder ich besuche das alte Schloss. Ich mag historische Gebäude. Oder ich fahre mit meinem Hund in den Nationalpark und mache eine Wanderung in der Natur. Der Nationalpark ist super schön. Ich glaube, das mache ich. Ich, mein Hund und viel Natur. Das wird sicher super!

Text 3

Was hast du am Wochenende gemacht? Ich bin zu einem Flohmarkt gefahren. Dort habe ich ein paar Bücher gekauft. Später bin ich in den Park gegangen und ich habe ein Eis gegessen. Am Sonntag war ich am Strand. Ich bin mit dem Auto ans Meer gefahren und ich bin den ganzen Tag im Meer geschwommen. Es gibt dort auch ein Aquarium. Ich bin in das Aquarium gegangen und habe viele wunderschöne Fische gesehen. Das war ein Erlebnis! Am Abend bin ich ins Kino gegangen und habe einen Film gesehen, Popcorn gegessen und mich entspannt. Danach bin ich nach Hause gefahren und ich bin glücklich und zufrieden ins Bett gegangen. Im Bett habe ich noch ein bisschen in meinem spannenden Roman gelesen und dann habe ich geschlafen. Wie war dein Wochenende?

Text 4

Ich muss ein paar Dinge für das Wochenende einkaufen. Ich fahre in die Stadt. Ich brauche Brot, darum gehe ich zuerst in die Bäckerei. Dort kaufe ich frisches Brot und ein paar Brötchen. Danach fahre ich in die Metzgerei. Ich möchte Fleisch und Wurst kaufen. Als nächstes fahre ich in ein Blumengeschäft. Ich möchte meine Wohnung mit ein paar bunten Blumen dekorieren. Auf dem Weg halte ich kurz am Büro von meiner Frau und ich sage Hallo und gebe ihr einen Kuss. Mein nächster Halt ist der Supermarkt. Hier kaufe ich ein paar Sachen, zum Beispiel Milch, Käse und Joghurt. Auf dem Rückweg sehe ich einen Flohmarkt und ich halte dort. Ich gehe auf den Flohmarkt und gehe ein bisschen spazieren. Ich finde ein paar CDs und ein paar gebrauchte Hemden. Und ich esse ein Stück Kuchen. Dann fahre ich wieder nach Hause. Endlich daheim! Jetzt schnell auf die Couch und ausruhen!

Text 5:

Tom: Hallo Tina, wie geht's dir? Was machst du am Wochenende? Hast du Lust etwas zu machen?

Tina: Hi Tom, mir geht es gut! Und dir? Wir können gerne etwas machen. Was möchtest du denn machen? Hast du Lust in den Zoo zu gehen? Oder in das neue Aquarium? Das soll super schön sein!

Tom: Die Idee mit dem Aquarium klingt super. Und danach gehen wir in ein Restaurant und essen eine Pizza. Oder wir gehen zuerst in die Bäckerei und kaufen leckere Sachen und danach gehen wir in den Park und machen ein Picnic. Was meinst du? Magst du die Idee?

Tina: Picnic klingt nach einer super Idee! Wir können an den See im Park gehen. Dort sind nicht so viele Leute und wir haben unsere Ruhe. Perfekt! Um wie viel Uhr willst du ins Aquarium gehen?

Tom: Von mir zuhause bis zum Aquarium brauchen wir eine halbe Stunde. Sagen wir halb 10?

Tina: Machen wir 10 Uhr. Ich muss vorher noch in den Supermarkt und ein bisschen einkaufen.

Tom: Ok, kein Problem. Dann hole ich dich zu Hause ab und danach fahren wir in die Stadt und gehen ins Aquarium. Und später gehen wir in den Park an den See und machen ein leckeres Picknick. Was für ein super Plan für einen Samstag! Ich freue mich schon!

Tina: Ich mich auch! Bis morgen! Schönen Abend noch!

Bauernhof

Text 1

Auf dem Bauernhof gibt es viele Tiere. Der Bauer und die Bäuerin haben zum Beispiel Hasen. Die Hasen sind sehr kuschelig und sehr süß. Auch gibt es Schweine. Die Schweine leben im Stall. Sie sind sehr intelligent. Ihre Haut ist rosa. Es gibt auch eine Kuhherde. Die Kühe geben Milch und sie geben Fleisch. Der Bauer hat einen Hund. Der Hund passt auf die Kühe und auf die Schafe auf. Er ist sehr klug und sorgt für Ordnung. Für seine Hilfe bekommt er einen Knochen. Das Pferd hilft auf dem Feld. Es ist sehr stark. Auf dem Bauernhof leben auch Hühner. Sie leben im Hühnerstall und legen dort ihre Eier. Der Bauer baut Getreide, Früchte und Gemüse auf seinen Feldern an. Im Herbst ist Erntezeit und der Bauer erntet das Getreide mit dem Traktor. Im Frühling, Sommer und Herbst hat der Bauer sehr viel Arbeit. Im Winter ruht er sich aus und bereitet sich für das nächste Jahr vor.

Text 2

Auf vielen Bauernhöfen findet man Hunde. Hunde sind sehr freundliche und treue Freunde des Menschen. Hunde sind viel treuer als Katzen und viel treuer als Schweine. Und sie sind ziemlich intelligent. Sie sind intelligenter als Hühner. Und sie sind intelligenter als Enten. Hunde schlafen viel. Sie schlafen mehr als der Mensch. Ich mag Hunde. Ich mag sie mehr als Katzen. Ich finde, Hunde sind besser als Katzen. Sie sind mehr Freund als Haustier. Magst du Hunde? Oder magst du lieber Katzen? Welches Haustier findest du am besten? Hunde wohnen in einer Hundehütte und sie lieben frische Knochen. Oder sie wohnen mit uns im Haus. Man muss sie ein bisschen erziehen. Umso besser sie erzogen sind, umso mehr Spaß hat man mit ihnen. Hunde zu haben macht viel Spaß, aber es ist auch viel Arbeit und viel Verantwortung.

Text 3

Auf dem Bauernhof leben Kühe. Die Kuh ist sehr wichtig, denn sie gibt Milch und sie gibt Fleisch. Mit der Milch kann man viel machen. Man kann die Milch trinken oder man kann aus der Milch Käse und Butter machen. Das ist sehr lecker. Und mit dem Fleisch kann man auch sehr leckeres Essen machen. Kühe leben auf der Weide in einer Herde. Eine Herde besteht aus vielen Tieren. Kühe sind sehr intelligente und interessante Tiere. Im Sommer verbringen sie den ganzen Tag auf der Weide und fressen Gras. Es gibt auch ein Haus für die Kühe. Dieses Haus nennt man Stall. Dort schlafen sie und verbringen den Winter.

Text 4

Auf dem Bauernhof leben auch Schweine. Schweine sind sehr sympathische und kluge Tiere. Sie leben oft im Stall, aber auch manchmal auf der Weide. Das hängt vom Bauernhof ab. Es ist besser für die Schweine, wenn sie auf der Weide leben. Aber um Geld zu sparen, leben viele Schweine in einem engen Stall. Wir essen das Fleisch von den Schweinen. In anderen Kulturen isst man das Fleisch nicht. Moslems, zum Beispiel, essen kein Schweinefleisch. Wir malen Schweine immer rosa. Aber es gibt auch Schweine, die schwarz oder weiß sind oder die Flecken haben. Das ist ganz unterschiedlich. Schweine gibt es auf vielen Bauernhöfen. Sie sind sehr nützliche Tiere. Es gibt auch Leute, die Schweine als Haustiere halten. Kennst du jemanden, der ein Schwein als Haustier hat? Wie findest du Schweine?

Text 5

Auf dem Bauernhof hat es früher sehr viele Pferde gegeben. Vor der Erfindung des Traktors hat man Pferde gebraucht, um die schweren Maschinen zu ziehen. Pferde sind sehr stark und haben viel Kraft. Sie sind stärker als Kühe und sie sind auch stärker als Esel. Darum haben sie viel gearbeitet. Pferde sind sehr schöne und sehr intelligente Tiere. Es gibt sie in verschiedenen Farben und verschiedenen Größen. Wir essen sie normalerweise nicht. Aber es gibt Länder in denen man Pferdefleisch ist. Das ist eine Frage der Kultur. Pferde sind tolle Tiere. Heute benutzt man Pferde für den Sport. Die Leute veranstalten Pferderennen und andere Wettbewerbe. Ein Pferd zu haben ist sehr teuer. Es ist eher ein Hobby für reiche Leute. Man braucht viel Zeit, einen Stall, Geld für das Futter und für den Tierarzt. Ein Pferd frisst sicher viel, meinst du nicht? Ein Pferd frisst Gras oder Heu und auch gerne mal einen Apfel. Magst du Pferde? Ich mag Pferde. Pferde sind faszinierend und wunderschön.

Adjektive

Text 1

Mein Großvater hat ein neues Auto. Es ist neuer als mein altes Auto. Es ist das neueste Modell der Marke. Mein Großvater ist älter als mein Vater, aber er ist jünger als meine Großmutter. Meine Großmutter ist am ältesten in der Familie. Mein Vater ist jünger als meine Großeltern, aber ich bin am jüngsten. Ich bin ziemlich groß. Aber meine Freundin ist größer als die anderen Mädchen und ich. Die anderen Mädchen sind viel kleiner als sie. Sie ist am größten. Sie hat auch längere Haare als ihre Freundinnen. Ihre Haare sind am längsten. Meine Haare sind kürzer als ihre Haare. Ich habe sehr kurze Haare. Wir haben einen Hund. Unser Hund ist riesig. Er ist größer als alle anderen Hunde im Park. Er ist der größte Hund im Park. Die anderen Hunde sind kleiner als er. Er ist auch schneller als die anderen Hunde. Die kleinen Hunde sind langsamer als die großen Hunde. Sie sind am langsamsten von allen Hunden. Aber sie leben länger als die großen Hunde. Die großen Hunde leben kürzer.

Text 2

Der Mann ist dicker als die Frau. Die Frau ist dünner als der Mann. Beide sind dicker als das Kind. Das Kind ist am dünnsten und der Mann ist am dicksten. Der Mann ist schwerer als die Frau. Das Mädchen ist leichter als die Frau. Die Frau ist leichter als der Mann, aber sie ist schwerer als das Mädchen. Das Mädchen ist am leichtesten. Der Mann und die Frau schlafen in einem Doppelbett und das Mädchen schläft in einem Einzelbett. Gäste schlafen auf dem Sofa. Ein Doppelbett ist breiter als ein Einzelbett. Aber sie sind beide gleich lang. Das Einzelbett ist schmaler als das Doppelbett. Das Sofa ist schmaler als das Einzelbett. Es ist am schmalsten. Das Mädchen mag den Tag, aber sie mag die Nacht nicht. Am Tag ist es heller als in der Nacht. Nachts ist es dunkler als am Tag. Am Morgen ist es dunkler als am Mittag. Am Nachmittag ist es heller als am Abend. Nachts ist es am dunkelsten. Das Mädchen mag die Dunkelheit nicht. Am Tag spielt das Mädchen gerne im Garten.

Das Mädchen pflanzt gerne Bäume. Sie hat Bäume in unterschiedlichen Größen: 2 Meter, 1 Meter, 50 Zentimeter. 2 Meter sind höher als 1 Meter. 50 Zentimeter sind niedriger als 1 Meter. 2 Meter ist am höchsten.

Text 3

Meine Tochter hat drei Optionen, um in die Schule zu kommen. Sie kann mit dem Auto, mit dem Bus oder mit dem Fahrrad fahren. Sie fährt immer mit dem Fahrzeug, das am saubersten ist. Wie ist es heute? Das Auto ist schmutziger als der Bus. Der Bus ist sauberer als das Auto. Das Fahrrad ist sauberer als der Bus und als das Auto. Das Fahrrad ist am saubersten. Das Mädchen fährt mit dem Fahrrad. Die Eltern möchten eine neue Matratze für das Mädchen kaufen. Die Matratze ist schon alt und sehr weich. Das Mädchen möchte eine härtere Matratze. Sie probiert ein paar Matratzen. Die zweite Matratze ist weicher als die erste Matratze. Die dritte Matratze ist härter als die weiche Matratze. Sie ist am härtesten. Das Mädchen kauft die härteste Matratze. Jetzt hat das Mädchen Hunger. Sie hat eine gute Idee: Ein Picknick! Nein, sie hat eine bessere Idee. Ein Picknick im Park. Sie hat eine noch viel bessere Idee! Ein Picknick am See mit der ganzen Familie. Das ist die beste Idee von allen! Die ersten beiden Ideen sind nicht schlecht, aber sie sind ein bisschen schlechter als die letzte Idee. Am Abend geht das Mädchen auf ein Konzert. Sie hört gern Musik und sie tanzt gerne. Die Musik auf dem Konzert ist lauter als die Musik zu Hause. Die Musik auf ihrem MP3-Player ist leiser als auf dem Konzert. Die Musik auf dem Konzert ist am lautesten. Das Mädchen hat 30€ für das Konzertticket bezahlt. Wie viel sind 30€, fragt sich das Mädchen? 30 € sind mehr als 20 €. 20 € sind weniger als 25€. 100 € sind am meisten. 1 € ist am wenigsten. 30 € ist also nicht viel, aber auch nicht wenig. Es ist schon spät, sagt ihr Vater. Es ist 20 Uhr. Wie spät ist 20 Uhr fragt sich das Mädchen? 20 Uhr ist später als 12 Uhr. 8 Uhr ist früher als 10 Uhr. 20 Uhr ist spät! Schnell nach Hause und ins Bett.

Text 4

Ich habe ein kleines Probleme. Es ist kein großes Problem. Es ist ein bisschen kleiner als ein großes Problem. Ich möchte ein neues Auto kaufen. Nicht das neueste Auto, aber ein neueres Auto als mein altes Auto. Also ein bisschen älter als das neueste Auto, aber neuer als mein altes Auto. Es gibt verschiedene Modelle. Das beste und neueste Auto ist das teuerste. Es fährt am schnellsten, es ist am leisesten, es ist am schönsten und es ist am größten. Das schlechteste Auto ist am günstigsten. Es fährt am langsamsten, es ist am lautesten und es ist am kleinsten. Ich kaufe ein Auto, das besser, leiser, schöner und größer ist als das schlechteste Auto. Es ist auch teurer als das schlechteste Auto. Aber es ist kleiner, lauter, langsamer und günstiger als das beste Auto. Das perfekte Auto für mich!

Wo?

Text 1

Ich bin im Klassenzimmer. Das Klassenzimmer ist in der Schule. Ich sitze in der Mitte des Zimmers. Links neben mir sitzt ein nettes Mädchen. Sie heißt Tina. Tina sitzt neben der Tür. Die Tür ist vorne, neben der Tafel. Rechts neben mir sitzt ein Junge. Er ist mein Freund. Er heißt Martin. Neben dem Jungen sitzen zwei Schüler, ein Mädchen und ein Junge. Neben den beiden ist das Fenster. Vor mir sitzen zwei Mädchen und drei Jungen. Vor ihnen sitzt der Lehrer. Der Lehrer sitzt vor der Tafel. Er steht oft neben seinem Tisch oder an der Tafel. Manchmal steht er auch hinter uns und beobachtet uns. Oder er geht zwischen den Tischen durch die Klasse. Auf dem Tisch liegt mein Block und daneben liegen mein Taschenrechner und mein Kuli. Unter dem Tisch ist mein Rucksack. In meinem Rucksack sind meine Bücher und mein Pausenbrot.

Text 2

So sieht mein Zimmer aus. In einer Ecke ist die Tür. Neben der Tür steht das Bett. Auf dem Bett liegen ein paar Kissen und zwei Decken. Unter dem Bett stehen meine Schuhe. Neben dem Bett steht ein Nachttisch. Auf dem Nachttisch steht eine Lampe und es liegen ein paar Bücher auf ihm. Gegenüber von meinem Bett hängt ein Spiegel an der Wand. Unter dem Spiegel steht eine Kommode. Auf der Kommode liegen ein paar Sachen und es steht auch eine kleine Pflanze dort. Die Kommode hat sechs Schubladen. In den Schubladen liegt meine Kleidung. In der obersten Schublade sind meine Pullis. In der mittleren Schublade sind meine Hosen. Und in der untersten Schublade sind meine Unterhosen und meine Socken. Links neben meiner Kommode ist ein großes Fenster. Vor dem Fenster steht mein Schreibtisch. Auf dem Schreibtisch steht mein Laptop und ein Monitor. Vor dem Monitor liegen eine Tastatur und eine Maus. Vor dem Schreibtisch steht mein Stuhl. Auf dem Stuhl sitze ich. An der Wand steht ein Sofa. Das Sofa steht zwischen dem Bett und dem Schreibtisch. Ich lege mich auf das Sofa, um mich zu entspannen.

Text 3

Wo sind die Dinge in meiner Küche? Rechts neben der Küchentür ist das Spülbecken. Im Spülbecken sind ein paar Teller und ein Glas. Über dem Spülbecken hängt ein Schrank. Im Schrank ist das Geschirr. Neben dem Spülbecken ist der Herd. Auf dem Herd koche ich. Unter dem Herd ist der Ofen. Im Ofen backe ich. Gegenüber vom Herd ist ein zweiter Schrank. In diesem Schrank sind die Töpfe, die Pfannen und andere Küchenutensilien. Neben dem Schrank ist der Kühlschrank. Im Kühlschrank bewahre ich mein Essen auf. Unten im Kühlschrank ist eine Box für das Gemüse. Über der Box liegen meine Früchte. Darüber im Fach liegt mein Gemüse und im obersten Fach bewahre ich Milchprodukte auf, zum Beispiel Käse und Joghurt. Zwischen dem Gemüsefach und dem obersten Fach gibt es eine kleine Schublade. In ihr bewahre ich Fleisch und Wurst auf. Über dem Kühlschrank ist ein Gefrierfach. Und neben dem Kühlschrank steht ein Tisch an der Wand. Ich bereite mein Essen auf dem Tisch zu und ich esse an dem Tisch.

Text 4

Wo sind die Dinge in meinem Badezimmer? Links neben der Tür ist die Dusche. Vor der Dusche hängt ein Vorhang. Neben der Dusche ist ein Fenster. In der Dusche steht mein Shampoo. Neben der Dusche hängt mein Handtuch. Vor der Dusche liegt ein Teppich. Auf dem Teppich trockne ich mich ab. Gegenüber von der Dusche ist das Waschbecken. Über dem Waschbecken hängt ein Spiegel und über dem Spiegel hängt eine Lampe. Unter dem Waschbecken ist ein kleiner Schrank. Im Schrank sind meine Handtücher. Neben dem Waschbecken ist die Toilette. Neben der Toilette hängt das Toilettenpapier. Zwischen der Toilette und der Wand steht die Klobürste und auf der anderen Seite zwischen der Toilette und der Wand steht ein kleiner Mülleimer.

Nach dem Weg fragen

Text 1

Hallo. Was suchst du? Die Metrostation? Das ist kein Problem. Zuerst gehst du gerade aus und am Ende der Straße biegst du nach rechts ab. Da siehst du dann einen Supermarkt. Du gehst am Supermarkt vorbei und nach dem Supermarkt biegst du nach links ab. Da gehst du immer gerade aus und nach ungefähr 500 Metern siehst du einen zweiten Supermarkt. Bei diesem Supermarkt biegst du rechts ab. Du siehst einen kleinen Platz mit Bäumen und Bänken. Der ist nicht so groß. Diesen Platz überquerst du. Und auf der anderen Seite von dem Platz siehst du schon die Metrostation. Dann gehst du einfach nach unten und nimmst die Metro. Ganz einfach.

Text 2

Hallo! Du suchst den Weg? Wohin willst du? Du willst zum nächsten Reisebüro? Das nächste Reisebüro ist einfach zu finden. Du gehst am besten hier die Straße entlang. Erst gehst du gerade aus, so ungefähr 200 Meter, vielleicht auch 300 Meter. Danach biegst du nach rechts ab. Dann gehst du ungefähr 100 Meter gerade aus und am Ende der Straße biegst du wieder nach rechts ab. An der nächsten Ecke siehst du einen Supermarkt oder besser, ein großes Einkaufszentrum. Du durchquerst das Einkaufszentrum und auf der anderen Seite des Einkaufszentrums siehst du eine breite Straße. Die musst du auch überqueren. Aber sei vorsichtig, dort herrscht viel Verkehr. Und dann siehst du eigentlich schon ein großes Gebäude und das ist das Reisebüro und schon bist du da. Das ist ganz einfach. Das findest du. Und wenn nicht, frag einfach jemanden. Bestimmt hilft dir jemand. Tschüss.

Text 3

Wie bitte? Du suchst den Weg zum Rathaus. Das ist ein bisschen kompliziert. Aber versuchen wir es. Am besten gehst du zuerst gerade aus. Am Ende der Straße gehst du nach rechts. Dann folgst du der Straße für die nächsten 200 Meter und an der zweiten Straße biegst du nach rechts ab. Geh' immer gerade aus. Nach 500 Metern siehst du einen Park. Du gehst nicht in den Park, sondern du gehst am Park entlang und am Ende des Parks findest du einen großen Platz mit Bänken und einem Brunnen.

Und den Platz überquerst du. Und am Ende von dem Platz findest du dann eine große Straße. Dort gibt es eine kleine Unterführung. Du gehst unter der Unterführung durch. Und nach der Unterführung siehst du eigentlich schon das Rathaus. Das ist kein großes Problem. Such die Unterführung und wenn du durch die Unterführung gegangen bist, siehst du das Rathaus. Wenn du ein Problem hast, frag im Park oder frag jemanden auf dem Platz.

Text 4

Willkommen in meiner Stadt. Hier auf der Karte ist mein Haus. In diesem Haus wohne ich. Neben dem Haus ist ein anderes Haus. Hier wohnen meine Nachbarn. Gegenüber vom Haus meiner Nachbarn ist die Metro. Mit der Metro bewegt man sich in der Stadt und transportiert Sachen. Hinter der Metro liegt das Kino. Hier kann man Filme sehen, leckeres Popcorn essen und einen spannenden Abend verbringen. Auf der linken Seite vom Kino gibt es eine Kirche. Hier kann man beten und singen. Hinter der Kirche liegt ein Turm. Von hier aus hat man eine super Aussicht. Gegenüber vom Turm ist das Einkaufszentrum. Hier macht man Einkäufe. Und in der Nähe vom Kino und vom Einkaufszentrum gibt es ein Museum. Hier kann man viele interessante Dinge sehen.

Text 5

Das ist meine Stadt hier auf der Karte. Die Stadt hat eine Schule. In der Schule lernen die Kinder viele interessante Dinge. Die Schule liegt in der Nähe vom Museum. Im Museum kann man Kunst betrachten. Vor dem Museum gibt es eine Brücke. Die Brücke verbindet die Altstadt und die Neustadt. Das Museum ist neben dem Kino. Das Kino ist schon sehr alt, aber ich besuche es trotzdem noch gerne. Das Kino liegt links vom Museum. Es gibt auch viele Häuser. Sie sind sehr hoch und sehr teuer, weil sie im Zentrum sind. Hinter den Häusern liegt eine Metro-Haltestelle. Hier kann man die Metro nehmen. Die Metro-Station ist zwischen dem Kino und dem Haus. Gegenüber vom Kino liegt ein Einkaufszentrum. Hier findet man alles, was man braucht: Essen, Kleidung, Elektronikartikel und Unterhaltung. Und links neben dem Einkaufszentrum gibt es einen Turm. Und gegenüber von dem Turm gibt es eine Kirche. Sie ist sehr schön und lohnt sich zu besichtigen.

Öffentlicher Verkehr

Text 1

Der Bus hält an einer Haltestelle. Hier steigen die Leute ein und aus. Wir fahren mit dem Bus, weil der Bus in der Stadt schneller und günstiger ist. Wir haben eine Monatskarte, aber man kann auch eine Tageskarte oder eine Jahreskarte kaufen. Oder man kauft einfach eine einzelne Fahrt. Der Bus lohnt sich schnell in der Stadt, denn Benzin ist teuer und es kostet viel Zeit, um in der Stadt mit dem Auto zu fahren, weil es so viel Verkehr gibt. Außerdem gibt es kaum Parkplätze. Und die kosten auch wieder Geld! Deshalb nehmen wir gerne den Bus. Der Bus hat viel Platz und ist sehr komfortabel. Man setzt sich, liest ein Buch, unterhält sich mit dem Nachbarn oder sieht aus dem Fenster. Manchmal ist er aber auch ziemlich voll und man muss den ganzen Weg stehen. Aber das passiert nicht so oft. Im Allgemeinen ist der Bus besser und vorteilhafter.

Text 2

Ein weiteres gutes Angebot des öffentlichen Verkehrs ist der Zug. In Deutschland gibt es eine ziemlich gute Infrastruktur und man kann sehr bequem von einem Ort zum anderen reisen. Der Zug ist schnell, meistens pünktlich, zuverlässig und sehr bequem. Man kann arbeiten, man kann lesen, man kann schlafen, man kann spielen, man kann sich unterhalten und man ist nicht beschäftigt wie zum Beispiel beim Autofahren. Das ist sehr gut. Und der Zug kann viele Dinge und Personen auf einmal transportieren: Menschen, Güter, Autos, Tanks. Der Zug hält an einem Bahnhof. Auf dem Bahnhof gibt es normalerweise viele Menschen. Die einen kommen an und die anderen fahren weiter. Es gibt Anzeigetafeln, um die Passagiere über ihre Verbindungen zu informieren. Und es gibt Informationsschalter und Ticketschalter, wo man sich beraten lassen kann und wo man seine Fahrkarte kaufen kann. Fährst du oft Zug? Magst du Zugfahren? Oder benutzt du lieber andere Verkehrsmittel?

Text 3

Die U-Bahn ist sehr sauber und sehr effizient. Sie kann viele Menschen transportieren. Die U-Bahn befindet sich unter der Erde. Das ist sehr gut, denn sie braucht keinen Platz an der Oberfläche. Sie macht keinen Lärm über der Erde und sie verursacht auch keine Verschmutzung über der Erde. Alles findet unter der Erde statt. Es gibt in jeder größeren Stadt ein riesiges Netz an Infrastruktur und

Schienen. Die U-Bahn transportiert jeden Tag Millionen von Pendlern von ihrem Zuhause zur Arbeit, zur Schule oder zur Universität. Auch die U-Bahnhöfe befinden sich unter der Erde. An der Oberfläche sieht man nur die Schilder, die anzeigen, dass hier eine Station ist. Was denkst du über den öffentlichen Verkehr? Benutzt du oft die U-Bahn?

Text 4

Ich habe letzte Woche den öffentlichen Verkehr benutzt. Ich habe zuerst den Bus genommen. Ich bin in den Bus eingestiegen und habe eine Fahrkarte gekauft. Dann bin ich mit dem Bus gefahren und an der nächsten Bushaltestelle bin ich ausgestiegen. Dort habe ich 10 Minuten gewartet. Ich habe ein neues Ticket gekauft und bin in den nächsten Bus eingestiegen. Ich bin an der nächsten U-Bahn-Haltestelle ausgestiegen und habe die U-Bahn genommen. Mit der U-Bahn bin ich in die Arbeit gefahren. Am Abend bin ich zur nächsten U-Bahn-Station gelaufen und habe wieder die U-Bahn genommen, um nach Hause zu fahren. Und am nächsten Tag bin ich mit dem Zug in die nächste Stadt gefahren, weil ich meine Verwandten besucht habe. Und am Bahnhof angekommen haben mich meine Verwandten abgeholt. Das war schön. Ich mag den öffentlichen Verkehr. Er verbindet zwischen den Orten. Das ist super. Was denkst du?

Text 5:

Fahrgast: Guten Tag. Eine Fahrkarte nach Berlin, bitte. Wie viel kostet eine Fahrt?

Busfahrer: Guten Tag. Eine Fahrkarte nach Berlin kostet 2, 40 €. Sind Sie Schüler oder Student?

Fahrgast: Nein. Ich brauche eine normale Fahrkarte, bitte. Wie lange dauert die Fahrt?

Busfahrer: Es sind sieben Haltestellen. Die Fahrt dauert 20 Minuten.

Fahrgast: Ok, super. Können Sie mir sagen, wenn wir an der Haltestelle sind? Ich kenne mich nicht aus. Ich möchte nicht die Haltestelle verpassen. Das wäre sehr nett.

Busfahrer: Natürlich. Das ist kein Problem. Setzen Sie sich auf einen Platz und ich sage Ihnen später, wenn sie aussteigen müssen. Aber das dauert noch ein bisschen.

Fahrgast: Vielen Dank. Ich möchte mein Ticket bezahlen. Hier, bitte, das Geld für die Fahrkarte.

Busfahrer: Danke. Hier haben Sie Ihre Fahrkarte. Setzen Sie sich, bitte. Wir fahren los.

Früher

Text 1

Damals als ich noch jung war, war alles super. Ich ging in den Kindergarten. Ich spielte mit meinen Freunden im Sandkasten. Ich hatte viel Spaß. Mit 6 Jahren kam ich in die Schule. Ich lernte sehr viel Neues dort. Ich lernte lesen, rechnen, schreiben und natürlich verbrachte ich viel Zeit mit meinen Freunden. Später ging ich aufs Gymnasium und ich lernte Sprachen, Mathematik, Biologie und Physik. Ich machte auch viel Sport. Ich spielte Fußball und Volleyball. Und später ging ich zur Universität. Ich studierte Biologie. Und nach ein paar Jahren machte ich meinen Abschluss und fing an zu arbeiten.

Text 2

Unsere Kindheit war schön. Wir hatten viel Zeit, um zu spielen und Zeit mit Freunden zu verbringen. Wir spielten draußen auf den Feldern, im Wald, wir schwammen im See oder wir spielten Fußball auf der Wiese. Wir waren eigentlich immer draußen. Später gingen wir zur Schule. Wir lernten mehr oder weniger fleißig und machten mehr oder weniger regelmäßig unsere Hausaufgaben. Wir hatten viel Spaß. Wir machten auch viele Dummheiten. Aber es ging immer alles gut. Mehr oder weniger. Und nach der Schule fingen wir an zu arbeiten. Wir arbeiteten nachts in Bars oder in Diskotheken. Und versuchten unseren Platz in der Welt zu finden. Ob wir unseren Platz gefunden haben? Vielleicht.

Text 3

Die Kindheit meines Vaters war ein bisschen anders als meine Kindheit. Er wuchs auf einem Bauernhof auf. Sein Vater, mein Opa, war Imker. Er produzierte Honig. Mein Vater war viel in der freien Natur. Er verbrachte viel Zeit im Wald, am See, auf Wiesen und Feldern. Er spielte viel Fußball und er war mehr oder weniger fleißig in der Schule. Später machte er eine Ausbildung. Nach der Ausbildung fing er an zu arbeiten. Danach lernte er meine Mutter kennen. Sie heirateten, sie bekamen Kinder und sie gründeten eine Familie und sie waren glücklich und zufrieden. Später bauten sie gemeinsam ein Haus. Und dort leben sie bis heute. Das ist das Leben meines Vaters.

Text 4

Habe ich dir schon mal erzählt, wo ich groß geworden bin? Ich wuchs in einem kleinen Dorf auf. Es war wirklich ein kleines Dorf: ein Dorf mit 700 Einwohnern. Sehr, sehr klein. Wir spielten im Wald oder auf der Wiese und es gab einen kleinen Fußballplatz. Das machte immer viel Spaß. Ich hatte viele Freunde in meinem Alter und wir spielten den ganzen Tag. Und danach aßen wir immer zusammen. Wir aßen mit meiner Familie oder mit der Familie von einem Freund. Wir trafen uns fast jeden Tag zum Spielen. Das war immer lustig. Wir gingen zusammen in die Schule. Wir gingen zusammen zum Fußballspielen. Wir machten zusammen unsere Hausaufgaben. Wir verbrachten viel Zeit zusammen. Das ist heute anders. Vor allem, wenn man in der Stadt wohnt. In der Stadt verbringt man nicht so viel Zeit zusammen und man hat auch nicht so viel Natur oder so viel Wald oder so viel Felder wie in unserem kleinen Dorf. Ja, das war super damals. Aber die Zeiten ändern sich.

Text 5

Was hast du letztes Jahr im Urlaub gemacht? Ich flog nach Spanien. Dort suchte ich mir ein Hotel. In diesem Hotel verbrachte ich fünf Tage. Ich aß leckeres Essen und trank leckeren Wein. Ich stand jeden Morgen früh auf und ging an den Strand. Ich lag ein bisschen in der Sonne und schwamm ein bisschen im Meer und danach machte ich mich auf den Weg zurück ins Hotel. Ich duschte, ich rasierte mich, ich putzte die Zähne und ich zog mich an. Dann ging ich in das Hotelrestaurant und frühstückte. Das Essen im Hotel war super lecker. Danach nahm ich mein Fahrrad und machte eine große Tour. Ich besichtigte viele Sehenswürdigkeiten und nahm mir viel Zeit, um alles anzuschauen. Mittags aß ich meistens in einem kleinen Restaurant. Das Essen war immer sehr lecker. Am späten Nachmittag fuhr ich zum Hotel zurück und duschte mich wieder. Danach saß ich oft noch ein bisschen am Strand und genoss den Sonnenuntergang. Manchmal gab es hohe Wellen. Dann suchte ich mir ein Surfbrett und ich ging surfen. Ich liebe es zu surfen. Einmal lieh ich auch ein kleines Boot und fuhr ein Stück auf das Meer hinaus. Dort verbrachte ich den ganzen Tag. Die Ruhe, die Luft und das Wetter waren großartig. Ich aß mein mitgebrachtes Essen auf dem Boot und genoss ein kühles Bier. Am Abend fuhr ich wieder zum Ufer und ging ins Hotel zurück. Leider war es mein letzter Tag und ich musste meine Koffer packen. Ich schlief eine letzte Nacht begleitet vom Meeresrauschen und am nächsten Tag machte ich mich auf den Weg nach Hause.

Text 6

Weißt du, wie es war, als ich noch zur Universität ging? Es war ein tolle Zeit. Die Zeit war voll von neuen Erfahrungen, neuem Wissen und neuen Freunden. Ich verbrachte viel Zeit in der Universität. Ich ging jeden Tag in meine Kurse und ich saß jeden Tag in der Bibliothek und las und las und las. Ich war sehr fleißig und ambitioniert. Ich arbeitete auch viel. Ich musste mein Studium irgendwie bezahlen. Und natürlich auch die Wohnung in der ich wohnte. Ich arbeitete nachts in einer Bar. Dort servierte ich die Getränke für die Gäste. Ich verdiente nicht schlecht und das Geld reichte für meine Miete und mein Essen. Natürlich feierte ich auch viel. Jedes Wochenende ging ich in Bars und Diskotheken. Ich trank viel Alkohol, tanzte viel und hatte viel Spaß. Nach vier Semestern ging ich für ein Jahr nach Spanien. Ich wollte Spanisch lernen. Dort lernte ich viele neue Leute kennen. Ich verbesserte mein Englisch und lernte Spanisch. Und ich verbrachte viel Zeit am Strand. Das war eine tolle Zeit. Danach lebte ich für einige Zeit in England. Das war eine interessante Zeit und ich erlebte viele neue Dinge. Nach einiger Zeit kehrte ich nach Deutschland zurück. Ich wollte mein Studium beenden. Ich fing wieder in der Bar an und schrieb viele Prüfungen. Nach einem Jahr war ich fertig. Heute vermisse ich ein bisschen die Zeit als ich noch Student war. Es war ein großartige Zeit. Aber das Leben geht weiter und es warten neue Erfahrungen und Erlebnisse auf mich.

Text 7

Heute möchte ich von meinem ersten Date mit meiner Frau erzählen. Es war ein sehr schöner Abend im Sommer. Wir trafen uns um 20 Uhr in einem Restaurant. Sie war sehr hübsch angezogen und sah wunderschön aus. Wir aßen in dem Restaurant zu Abend. Ich glaube, sie aß einen Salat und sie trank ein Glas Rotwein. Ich konnte kaum essen, weil ich so nervös war. Ich hatte eine leckere Pizza vor mir, meine Lieblingspizza mit scharfer Salami, Peperonis und Oliven. Wir sprachen den ganzen Abend über viele verschiedene Themen. Es war ein sehr interessanter Abend. Und während ich meiner Frau zuhörte, verliebte ich mich Stück für Stück in sie. Nach dem Essen gingen wir im Park spazieren. Wir blieben an einem See stehen und sahen uns tief in die Augen. Alles war still. Kein Vogel, kein Wind, kein Geräusch. Und dann küssten wir uns. Und das war der erste Kuss von vielen, vielen weiteren. Ein paar Jahre später heirateten wir und bekamen zwei Kinder. Und wir sind heute noch verliebt, wie am ersten Tag.

Dinge

Text 1

Ich dekoriere mein Schlafzimmer. Ich stelle die Lampe auf die Kommode. Die Lampe steht jetzt auf der Kommode. Die Lampe ist sehr hell. Die Lampe, die auf der Kommode steht, ist hell. Die Lampe, die ich auf die Kommode gestellt habe, ist schön. Die Lampe, mit der ich abends lese, steht auf der Kommode. Ich stelle den Wecker auf den Nachttisch. Der Wecker weckt mich morgens. Der Wecker steht jetzt auf dem Nachttisch. Der Wecker, der mich morgens weckt, steht auf dem Nachttisch. Der Wecker, den ich auf den Nachttisch stelle, weckt mich morgens. Der Wecker, mit dem ich mich morgens wecke, ist laut. Ich lege das Kissen auf das Bett. Das Kissen liegt jetzt auf dem Bett. Das Kissen ist weich. Das Kissen, das auf dem Bett liegt, ist weich. Das Kissen, das ich auf das Bett gelegt habe, liegt auf dem Bett. Das Kissen, auf dem ich schlafe, ist weich. Ich stelle das Sofa in die Ecke. Das Sofa steht in der Ecke. Das Sofa ist gemütlich. Das Sofa, das in der Ecke steht, ist gemütlich. Das Sofa, das ich in die Ecke gestellt habe, steht in der Ecke. Das Sofa, auf dem ich schlafe, ist gemütlich. Ich hänge das Bild an die Wand. Das Bild hängt an der Wand. Das Bild ist fantastisch. Das Bild, das an der Wand hängt, ist fantastisch. Das Bild, das ich an die Wand gehängt habe, hängt an der Wand. Das Bild, auf dem man meine Familie sieht, ist fantastisch.

Text 2

Ich decke den Tisch. Ich lege den Teller auf den Tisch. Der Teller liegt jetzt auf dem Tisch. Der Teller ist leer. Der Teller, der auf dem Tisch liegt, ist leer. Der Teller, den ich auf den Tisch gelegt habe, ist leer. Der Teller, auf dem ich das Essen serviere, liegt auf dem Tisch. Neben den Teller lege ich eine Gabel. Mit der Gabel esse ich. Die Gabel ist sauber. Die Gabel, die neben dem Teller liegt, ist sauber. Die Gabel, die ich neben den Teller gelegt habe, liegt neben dem Teller. Die Gabel, mit der ich esse, ist sauber. Ich lege das Messer neben die Gabel. Das Messer ist scharf. Mit dem Messer schneide ich das Fleisch. Das Messer, das neben der Gabel liegt, ist scharf. Das Messer, das ich neben die Gabel gelegt habe, liegt auf dem Tisch. Das Messer, mit dem ich das Fleisch schneide, ist scharf. Und neben das Messer lege ich einen Löffel. Der Löffel ist für die Suppe. Mit dem Löffel esse ich die Suppe. Der Löffel, der auf dem Tisch liegt, ist für die Suppe. Der Löffel, den ich neben das Messer lege, liegt auf dem Tisch. Der Löffel, mit dem ich die Suppe esse, liegt neben dem Messer.

Text 3

Ich putze das Badezimmer. Das Badezimmer ist schmutzig. Im Badezimmer dusche ich. Ich gehe in das Badezimmer, um zu duschen. Das ist das Badezimmer, das schmutzig ist. Das ist das Badezimmer, in das ich gehe, um zu duschen. Das ist das Badezimmer, in dem die Dusche ist. Ich putze den Spiegel. Der Spiegel hängt an der Wand. Im Spiegel sehe ich mich. Das ist der Spiegel, der an der Wand hängt. Das ist der Spiegel, den ich putze. Das ist der Spiegel, in dem ich mich sehe. Ich putze auch die Dusche. Die Dusche ist groß. In der Dusche dusche ich mich. Das ist die Dusche, die groß ist. Das ist die Dusche, die ich putze. Das ist die Dusche, in der ich mich dusche. Ich wasche auch die Handtücher. Das Handtuch benutze ich, um mich abzutrocknen. Mit dem Handtuch trockne ich mich ab. Das ist das Handtuch, das ich benutze, um mich abzutrocknen. Das ist das Handtuch, das ich wasche. Das ist das Handtuch, mit dem ich mich abtrockne.

Text 4

In meiner Freizeit spiele ich Fußball. Der Fußball ist rund. Ich schieße den Fußball in das Tor. Mit dem Fußball schieße ich ein Tor. Der Fußball, der im Tor liegt, ist rund. Das ist der Fußball, den ich ins Tor schieße. Das ist der Fußball, mit dem ich ein Tor schieße. Ich schwimme auch gerne im Wasser. Das Wasser ist kühl. Ich gehe in das Wasser, um zu schwimmen. Das ist das Wasser, das kühl ist. Das ist das Wasser, in das ich gehe, um zu schwimmen. Das ist das Wasser, in dem ich schwimme. Ich schreibe auch gern Briefe. Der Brief ist lang. Ich schreibe den Brief für meine Freundin. In dem Brief schreibe ich viele Wörter. Das ist der Brief, der lang ist. Das ist der Brief, den ich für meine Freundin schreibe. Das ist der Brief, in dem ich viele Wörter schreibe. Ich liege auch oft im Garten in der Sonne. Der Garten ist voll mit Pflanzen. Ich pflege den Garten und pflanze viele Pflanzen. Der Garten, der voll mit Pflanzen ist, ist wunderschön. Der Garten, den ich pflege, ist voll mit Pflanzen. Der Garten, in dem ich viele Pflanzen pflanze, ist sehr schön. Und ich habe einen Hund. Der Hund macht mir viel Spaß. Ich gehe jeden Tag mit dem Hund spazieren. Der Hund, der mir viel Spaß macht, ist der beste Hund der Welt. Der Hund, den ich habe, macht mir viel Spaß. Der Hund, mit dem ich jeden Tag spazieren gehe, ist der beste Hund der Welt.

In der Natur

Text 1

Ich wohne in der Stadt. Leider gibt es hier wenig Natur. Es gibt viel Verkehr, viele Autos, viel Lärm und viel schlechte Luft. Und es gibt wenig Bäume, kaum Blumen, wenig Natur, kaum Tiere und nur ein paar Vögel. Es gibt weder See noch Wald. Es gibt ein paar künstliche Parks. Aber diese Parks sind nicht sehr schön. Sie sind nicht sehr natürlich. Sie haben Wege aus Asphalt und jeder Busch und jede Hecke wird geschnitten. Es sieht alles viel zu ordentlich aus. Das ist so in einer Großstadt und wenn man ein bisschen mehr Natur möchte, muss man aufs Land fahren. Ich habe früher auf dem Land gelebt. Dort gab es viele Felder, Wälder und Wiesen. Alles war schön grün. Es gab einen See, um dort zu baden. Ich konnte im Wald spazieren gehen und die Natur genießen. Später will ich wieder auf dem Land leben. Wo lebst du? Gefällt dir, wo du lebst?

Text 2

Ich liebe die Natur. Ich liebe es, im Wald spazieren zu gehen. Die Luft ist frisch und kühl. Ich kann die Vögel singen hören. Und ich gehe einfach immer den Weg entlang. Immer geradeaus. Links und rechts von mir gibt es viele Bäume und Büsche. Am Boden liegen Blätter und es wachsen Moos und Pilze. Es ist ein schöner, sonniger Tag. An den Baumstämmen laufen die Ameisen hoch und runter. Und auf den Blättern sitzen Insekten und Schmetterlinge. Einfach nur traumhaft. Die Vögel singen ihre Lieder. Zwischen den Büschen sehe ich einen Hasen. Er sieht mich kurz an und dann verschwindet er im Wald. Ich liebe es im Grünen zu sein. Berge, Wälder und Wiesen, mehr brauche ich nicht, um glücklich zu sein. Das ist einfach wunderschön, findest du nicht? Da bekommt man gleich Lust in den Wald zu gehen.

Text 3

Meine Heimatstadt liegt in der Nähe von den Alpen. Sie sind nur einhundert Kilometer entfernt. Bei gutem Wetter sieht man die Berge. Das ist ein spektakulärer Anblick. Auf den Gipfeln liegt fast immer Schnee. Und es gibt viele Bergseen. Sie sind sehr kalt, aber auch sehr klar und sauber. Man kann in den Seen schwimmen und tauchen. Und es gibt viele Flüsse. In den Seen und in den Flüssen gibt es viele

Fische. Man kann wandern und in den Hütten traditionelles Essen essen und ein erfrischendes Bier trinken. Ein Tag in den Bergen ist toll. Auf den Wiesen gibt es Kühe und Ziegen. Sie bleiben hier den ganzen Sommer und fressen viel Gras. Sie tragen Glocken, um sie wieder zu finden. Im Winter kann man im Schnee wandern oder Ski fahren. Das macht viel Spaß. Warst du schon mal in den Bergen? Es lohnt sich.

Text 4

Ich komme vom Land. Ich bin in einem Dorf aufgewachsen. In meinem Dorf wohnten nur 600 Menschen. Es gab viele Bauernhöfe und viele Leute arbeiteten als Bauern. Um das Dorf herum gab es sehr viele Felder und große Wälder. Hier bauten die Bauern ganz viele Produkte an. Die Bauern bauten zum Beispiel Sonnenblumen, Getreide, Mais und Kartoffeln an. Auch gab es viele Tiere, die auf den Feldern Gras und andere Pflanzen fraßen. Auf den Wiesen konnte man Kühe und Pferde beobachten. Und in der Luft flogen viele bunte Schmetterlinge und verschiedene Vögel. Besonders bei schönem Wetter war es wundervoll auf dem Land zu leben. Als Kind hatte man unendlich viele Möglichkeiten den Tag zu verbringen. Wir erkundeten die Wälder und Wiesen oder wir bauten ein Baumhaus. Wir spielten Fußball oder wir fuhren mit dem Fahrrad. Das war eine tolle Zeit. Wo bist du aufgewachsen?

Text 5:

Tom: Was sollen wir heute machen? Sollen wir im Wald spazieren gehen?

Anna: Oh ja, gerne. Ich liebe den Wald. Und das Wetter ist heute super.

Tom: Wir können auch mit dem Fahrrad fahren. Und wir können ein paar Pilze sammeln gehen. Und später machen wir ein Picknick. Vielleicht sehen wir auch ein paar Tiere. Manchmal sieht man einen Hasen oder ein Reh. Bestimmt sehen wir ein paar Tiere.

Anna: Super Idee! Ich mache ein paar Brote und packe eine Decke ein. Dann suchen wir eine schöne Stelle und setzen uns ins Gras. Dann essen wir gemütlich und hören den Vögeln beim Singen zu.

Tom: Wann willst du losfahren? Jetzt ist es halb 11 morgens. Fahren wir in einer Stunde los?

Anna: In einer Stunde? Das ist perfekt. Dann habe ich Zeit, um die Brote fertig zu machen.

Tom: Super. Dann treffen wir uns in einer Stunde hier. Bis später!

Kochen

Text 1

Mein Lieblingsgericht ist Spaghetti mit Tomatensoße und natürlich mit viel, viel Knoblauch. Dazu brauche ich eine Packung Spaghetti, einige Tomaten, eine Zwiebel und viel Knoblauch. Und ich brauche einen guten Käse, ein bisschen Olivenöl und ein bisschen Sahne für den Geschmack. Zuerst wasche ich die Tomaten. Das ist wichtig und das muss man mit jedem Gemüse machen. Danach schäle ich die Zwiebel und ich schäle den Knoblauch. Dann schneide ich auf einem Brett mit einem scharfen Messer den Knoblauch in dünne Scheiben, die Zwiebel in kleine Würfel und auch die Tomaten in kleine Würfel. Mit diesen Zutaten mache ich meine Soße. Dann mache ich ein bisschen Fett in der Pfanne heiß. Nur ein bisschen. Das genügt. Nun brate ich die Zwiebeln und den Knoblauch und danach füge ich die Tomatenwürfel hinzu. Das muss dann ein bisschen kochen. Ich gebe noch ein bisschen Salz hinzu und später schmecke ich das noch mit ein bisschen Sahne ab. Jetzt fehlt nur noch heißes Wasser für die Nudeln. Die Soße lasse ich noch ein bisschen kochen. Es sieht schon sehr lecker aus. Mann, habe ich Hunger. Ich warte jetzt auf die Nudeln. Das Wasser kocht noch nicht. Dann müssen nur noch die Nudeln kochen und ich mische die Soße und die Nudeln. Jetzt kocht das Wasser, die Nudeln sind im Topf und jetzt muss ich nur noch acht bis zehn Minuten warten. Und fertig ist mein Mittagessen. Guten Appetit.

Text 2

Ich koche heute eine Blumenkohlsuppe. Dafür koche ich zuerst einige Knochen. Die Knochen habe ich gekauft, weil ich drei Hunde habe und ihnen schmecken die Knochen sehr gut. Für meine Blumenkohlsuppe brauche ich natürlich Blumenkohl. Den Blumenkohl habe ich schon gewaschen und in kleine Stücke zerlegt. Und ich brauche Petersilie für den Geschmack und ich brauche Sahne. Ich werde noch ein paar Karotten hinzufügen. Ich glaube, die Knochen sind jetzt gut gekocht. Es riecht sehr gut und die Knochen bekommen jetzt die Hunde. Jetzt kann ich mit dem Gemüse weiter machen. Ich werde jetzt den Blumenkohl und die Petersilie ein bisschen kleiner schneiden. Dazu benutze ich ein Messer und ein Brett. Und danach kommt das alles in den Topf und ich lasse es ein bisschen kochen. Jetzt ist alles im Topf. Ich habe noch ein bisschen Curry und ganz viel Chili hinzu gegeben, weil ich

Chili sehr gerne mag. Das macht meine Suppe ein bisschen schärfer. Und das muss jetzt alles gut kochen. Das wird ein ganz leckeres Essen. Fertig ist die Blumenkohlsuppe. Guten Appetit!

Text 3

Ich mache heute eine Chili-Soße. Das ist in Mexiko sehr beliebt. Es ist sehr wichtig eine gute Soße zu haben, um das Essen am Tisch zu würzen. Ich koche zuerst ein paar Tomaten, eine Karotte und ganz viele Chilis. Das Wasser kocht und jetzt müssen die Tomaten, die Chilis und die Karotten ungefähr 10 bis 15 Minuten kochen bis sie weich sind. Um unsere Soße zu machen, mahlen wir zuerst ein bisschen Knoblauch und ein bisschen Salz in einem Molcajete. Das ist ein traditionelles Werkzeug aus Mexiko. Nachdem ich den Knoblauch und das Salz gemahlen habe, füge ich die Chilis hinzu und mahle sie. Nachdem ich die Chilis gemahlen habe, ist es schon eine ziemlich scharfe Soße. Ich freue mich schon. Jetzt füge ich die Karotten hinzu und mahle sie. Jetzt bin ich fast fertig. Die Konsistenz ist gut. Der Geschmack auch. Fehlt nur noch ein bisschen Zitronensaft. Der Zitronensaft macht die Soße ein bisschen haltbarer. Dann ist die Soße fertig. Guten Appetit!

Text 4

Ich backe heute einen einfachen Kuchen. Ich brauche vier Eier, 250 Gramm Mehl, 250 Gramm Zucker, eine Prise Salz, ein Päckchen Vanillezucker, 250 Gramm Butter, 150 Milliliter Sahne, Schokolade und ein bisschen Backpulver. Mein Rezept funktioniert so: Misch zuerst die Butter mit dem Zucker und dem Salz. Gib ein Ei in den Teig. Rühr wieder. Gib noch ein Ei hinzu. Mach das mit allen Eiern. Misch die Masse mit dem Mehl, der Sahne und dem Backpulver. Rühr wieder bis ein Teig entsteht. Teil den Teig in zwei Hälften. Mach die Schokolade in einem Topf warm und misch sie mit einer Hälfte. Misch die zwei Teighälften in einer Backform. Heiz den Backofen auf 180 Grad. Back den Kuchen für 50 bis 60 Minuten. Nimm den Kuchen aus dem Backofen und lass ihn abkühlen. Der Kuchen ist warm und kalt lecker. Das Rezept ist sehr einfach und funktioniert immer! Hast du Lust einen Kuchen zu backen? Probier meinen Kuchen zu backen. Viel Spaß beim Ausprobieren!

Das Wetter

Text 1

Wie wird das Wetter nächste Woche? Am Montag wird die Sonne scheinen. Es wird sonnig und es wird warm. Der Himmel wird wolkenfrei sein. Es wird keine Wolken geben. Es wird auch keinen Wind geben. Am Dienstag wird das Wetter schlechter. Es wird bewölkt und es wird windig. Es wird regnen und es wird kälter. Am Mittwoch wird es ein Gewitter geben. Es wird blitzen und donnern. Es wird hageln und regnen. Der Regen wird sehr stark. Die Sonne wird nicht scheinen. Am Donnerstag wird es wieder besser. Der Wind wird schwächer, die Wolken weniger und der Regen wird aufhören. Am Nachmittag wird es sonnig und wärmer. Das Wochenende wird schön. Die Temperaturen werden steigen und es wird sonnig und warm. Es wird nicht regnen und es wird das ganze Wochenende trocken bleiben. Die Leute werden an den See fahren und im Park spazieren gehen. Das wird ein super Wochenende!

Texte 2

Guten Abend, meine Damen und Herren, herzlich Willkommen zum Wetterbericht. Ich präsentiere Ihnen das Europawetter. Im Süden Europas, in Rom, in Athen und in Ankara wird die Sonne den ganzen Tag scheinen. Im Osten Europas wird es Wolken geben, der Himmel wird stark bewölkt sein, aber es wird auch Sonnenschein geben. Es wird im Nordosten Europas regnen und gewittern, aber es wird auch ein bisschen Sonne geben. In der Mitte Europas wird die Sonne scheinen, aber es wird auch bewölkt sein. Im Nordwesten Europas wird es regnen. Und im Südwesten Europas wird es sehr heiß sein, aber es wird auch sehr starke Gewitter geben.

Text 3

Guten Abend meine Damen und Herren. Ich präsentiere Ihnen das Wetter für die kommende Woche. Am Montag wird es abends Gewitter haben. Es wird regnen. Es wird blitzen und es wird donnern. Es wird um die 15 Grad warm werden und wir erwarten Winde um die 20 km/h. Am Dienstag wird es sehr warm. Die Sonne wird scheinen. Es wird um die 29 Grad warm und es wird ein schwacher Wind wehen. Am Mittwoch wird es bewölkt sein und es wird ein bisschen sonnig. Es wird um die 21 Grad warm. Am Donnerstag wird der Himmel stark bewölkt sein. Es wird kaum Sonne geben und es wird ein bisschen kühler. Die Temperaturen werden um die 13 Grad betragen, bei starkem Wind. Nehmen Sie den Regenschirm mit. Am Freitag wird das Wetter wieder besser. Bei wolkenlosem Himmel und Sonnenschein steigen die Temperaturen bis auf 25 Grad. Auch das Wochenende wird warm und sonnig. Am Samstag steigen die Temperaturen weiter bis 30 Grad. Es wird sehr heiß und es wird kaum Wind wehen. Und auch am Sonntag werden wir strahlenden Sonnenschein haben. Fahren Sie an den See oder ins Grüne und verbringen Sie den Tag im Freien. Genießen Sie das wunderbare Sommerwetter. Ich wünsche Ihnen einen schönen Abend. Auf Wiedersehen.

Text 4

Ich fahre im Herbst nach Deutschland, um ein halbes Jahr dort zu studieren. Wie wird das Wetter während dieser Zeit?

Im Herbst und im Winter wird es in Deutschland sehr kalt. Das Wetter wird ab September von Tag zu Tag schlechter. Du wirst warme Kleidung brauchen. Die Tage werden regnerisch und neblig sein. Am Morgen wirst du kaum die Straße sehen, weil der Nebel so dicht ist. Es wird sehr feucht und kalt. Es wird sehr früh dunkel und sehr spät hell. Außerdem wird es nachts schon Frost geben. Die Temperaturen werden in der Nacht unter 0 Grad fallen. Im November wird es den ersten Schnee geben. Es wird nicht viel schneien, nur ein bisschen, und der Schnee wird nicht liegen bleiben. Der Boden wird noch zu warm sein. Im Dezember wird es richtig schneien. Die Temperaturen werden auf minus 10 Grad fallen und der Schnee wird liegen bleiben. Die Seen und manchmal auch die Flüsse werden gefrieren. Du wirst sehr warme Kleidung brauchen. Du wirst einen dicken Mantel, Handschuhe, einen Schal und eine Mütze brauchen. Es wird sehr kalt. Alles wird weiß sein. Aber du wirst auch viel Spaß haben. Du wirst im Schnee spazieren gehen können. In den Bergen wirst du Ski fahren können. Und auf den gefrorenen Seen wirst du Schlittschuh laufen und Eishockey spielen können. Du wirst sicherlich auch die Abende auf dem Weihnachtsmarkt genießen. Du wirst heißen Tee trinken und leckere Bratwürste essen. Du wirst abends vor dem Kamin sitzen und heißen Glühwein trinken. Du wirst das Winterwetter lieben lernen. Ganz bestimmt!

Telefongespräche

Text 1

Sekretärin: Guten Tag. Wie kann ich Ihnen helfen? Mein Name ist Bäcker.

Kunde: Guten Tag. Ich möchte einen Termin vereinbaren. Hätten Sie morgen noch einen Termin frei?

Sekretärin: Warten Sie kurz...ich werde schnell nachsehen. Ja..sind Sie noch dran? Sie könnten morgen um zehn Uhr einen Termin bekommen. Wie war Ihr Name? Müller? Könnten Sie Ihren Namen bitte buchstabieren?

Kunde: Natürlich. M - Ü - L - L - E – R. Morgen um 10 Uhr wäre perfekt. Ich würde dann morgen früh um 10 Uhr in ihr Büro kommen. Könnten Sie mir bitte noch die Adresse sagen?

Sekretärin: Die Adresse ist Münchner Straße 20. Wir sind im dritten Stock. Könnten Sie mir bitte den Termin morgen früh noch einmal bestätigen? Das wäre sehr gut.

Kunde: Kein Problem. Ich würde den Termin so gegen 9 noch einmal bestätigen. Genügt das?

Sekretärin: Dann hören wir uns morgen. Danke für Ihren Anruf. Auf Wiederhören.

Text 2

Sekretär: Wunderschönen guten Morgen! Sie sprechen mit Herrn Schmid.

Patient: Guten Morgen. Wir hatten letzte Woche schon einmal telefoniert. Ich wollte einen Termin für heute Nachmittag. Könnte ich bitte den Herr Doktor sprechen?

Sekretär: Nein, der Herr Doktor ist leider nicht zu sprechen. Er ist momentan nicht im Haus. Was kann ich für Sie tun? Gibt es ein Problem?

Patient: Ich möchte meinen Termin absagen. Könnten Sie ihn verschieben?

Sekretär: Welcher Tag würde Ihnen denn passen? Würde Ihnen nächste Woche Dienstag passen?

Patient: Am Dienstag habe ich keine Zeit. Mir würde es am Mittwoch gut passen.

Sekretär: Am Mittwoch ist ein bisschen schwierig, wir haben schon sehr viele Patienten. Wie wäre es am Donnerstag? Am Donnerstag hätten wir noch einige Termine frei. Ginge das bei Ihnen? Um wie viel Uhr würde es Ihnen passen?

Patient: Hätten Sie Nachmittags um drei einen Termin frei? Das wäre perfekt.

Sekretär: Ja, das ist perfekt. Rufen Sie mich aber bitte nächste Woche am Donnerstag morgens noch einmal an und bestätigen Sie den Termin. Vielen Dank für ihren Anruf. Auf Wiederhören.

Text 3

Wo ist die Nummer? Wo habe ich die Visitenkarte mit der Telefonnummer gelassen? Ah..hier ist die Nummer. 08191 54322. Guten Tag. Bäcker ist mein Name. Ich rufe an, um meinen Termin abzusagen. Ich hatte letzte Woche einen Termin vereinbart, aber ich kann leider nicht zum Termin kommen. Ich habe leider einen anderen Termin. Ich kann den Termin leider nicht verschieben. Würden Sie das dem Herrn Doktor bitte ausrichten? Hinterlassen Sie ihm einfach eine Nachricht. Wenn er möchte, kann er mich auch zurückrufen. Ich bin später auf dem Handy erreichbar. Könnten wir einen neuen Termin vereinbaren? Mir würde nächste Woche Montag gut passen. Würde Ihnen das auch passen? Bitte, bestätigen Sie den Termin mit dem Herrn Doktor. Rufen Sie mich bitte zurück, um mir Bescheid zu geben. Ansonsten melde ich mich morgen nochmal. Vielen Dank. Auf Wiederhören!

Text 4

Kunde: Guten Tag, spreche ich mit dem Kundenservice von Books.de? Ich bräuchte ein paar Informationen. Ich hätte Interesse einen Ebook-Reader zu kaufen.

Kundenservice: Guten Tag. Sie sind hier richtig. Womit kann ich Ihnen helfen? Welche Information benötigen Sie? Hätten Sie Interesse an einem bestimmten Modell?

Kunde: Ich hätte Interesse an dem Modell XS200. Hat das Modell ein Wörterbuch?

Kundenservice: Ja, das Modell hat ein Wörterbuch. Sie könnten auch neue Wörterbücher in unserem Online-Shop kaufen. Die sind nicht teuer und sehr gut.

Kunde: Wie viel würde das kosten? Welches Modell wäre eine Alternative?

Kundenservice: Der Kauf und die Installation von einem Wörterbuch würde sie 3 Euro kosten.

Kunde: Sehr gut. Das wäre akzeptabel. Könnte ich das Gerät bei Ihnen bestellen? Könnten Sie es mir schicken? Dann würde ich mir den Weg ins Geschäft sparen. Das wäre super.

Kundenservice: Sehr gerne können Sie das Gerät am Telefon bestellen. Ich leite Sie zum Verkauf weiter. Sie brauchen nur ihre Adresse, ihre Telefonnummer und ihre Kreditkartennummer.

Kunde: Wunderbar. Vielen Dank für ihre Hilfe. Sie haben mir sehr geholfen!

Kundenservice: Gern geschehen. Viel Spaß mit ihrem neuen Gerät! Auf Wiederhören.

Meinung

Text 1

Mein Freund ist sehr sauer auf mich. Er denkt, dass ich ihn nicht oft genug anrufe. Das kann natürlich sein. Das ist möglich. Ich habe viel zu tun. Trotzdem denke ich, dass er ein bisschen übertreibt. Ich glaube, er will, dass ich ihn öfter anrufe. Was meinst du? Wie oft soll man seine Freunde anrufen? Findest du, dass ein Mal in der Woche genug ist? Was denkst du? Denkst du, dass mein Freund recht hat? Oder hast du eine gute Idee, wie man das Problem lösen kann? Mich überrascht es ein bisschen, dass er sauer ist. Ich glaube, dass ich regelmäßig anrufe. Mindestens ein Mal pro Monat und das ist oft genug. Was meinst du? Hast du eine andere Meinung?

Text 2

Meine Freunde wollen am Wochenende ins Kino gehen. Ich denke, dass das eine gute Idee ist. Aber sie wollen einen bestimmten Film sehen. Ich glaube nicht, dass mir dieser Film gefallen wird. Ich bin der Meinung, dass dieser Film sehr langweilig ist und eine uninteressante Geschichte erzählt. Ich habe diese Meinung, weil ich schon sehr viele Kritiken über den Film gelesen habe. Deshalb bin ich nicht einverstanden, dass wir diesen Film ansehen. Ich würde lieber einen anderen Film ansehen, weil ich denke, dass dieser Film viel interessanter ist. Ich glaube dieser Film ist interessanter, weil er gute Schauspieler hat und weil er ein interessantes Thema behandelt. Trotzdem möchte ich nicht allein ins Kino gehen. Es macht mehr Spaß, wenn man mit Freunden ins Kino geht. Ich würde es besser finden, wenn mich meine Freunde begleiten würden. Aber ich denke, dass wir sicherlich eine Lösung finden. Schließlich wollen wir nur ins Kino gehen!

Text 3

Ich überlege gerade, was ich am Wochenende machen werde. Ich habe viel Zeit, weil ich nicht arbeiten muss. Ich denke, dass ich ein bisschen Sport machen werde. Ich glaube, dass Sport sehr gut für unseren Körper und unsere Gesundheit ist. Ich meine, dass wir regelmäßig Sport machen sollten. Meiner Meinung nach braucht man einen aktiven und gesunden Körper für ein gutes Leben. Ich habe das Gefühl, dass ich mich besser fühle, wenn ich Sport gemacht habe. Ich bin absolut der Meinung, dass Sport gut ist. Ich finde auch, dass gesundes Essen uns sehr gut tut. Ich bin auch damit einverstanden, dass regelmäßig Sport zu machen die Lebensqualität verbessert. Ich stimme zu, dass Sport eine gute Idee ist. Was denkst du über das Thema Sport? Habe ich Recht oder habe ich Unrecht? Was ist deine Meinung?

Text 4

Das ist meine Meinung zum Thema Alkohol. Ich bin dagegen, dass Jugendliche so viel Alkohol trinken und eigentlich bin ich auch dagegen, dass Erwachsene so viel Alkohol trinken. Ich bin der Meinung, dass es manchmal ganz lustig ist, ein bisschen betrunken zu sein. Aber ich glaube, es wird ein Problem, wenn man regelmäßig betrunken ist. Darum sollte man das ändern. Man sollte eine Lösung finden. Eine Lösung für das Problem wäre, wenn man zum Beispiel die Jugendlichen besser informieren würde. Man müsste ein Bewusstsein schaffen, dass Alkohol keine Lösung und auch kein guter Zeitvertreib ist. Darum bin ich dagegen, dass so viel Alkohol konsumiert wird. Ich bin dafür, dass Jugendliche eine andere Perspektive haben. Ich möchte, dass sie eine andere Idee davon bekommen, was Spaß macht oder was es bedeutet eine gute Zeit zu haben. Darum bin ich dafür, den Jugendlichen eine andere Perspektive zu zeigen.

Text 5

Ich bin dafür, dass Kinder wieder mehr mit Spielzeug spielen. Ich glaube nicht, dass es gut ist, wenn Kinder mit 4 oder 5 Jahren schon ein Handy oder einen Computer haben. Es ist nicht gut, wenn ein kleines Kind anstatt mit Spielzeug zu spielen ein Handy in der Hand hat. Und ich bin der Meinung, Kinder sollen Kinder bleiben. Und um ein Kind zu sein, muss man mit Spielzeug spielen. Ich glaube, dass das besser ist. Das ist meine Meinung. Ich mag es nicht, wenn ich im Bus sitze und ich sehe die kleinen Kinder wie sie mit dem Handy spielen. Ich bin davon überzeugt, dass ihnen die Fantasie fehlt und sie nicht mehr wissen, wie man mit einem Spielzeug wirklich kreativ und fantasievoll spielt. Und das ist sehr wichtig, weil es den Kindern bei ihrer Entwicklung hilft. Darum glaube ich und bin fest davon überzeugt, dass Kinder Spielzeug brauchen. Und wir als Eltern haben hier eine große Verantwortung. Darum Spielzeug für Kinder! Mobiltelefone und Computer für Erwachsene!

Erinnerungen

Text 1

Weißt du noch? Damals, als wir noch jung waren. Die Zeit war super. Wir haben die größten Feste gefeiert, wir waren auf jeder Party. Wir waren die Coolsten. Wir lernten tolle Frauen kennen. Wir hatten viel Spaß. Erinnerst du dich noch, als wir auf dieser einen Feier waren? Diese Party im Wald. Es war einzigartig. Einfach großartig. Überall waren Lichter. Der ganze Wald war voller Farben. Eine riesige Menge an Leuten tanzte zwischen den Bäumen. Wir tranken, tanzten, sangen und sprachen mit vielen verschiedenen Menschen. Wir glaubten, dass diese Zeit niemals enden würde. Wir waren der Meinung, dass wir die Welt verändern könnten. Wir waren wirklich überzeugt, dass wir einen Unterschied machen könnten. Das waren noch Zeiten. Ich wünsche mir manchmal, dass wir diese Zeit noch einmal erleben könnten. Aber so ist das Leben. Wir werden älter. Wir werden klüger und was uns bleibt ist die Erinnerung. Die kann uns keiner nehmen.

Text 2

Kennst du das nicht auch? Früher haben wir immer geträumt, welchen Beruf wir später mal haben würden. Wir dachten, wir könnten professionelle Fußballspieler werden. Wir träumten davon, dass wir in den großen Stadien spielen würden. Dass wir mit den besten Fußballspielern gemeinsam in einer Mannschaft wären. Das ist leider nichts geworden. Oder ich dachte immer, ich könnte Astronaut werden. Ich dachte, ich würde in den Weltraum reisen und dort die Sterne beobachten. Ich würde einen Weltraumanzug tragen und zu fremden Planeten reisen. Die Menschen würden meine Bücher kaufen und über meine Beobachtungen lesen. Auch das ist leider nichts geworden. Oder ich glaubte, ich könnte Feuerwehrmann werden. Ich war davon überzeugt, dass ich große Feuer löschen und hübsche Mädchen retten würde. Und natürlich würde ich mit dem Feuerwehrauto durch die Straßen rasen. Ich träumte auch oft davon Polizist zu werden. Aber am Ende bin ich nichts davon geworden. Heute bin ich Lehrer. Ich habe nie gedacht, dass ich einmal Lehrer werden würde. Niemals hätte ich das gedacht. So ist das Leben. Man weiß nie, was kommt. Man muss einfach das Beste daraus machen. Früher dachte ich so, heute denke ich so. So ändern sich die Zeiten, nicht wahr?

Text 3

Ich erinnere mich gern an die Zeit als ich noch in Spanien lebte. Ich studierte und arbeitete dort. Es war eine großartige Zeit. Es war immer warm und der Strand war zwei Minuten von meiner Wohnung entfernt. Ich hatte eine wunderschöne Zeit. Ich lernte viel, aber feierte auch viel. Ich dachte, diese Zeit würde niemals enden. Ich glaubte, besser könnte das Leben nicht werden. Aber es ist ganz gut geworden. Manchmal würde ich gern die Zeit zurückdrehen. Ich dachte, ich könnte länger so leben. Oder vielleicht sogar für immer. Aber auf der anderen Seite wurde es auch langweilig. Es wurde ein bisschen monoton. Es war jeden Tag das Gleiche. Es war immer Strand, Party, Sonne, Meer. Das war ein paar Wochen cool, aber später wurde es langweilig. Darum bin ich heute auch ganz zufrieden. Die Dinge haben sich gut entwickelt. Ich habe alles, was ich brauche und ich habe alles gemacht, was ich machen musste. Deshalb sollte ich zufrieden sein. Nur manchmal, wirklich nur manchmal packt mich die Nostalgie und ich wünschte mir, dass ich diese Zeit noch mal erleben könnte. Kennst du das auch?

Text 4

Früher besuchte ich gern meine Oma. Sie wohnte leider sehr weit weg von meinem Zuhause. Ich fuhr immer sehr gerne zu ihr. Wir hatten immer eine gute Zeit zusammen. Wir spielten viele Gesellschaftsspiele oder gingen zusammen essen. Oder ich sah mit ihr zusammen ihre Fernsehserien. Die Fernsehserien waren fürchterlich. Aber für meine Oma hätte ich alles getan. Sie war auch sehr religiös. Ich musste immer mit ihr in die Kirche gehen. Und in der Kirche musste ich dann mit ihr beten und singen. Ich hasste das. Ich bin nicht religiös und fand das einfach doof. Aber es freute meine Oma. Und da es so einfach war sie glücklich zu machen, ging ich immer mit ihr mit. Was macht man nicht alles für seine Oma? Sie konnte auch wunderbar kochen. Sie wusste alle Rezepte auswendig. Sie kaufte kein Fertigessen im Supermarkt, sondern machte alles selbst. Sie war der Meinung, dass das ganze Fertigessen nicht gesund für uns ist. Vermutlich hatte sie Recht mit ihrer Meinung. Ich erledigte ihre Einkäufe und sie kochte damit das beste Essen der Welt. Wir gingen auch gern zusammen in den Park. Sie liebte es, den Enten Brot zu geben. Ich schlief immer auf ihrem alten Sofa. Sie hatte noch die Wohnungseinrichtung von 1960. Sie warf nichts weg. Sie war nach dem Krieg aufgewachsen und wusste noch, was sparen bedeutet. Sie war eine tolle Frau. Leider ist sie schon gestorben. Aber die Erinnerung an sie lebt weiter.

Rat geben

Text 1

Heute brauche ich einen Rat. Ich weiß nicht, was ich am Wochenende machen soll. Was könnte ich machen? Ich könnte zum Beispiel in den Zoo gehen. Dort könnte ich Tiere beobachten und spazieren gehen. Das wäre sicher interessant. Ich müsste auch ein paar Sachen einkaufen. Ich sollte das vor meinem Zoobesuch machen. Ich würde nur ein paar Dinge brauchen. Das würde nicht lange dauern. Ich könnte zuerst einkaufen und danach in den Zoo gehen. Aber vorher sollte ich mich duschen. Ich bin gerade aufgestanden. Und ich sollte auch mit dem Hund spazieren gehen und frühstücken. Danach gehe ich zum Einkaufen. Ich könnte auch in ein Museum gehen. Das wäre auch eine gute Idee. Ein bisschen Kultur würde mir Spaß machen. Ich hätte auch Lust, mich in die Sonne zu legen und ein gutes Buch zu lesen. Das würde ich auch gut finden. Ich würde mir einen Kaffee machen, meinen Stuhl in die Sonne stellen und den Nachmittag in der Sonne genießen. Was würdest du machen?

Text 2

Was könnte ich heute zu Abend essen? Ich könnte Spaghetti machen. Ich hätte fast alle Zutaten hier. Ich müsste nur schnell Tomaten kaufen gehen. Und ich bräuchte ein bisschen Käse. Ich könnte auch einen Fruchtsalat machen. Das würde mir gut tun. Ich sollte etwas mehr auf meine Gesundheit achten und darum wäre es eine gute Idee mehr Früchte zu essen. Dann müsste ich aber noch auf den Markt gehen. Ich würde mit dem Fahrrad fahren. Das würde eine halbe Stunde dauern und ich würde mich bewegen. Aber ich habe jetzt Hunger. Ich möchte jetzt etwas essen. Ich könnte auch eine Pizza bestellen. Die wäre in 15 Minuten hier. Und sie würde mir sehr gut schmecken. Ich würde bei meinem Lieblingsrestaurant bestellen und sie würden die Pizza schnell zu mir nach Hause bringen. Das wäre perfekt. Ich sollte zwar auf meine Figur achten, aber einmal wäre kein Problem. Ich esse ja nicht jeden Tag Pizza. Und ich würde mir die Zeit sparen, um zu kochen. Und ich müsste heute nicht mehr das Haus verlassen. Wäre das nicht eine gute Idee? Ich denke schon. So mache ich das. Ich bestelle mir eine leckere Pizza mit Schinken, Salami und Oliven. So einfach geht das! Guten Appetit!

Text 3

Ich müsste meine Wohnung aufräumen. Das sollte ich schon seit einer Woche machen. Ich müsste auf jeden Fall das Badezimmer putzen. Ich würde einen Eimer mit Wasser und Putzmittel füllen und danach würde ich die Dusche und die Toilette putzen. Ich sollte auch den Mülleimer leeren und ich müsste auch neues Toilettenpapier kaufen. Den Spiegel sollte ich auch putzen. Dann würde ich mich endlich wieder selbst sehen. Ich könnte auch eine neue Zahnbürste kaufen. Das wäre sicher eine gute Idee. Außerdem sollte ich staubsaugen. Und die Küche könnte ich auch sauber machen. Dann würde das Kochen wieder mehr Spaß machen. Ich sollte das Geschirr abspülen und den Boden wischen. Außerdem würde ich auch den Müll nach draußen bringen. Danach sollte ich in meinem Schlafzimmer das Bettzeug wechseln. Und ich sollte meine Pflanzen gießen. Das sollte ich alles in zwei Stunden schaffen. Dann wäre es endlich wieder sauber.

Text 4

Stell dir vor, jemand will dir eine Million Euro schenken. Was würdest du machen?

Ich würde in viele Länder reisen. Ich könnte in den schönsten und teuersten Hotels schlafen. Ich würde jeden Abend in einem anderen Restaurant essen und müsste nie auf das Geld aufpassen. Ich würde viele interessante Orte besuchen und viel erleben. Ich würde mir viele Bücher kaufen und ich würde viel lesen und lernen. Ich hätte eine eigene Bibliothek und ich würde mir ein großes Haus bauen. Das Haus hätte viele Zimmer, einen Swimmingpool und einen großen Garten. Ich würde alle meine Freunde einladen und wir würden viel Spaß haben. Wir würden jeden Tag eine Party machen. Ich würde mir auch ein schnelles Auto kaufen. Und ich würde ein paar Hunde adoptieren. Ich würde ihnen ein kleines Haus im Garten bauen. Dort könnten sie wohnen und spielen. Ich würde jeden Tag mit ihnen spazieren gehen und sie sehr gut erziehen. Außerdem würde ich einen Teil von meinem Geld spenden. Ich würde ein paar Menschen helfen, denen es nicht so gut geht. Sie würden ein besseres Leben haben. Das würde mich auch glücklich machen. Ich würde auch ein bisschen Geld sparen. Das sollte ich auf jeden Fall machen. Vielleicht würde ich auch in Aktien investieren. Aber ich würde auch auf jeden Fall weiter arbeiten. Ich würde nicht aufhören zu arbeiten. Was würde ich den ganzen Tag ohne Arbeit machen? Das wäre auf Dauer auch langweilig. Ich würde mein Geld genießen, aber ich würde auch weiter etwas Sinnvolles machen, kreativ und produktiv sein.

Medien

Text 1

Viele Menschen lesen jeden Tag die Zeitung, um sich über Neuigkeiten aus der ganzen Welt zu informieren. In einer Zeitung findet man Artikel, Reportagen, Kommentare und Kolumnen. Und natürlich Werbung. Die Artikel schreiben Journalisten. Sie recherchieren zu einem Thema, machen Interviews mit interessanten oder wichtigen Personen und publizieren ihre Artikel in der Zeitung. Artikel sollen distanziert und neutral sein. Reportagen sind längere Berichte zu einem Thema, die auch die Perspektive des Journalisten enthalten. Sie können auch die Ansichten und Eindrücke des Autors enthalten. Eine Reportage ist weniger distanziert und sie ist persönlicher als ein Artikel. Ein Bericht über ein Fußballspiel ist zum Beispiel eine Reportage. Bei einem Kommentar schreibt der Autor über seine Meinung zu einem Thema. Er kommentiert das Thema und beurteilt es. Und Kolumnen sind auch Meinungsbeiträge, aber sie erscheinen regelmäßig und sind oft vom gleichen Autor. Auf der ersten Seite findet man die Schlagzeilen. Sie beschreiben das Wichtigste des Tages in kurzen Artikeln auf der ersten Seite. In der Zeitung gibt es verschiedene Bereiche, zum Beispiel Wirtschaft, Politik, Sport und Gesellschaft. Hier findet man Artikel zu verschiedenen Themen. Mit Werbung finanziert sich die Zeitung. Es gibt verschiedene Formate: Tageszeitung, Wochenzeitung und Monatszeitung. Welche Zeitung liest du? Liest du täglich Zeitung oder nur wöchentlich?

Text 2

Ein anderes wichtiges Medium ist das Fernsehen. Man braucht einen Fernseher, um das Fernsehprogramm zu empfangen. Es gibt viele verschiedene Sender. Es gibt Sender, die nur Filme zeigen. Es gibt Sender, die nur Nachrichten zeigen. Andere zeigen den ganzen Tag Dokumentationen. Viele Sender haben ein gemischtes Programm. Sie zeigen morgens Serien, mittags Nachrichten, nachmittags Talkshows und Soaps und abends Filme. Viele Sender zeigen auch Werbung, um Geld zu verdienen. Ungefähr alle 20 Minuten gibt es eine Werbepause. Diese Sender sind meistens kostenlos empfangbar. Es gibt auch Sender, die Geld kosten. Sie zeigen die neuesten Filme oder exklusive Konzerte und Sportveranstaltungen. Siehst du viel fern? Oder hast du gar keinen Fernseher?

Text 3

Viele Leute hören gerne Radio. Oft läuft es im Hintergrund. Die Leute hören es in der Arbeit, im Auto, im Supermarkt oder Zuhause. Im Radio kann man viele verschiedene Programme hören. Man kann Musik und Nachrichten hören, sich zu aktuellen Themen informieren oder bei einem Fußballspiel live dabei sein. Das Radioprogramm empfängt man mit einer Antenne. Diese findet man heute fast überall. Über das Internet kann man heute sogar Radioprogramme aus fremden Ländern empfangen. Das ist zum Beispiel super, um Sprachen zu lernen. Aber es ist auch hilfreich, wenn man neue Musik entdecken will oder sich über bestimmte Themen informieren will. So kann man verschiedene Sichtweisen kennenlernen und sich besser eine eigene Meinung bilden.

Text 4

Das Internet ist noch nicht so alt. Aber es ist heute wahrscheinlich das wichtigste Informations- und Unterhaltungsmedium. Es ist überall. Die Leute benutzen es am Computer, auf dem Handy, auf ihrem Tablet und sogar auf ihrer Uhr. Mit dem Internet kann man alle 'alten' Medien empfangen. Es gibt Internetseiten, auf denen man fernsehen oder Radio hören kann. Man kann Sender aus der ganzen Welt und in allen Sprachen finden. Jede Zeitung hat eine eigene Internetseite und ein Onlineangebot mit vielen Artikeln, Reportagen, kleinen Videos und Kommentaren. Außerdem gibt es viele private Seiten, auf denen die Menschen sich selbst, ihre Meinungen oder ihre Produkte präsentieren. Viele Leute benutzen auch soziale Netzwerke, um zu kommunizieren, Spiele zu spielen, Nachrichten zu schicken oder interessante Inhalte zu teilen. Es ist heute auch viel einfacher Informationen zu finden. Es gibt hunderte Wörterbücher, Lexika und andere informative Seiten. Man kann immer und überall lernen, kommunizieren, arbeiten oder einfach Spaß haben. Man kann sagen, dass das Internet ein bisschen die Welt verändert hat. Ein großer Unterschied zu den anderen Medien ist sicherlich, dass das Internet interaktiv ist. Der Nutzer ist nicht mehr nur Konsument, sondern er hat auch die Möglichkeit selbst Inhalte zu schreiben und mit den vielen anderen Nutzern zu teilen. Die Welt ist durch das Internet ein bisschen kleiner geworden. Was denkst du über das Internet? Benutzt du es oft? Was findest du schlecht am Internet? Glaubst du, dass das Internet die Welt verändert hat?

Entscheidungen

Text 1

Ich brauche ein neues Deo. Entweder Deo 1 oder Deo 2 oder Deo 3. Ich weiß nicht, welches Deo ich nehmen soll. Ich habe die Qual der Wahl. Ich muss mich zwischen den verschiedenen Möglichkeiten entscheiden. Es gibt so eine große Auswahl. Deo 1 ist eine ganz gute Wahl. Es riecht gut. Deo 2 riecht auch gut. Ist aber ein bisschen teurer. Deo 3 riecht auch gut und riecht sogar besser als Deo 1 und Deo 2, ist aber am teuersten. Ich mag sowohl Deo 1 als auch Deo 2 als auch Deo 3. Was wäre dein Rat? Welches würdest du kaufen? Nach welchen Kriterien soll ich mein Deo auswählen? Es ist eine schwierige Entscheidung. Später bin ich unzufrieden, weil ich zu viel Geld ausgegeben habe. Oder ich ärgere mich, dass das Deo nicht so gut riecht wie das andere Deo. Was soll ich tun? Ich muss eine Entscheidung treffen. Wie entscheidest du dich, wenn du ein Deo kaufen musst? Das Billigste? Das Zweitbilligste? Das Teuerste? Das Deo, das am besten riecht? Welche Ratschläge würdest du mir geben? Ich wähle jetzt einfach ein Deo aus. Die Wahl fällt mir wirklich schwer, aber ich glaube, ich kaufe weder Deo 1 noch Deo 3. Ich werde Deo 2 kaufen.

Text 2

Ich überlege gerade, ob ich entweder jetzt duschen soll oder ob ich später duschen soll. Ich weiß nicht so recht. Ich habe zwei Möglichkeiten. Möglichkeit 1: Ich könnte jetzt duschen, aber ich hätte auch Lust am Nachmittag ein bisschen Sport zu machen. Möglichkeit 2: Anstatt jetzt zu duschen, könnte ich auch später nach dem Sport duschen. Aber ich könnte auch, anstatt nur ein Mal zu duschen, zwei Mal duschen. Ich könnte sowohl jetzt als auch später duschen. Das muss ich mir jetzt überlegen. Ich bin mir nicht so sicher. Wie soll ich mich entscheiden? Entweder jetzt oder später? Oder weder jetzt noch später? Einfach gar nicht duschen? Was würdest du an meiner Stelle tun? Würdest du einmal duschen, vor dem Sport oder später nach dem Sport? Oder würdest du anstatt nur ein Mal, ein zweites Mal duschen? Das ist die Frage. Entweder ein Mal duschen oder zwei Mal duschen? Ich überlege noch ein bisschen und dann entscheide ich mich.

Text 3

Ich muss ein neues Telefon kaufen. Die Auswahl ist riesig. Benutze ich besser ein altes, einfaches Telefon oder ein neueres, komplizierteres Smartphone. Es ist echt schwierig eine Entscheidung zu treffen. Ich weiß nicht recht, wofür ich mich entscheiden soll. Die Wahl fällt mir wirklich schwer. Welche Option ist besser für mich, das alte Telefon oder das neue Smartphone. Das alte Telefon ist sehr robust, es ist nicht teuer und es kann alles, was ich benötige. Aber es ist nicht internetfähig. Es kann nur SMS senden und telefonieren. Ich kann weder Spiele benutzen noch im Internet surfen noch ein Videotelefonat machen. Das andere Telefon kann sowohl SMS schicken als auch telefonieren als auch ins Internet gehen als auch Emails schicken, Facebook und Twitter benutzen und Spiele spielen. Das ist eine schwierige Entscheidung. Das eine hat seinen Vorteil und das andere hat seinen Vorteil. Aber beide haben auch Nachteile. Irgendwie habe ich keinen Favoriten. Keins von beiden überzeugt mich. Oder ich kaufe weder das eine noch das andere Telefon und suche mir ein ganz anderes Telefon aus. Was würdest du tun? Was würdest du mir raten. Was ist deine Meinung? Wenn du an meiner Stelle wärest, würdest du das Smartphone oder das alte Telefon bevorzugen? Vielleicht kaufe ich gar kein Telefon?

Text 4

Ich habe ein Problem. Ich brauche deinen Rat. Ich brauche eine Art Modeberatung. Und zwar weiß ich nicht, welche Hose ich anziehen soll. Ich kann mich nicht entscheiden. Ich habe zu viele Hosen und die Auswahl ist zu groß. Welche Hose würdest du anziehen? Kannst du mir einen Rat geben? Welche Hose gefällt dir am besten? Würdest du an meiner Stelle die blaue Hose anziehen oder eher die graue Hose? Ich bin einfach nicht entscheidungsfreudig, wenn ich meine Kleidung auswählen muss. Ich mag sie alle und habe keinen Favoriten. Würdest du an meiner Stelle vielleicht die braune Hose anziehen? Oder doch eher die Grüne? Ich kann mich nicht entscheiden. Es gibt einfach zu viel Auswahl. Warum habe ich auch so viele Hosen gekauft! Ich habe viel zu viele Hosen. Ich kann einfach keine Entscheidung treffen. Gib mir einen Rat! Such du eine Hose aus! Was soll ich anziehen? Welche Hose gefällt dir am besten? Hilf mir! Berate mich!

Wochenende

Text 1

Tom: Hallo! Alles klar? Gott sei dank ist endlich Wochenende. Hättest du Lust heute mit mir auf das Konzert zu gehen? Wir müssten uns noch Karten besorgen.

Anna: Ich weiß nicht. Ich habe viel zu tun. Kannst du mich im Auto mitnehmen? Du weißt, ich interessiere mich für diese Band. Aber ich glaube, das Konzert ist morgen. Du irrst dich. Schau auf die Internetseite von der Band. Das Konzert ist nicht heute.

Tom: Wirklich? Täusche ich mich? Lass mich schnell auf der Seite nachschauen. Tatsächlich. Ich kann dich abholen und mitnehmen. Aber entscheide dich doch jetzt. Ich muss wissen, ob du mitkommst. Erholen kannst du dich am Sonntag. Meine Freundin erkundigt sich gerade, was der Eintritt für das Konzert kostet. Das wird sicher super und wir werden uns amüsieren.

Anna: Also gut. Kommt Ralf auch mit? Ich würde mich freuen, ihn zu sehen.

Tom: Ralf bleibt zu Hause. Er hat sich erkältet. Er fühlt sich nicht gut. Er begleitet uns das nächste Mal. Er muss sich dieses Wochenende ausruhen. Aber wir gehen weg. Hast du Lust heute in eine Bar zu gehen? Ich muss mich nur schnell duschen und anziehen. Dann können wir los!

Anna: Rasier dich, dusch dich, wasch dich, kämm dich und zieh dich an und danach holst du mich ab und wir gehen ein Bier trinken. Ich freue mich auch! Bis später!

Text 2

Endlich ist es Wochenende. Was mache ich dieses Wochenende? Ich glaube, ich bewege mich nicht aus dem Bett. Ja, ich glaube, ich ruhe mich aus und bleibe im Bett liegen. Ich habe keine große Lust auszugehen oder in die Stadt zu gehen oder mich zu bewegen. Wenn ich mich aus dem Bett bewege, muss ich mich rasieren. Ich muss mich waschen und ich muss mich kämmen. Ich glaube, ich habe keine Lust, mich heute fertig zu machen. Ich bewege mich heute nicht. Ich hätte Lust gehabt ins Museum zu gehen, weil ich mich für eine Ausstellung interessiere. Und ein Freund hat mich angerufen, um auf ein Konzert zu gehen. Aber wie gesagt, ich habe keine Lust mich schön zu machen, mich zu rasieren, mich zu waschen und mich zu kämmen und mich am Ende auch noch anzuziehen. Ich glaube, ich bleibe heute im Bett und ruhe mich aus. Wenn ich mich langweile, kann ich immer noch aufstehen.

Text 3

Was mache ich dieses Wochenende? Ruhe ich mich aus oder gehe ich ins Museum? Ich interessiere mich für moderne Kunst und ich interessiere mich für Skulpturen und Statuen. Ich könnte ins Museum gehen. Das wäre eine Idee. Oder ich erhole mich und bewege mich nicht aus dem Bett. Ich ruhe mich aus und bleibe zu Hause. Was könnte ich noch machen? Ich könnte in ein Konzert gehen. Ich interessiere mich für eine bestimmte Band. Diese Band spielt dieses Wochenende. Was könnte ich noch machen? Ich könnte ins Kino gehen. Ich möchte einen bestimmten Film sehen, aber meine Freundin weigert sich, diesen Film zu schauen. Und ich weigere mich, den Film, den sie vorschlägt zu schauen. Wir können uns nicht einigen. Am besten sie sieht sich ihren Film an und ich sehe mir meinen Film an. Oder ich bleibe zu Hause und bewege mich nicht aus dem Bett und entspanne mich. Ich überlege mir das noch und entscheide mich später.

Text 4

Tom und Anna diskutieren, was sie am Wochenende machen sollen. Anna interessiert sich für eine Kunstausstellung im Museum. Aber Tom weigert sich ins Museum zu gehen. Er langweilt sich immer im Museum, sagt er. Anna zeigt sich offen für einen anderen Vorschlag. Tom schlägt vor, gemeinsam in den Park zu gehen. Er möchte sich auf eine Decke legen und ein Picknick machen. Und er möchte sich ein bisschen sonnen. Er fühlt sich so blass. Die Idee gefällt auch Anna und die zwei freuen sich, dass sie eine Lösung gefunden haben. Sie machen sich sofort auf den Weg, um sich ein paar Sandwiche für das Picknick zu machen. Anna schneidet sich mit dem Messer und blutet. Aber sie klebt sich ein Pflaster auf den Finger und schon ist alles gut. Dann machen sie sich fertig. Sie ziehen sich ihre Schuhe und ihre Jacken an und machen sich auf den Weg in den Park. Dort legen sie sich in die Sonne und sonnen sich, lachen und quatschen. Und freuen sich, dass sie einen wunderschönen Tag zusammen verbringen können.

Dates

Text 1

Heute schreibe ich meiner Traumfrau im Internet. Ich finde sie sehr toll. Ich finde sie total attraktiv. Ich weiß nicht, ob sie mit mir ausgehen möchte. Vielleicht gibt sie mir ihre Telefonnummer. Ich würde ihr meine Telefonnummer geben. Ich glaube, ich werde ihr meine Nummer schreiben. Ich weiß auch ihren Namen nicht. Vielleicht verrät sie ihn mir. Ich würde gerne mit ihr ins Kino gehen. Oder ich würde gern mit ihr in eine Bar gehen. Ich würde gern zusammen mit ihr einen Film gucken. Ich möchte sie kennenlernen. Mal schauen, ob sie Lust hat, etwas mit mir zu unternehmen. Ich werde ihr Blumen schenken und ich werde sie zum Essen einladen. Das wird ihr gefallen. Und ich glaube, es wird auch richtig lustig werden. Wir haben sehr ähnliche Interessen. Ich glaube, wir zwei passen gut zusammen. Ich werde ihr jetzt einen Brief schreiben. Oder besser eine Email und dann werden wir sehen. Drück mir die Daumen!

Text 2

Hurra! Sie hat mir geantwortet. Ich bin total aufgeregt. Sie hat mir eine Email geschrieben. Sie ist sehr freundlich und ich glaube, sie hat Interesse an mir. Es scheint, dass sie sich für mich interessiert. Sie schreibt, dass sie sich über meine Nachricht freut und mich gern kennenlernen würde. Wir haben also ein Date. Das freut mich riesig! Ich kann es kaum erwarten, sie zu treffen. Ich glaube, ich bin schon ein bisschen verliebt in sie. Aber ihre Antwort ist positiv. Das heißt, wir können zusammen ausgehen. Sie sagt, dass sie mit mir ins Kino gehen möchte und sie hat mir ihre Telefonnummer geschickt. Und sie hat mir auch ihre Adresse geschrieben. Sie möchte mit mir zuerst ins Kino gehen und danach noch etwas essen gehen. Das ist super. Wir werden bestimmt viel Spaß haben. Ich werde ihr jetzt eine Antwort schreiben. Dann können wir zusammen ausgehen. Das ist total super! Ich bin total glücklich und fröhlich!

Text 3

Hallo, wie geht es dir? Ich habe dich letztens auf der Straße gesehen und ich würde gerne mit dir essen gehen oder wir könnten auch etwas trinken gehen. Würdest du mir deine Telefonnummer geben? Ich würde dir auch meine Telefonnummer geben. Wie wäre es mit uns? Hast du Lust? Ich gebe dir meine Telefonnummer. Meine Telefonnummer ist 05573 102463. Vielleicht hast du Lust? Oder du schreibst mir eine SMS. Ich werde dir auch antworten. Ich würde mich sehr freuen, wenn es mit uns beiden klappen würde. Vielleicht können wir ja einen romantischen Abend verbringen. Tschüss.

Text 4

Hast du es dir überlegt? Ich würde mich immer noch freuen. Du würdest mir eine große Freude machen. Ich finde dich sehr attraktiv. Ich mag deine langen, schwarzen Haare und deine dunklen Augen. Ich würde gerne mehr über dich erfahren. Du scheinst eine interessante Person zu sein. Hast du Lust dich mit mir zu treffen? Ich möchte dich wirklich kennenlernen. Ich möchte wissen, wer du bist, was du magst, wovon tu träumst. Wir könnten etwas essen gehen. Oder du kommst zu mir und ich koche etwas für dich. Was meinst du? Was würde dir gefallen? Sag mir einfach, was du machen möchtest. Ich würde einfach nur gerne einen Abend mit dir verbringen und mich mit dir unterhalten. Ruf mich einfach an und sag mir wann du Zeit und Lust hast. Ich würde mich sehr freuen, wenn wir uns treffen könnten. Vielleicht hast du ja Lust und meldest dich. Tschüss.

Text 5

Jetzt bin ich seit zwei Wochen ohne dich und es macht mich immer noch traurig, dass du dich gegen mich entschieden hast. Es geht mir sehr schlecht. Ich weine den ganzen Tag und kann nicht klar denken. Ich freue mich für dich und ich wünsche dir und deinem neuen Freund alles Gute. Ich hoffe, dass ihr glücklich werdet. Aber es bricht mir das Herz. Es tut mir wirklich sehr weh. Es ist sehr traurig, dass du nicht mehr bei mir bist. Ich hätte mir das nie vorstellen können. Hättest du dir das vorstellen können? Ich weiß es nicht. Vor ein paar Wochen schien alles gut, wir waren verliebt. Wir sagten uns 'Ich liebe dich' und es klang ehrlich und ernst. Und heute bin ich allein und plötzlich bist du nicht mehr da. Aber das wollte ich dir noch sagen. Ich hoffe, dass es dir gut geht und ich hoffe, dass es für uns eine Zukunft als Freunde gibt.

Text 6

Barfrau: Hallo, wie geht's? Was möchtest du trinken? Bist du das erste Mal hier?

Gast: Ich bin das erste Mal hier. Ich möchte einen Kaffee, bitte. Ich bin schon ein paar Mal am Fenster vorbei gegangen und habe dich gesehen. Ich wollte schon lange 'Hallo' sagen und dich kennenlernen.

Barfrau: Interessant. Und woher weißt du, dass ich dich kennenlernen möchte?

Gast: Du könntest mir eine Chance geben. Ich bleibe hier sitzen und wir unterhalten uns ein bisschen.

Barfrau: Ok, warum nicht. Heute sind kaum Gäste da und ich habe wenig Arbeit. Du hast Glück.

Gast: Das freut mich. Wie heißt du? Mein Name ist David. Und deiner?

Barfrau: Mein Name ist Claudia. Was machst du beruflich? Ich bin Barfrau, wie du siehst.

Gast: Ich arbeite in einer großen Firma im Büro. Meine Arbeit ist nicht besonders spannend. Was magst du gerne? Was gefällt dir? Wie könnte man dein Herz erobern? Mit Blumen? Schokolade?

Barfrau: Weder Blumen noch Schokolade. Du musst nur sympathisch, intelligent und interessant sein. Das ist alles. Ich brauche keine Geschenke. Was ich möchte kaufe ich mir. Ich bin eine unabhängige Frau und ich verdiene mein eigenes Geld.

Gast: Was interessiert dich? Was macht dich neugierig?

Barfrau: Das musst du selbst herausfinden. Aber es freut mich, dass du mich danach fragst.

Gast: Hättest du Lust in ein Museum zu gehen? Es ist ein Museum für moderne Kunst. Gefällt dir das? Sie eröffnen eine Ausstellung heute Abend. Ich möchte sie besuchen. Würdest du mich begleiten?

Barfrau: Ich liebe moderne Kunst. Ich werde dich begleiten, aber das ist kein Date. Verstanden?

Gast: Verstanden. Wo sollen wir uns treffen? Gibst du mir deine Telefonnummer?

Barfrau: Nein. Für meine Telefonnummer ist es noch zu früh. Vielleicht gebe ich sie dir heute Abend nach unserem Museumsbesuch. Ich bin hier um 19 Uhr fertig. Komm hier her und hol mich ab.

Gast: Ok, das klingt gut. Freut mich, dass du mich begleitest. Es wird bestimmt ein schöner Abend.

Barfrau: Wie schon gesagt, es ist kein Date. Ich interessiere mich für Kunst, das ist dein Glück.

Gast: Trotzdem freue ich mich, dass ich dich besser kennenlernen darf. Vielleicht findest du mich ja interessant und sympathisch. Ich werde mich auf jeden Fall anstrengen.

Barfrau: Aber übertreib es nicht. Dann sehen wir uns heute Abend. Ich freue mich schon.

Gast: Ich mich auch. Ich kann es kaum erwarten. Bis später.

Märchen

Text 1

Es war einmal ein kleines Mädchen, das immer einen roten Umhang trug und von allen Menschen im Dorf Rotkäppchen genannt wurde. Eines Tages kam sie nach Hause und ihre Mutter hatte gerade einen leckeren Kuchen fertig gebacken. Rotkäppchen sollte den Kuchen, ein paar Früchte und eine Flasche Wein zu ihrer Großmutter bringen. Die Großmutter war schon ein paar Tage krank und die Mutter wollte ihr eine Freude machen. Sie packten alles in einen Korb und gerade als Rotkäppchen sich auf den Weg machen wollte, sagte die Mutter zu ihr: „Geh nicht in den Wald! Bleib auf dem Weg! Folge immer dem Weg und verlasse ihn nicht! Der Wald ist gefährlich, auf dem Weg bist du sicher." Rotkäppchen versprach auf dem Weg zu bleiben und lief los. Singend und tanzend folgte sie dem Weg. Nach einer Weile kam sie an eine Stelle, wo es viele schöne, bunte Blumen gab. Das Mädchen blieb stehen und dachte: „Ein paar schöne Blumen werden Großmutter sicherlich gefallen. Ich werde ein paar besonders Schöne für sie suchen!". So fing sie an zu suchen und sie fand schnell viele bunte Blumen für ihre Großmutter. Plötzlich bemerkte sie, dass sie schon sehr weit vom Weg entfernt war und bekam Angst. Sie drehte sich um und wollte zurück zum Weg laufen. Da traf sie den Wolf, der in diesem Wald lebte. „Was machst du hier im Wald kleines Mädchen?", fragte der Wolf. „Ich sammle Blumen für meine Großmutter. Sie ist krank und ich bringe ihr Kuchen und Wein. Sie wohnt hinter dem Wald. Ich gehe jetzt zu ihr.", antwortete Rotkäppchen. „Such noch ein paar blaue Blumen. Sie würden deinen Strauß noch viel schöner machen!", sagte der Wolf. Das schien Rotkäppchen eine gute Idee und sie suchte noch ein bisschen weiter. In der Zwischenzeit lief der Wolf schnell zum Haus der Großmutter. Er klopfte an der Tür und die Großmutter antwortete: „Wer ist an der Tür? Ich bin krank und kann nicht aufstehen. Bist du es, Enkelin? Die Tür ist offen. Komm herein." Der Wolf trat in das Haus ein und rannte schnell zum Bett der Großmutter und verschlang sie. Danach zog er ihre Kleidung an, setzte sich ihre Brille auf und legte sich in ihr Bett. Rotkäppchen hatte in der Zwischenzeit ihre Suche beendet und war auch zum Haus ihrer Großmutter gelaufen. Sie klopfte an die Tür und der Wolf antwortete ihr: „Wer ist an der Tür? Ich bin krank und kann nicht aufstehen. Bist es du, Enkelin? Die Tür ist offen. Komm herein." Im Schlafzimmer der Großmutter war es sehr dunkel, weil alle Fenster geschlossen waren. Deshalb bemerkte sie nicht, dass der Wolf im Bett ihrer Großmutter lag. Sie ging zum Bett und als sie ihre Großmutter sah, fragte sie verwundert: „Großmutter, warum hast du so große

Ohren?" Und der Wolf antwortete: „Damit ich dich besser hören kann!" „Und warum hast du so große Augen?" „Damit ich dich besser sehen kann!" „Warum hast du so große Hände?" „Damit ich dich besser packen kann!" „Aber Großmutter, warum hast du so einen großen Mund?" „Damit ich dich besser fressen kann!", sprach der Wolf, packte das Mädchen und verschlang es. Danach legte er sich wieder ins Bett. Weil er so viel gegessen hatte, fiel er in einen tiefen Schlaf. Er fing an laut zu schnarchen. Ein Jäger ging am Haus der Großmutter vorbei und hörte den Wolf schnarchen. „Wie laut die alte Frau schnarcht! Ich werde nachsehen, ob es ihr gut geht!", dachte sich der Jäger. Er ging in das Haus hinein und fand den Wolf im Bett der Großmutter. „Wie lange habe ich dich gesucht und nicht gefunden! Endlich habe ich dich gefunden!", dachte der Jäger. Zuerst wollte er den Wolf mit seinem Gewehr erschießen. Dann hatte er aber eine Idee. „Vielleicht hat der Wolf die Großmutter verschlungen!" Er suchte nach einer Schere und mit der Schere schnitt er dem Wolf den Bauch auf. Nach ein paar Schnitten sprang Rotkäppchen aus dem Bauch des Wolfs heraus. Und nach ein paar Schnitten mehr halfen sie der Großmutter den Bauch des Wolfs zu verlassen. Es ging beiden gut und sie waren beide gesund und unverletzt. Rotkäppchen lief schnell zum Fluss und suchte ein paar schwere Steine. Mit den Steinen füllten sie dem Wolf den Bauch. Anschließend nähten sie den Bauch wieder zu. Als der Wolf aufwachte hatte er großen Durst und lief zum Fluss, um zu trinken. Die Steine in seinem Bauch aber waren so schwer, dass er den Fluss nicht mehr verlassen konnte und ertrank. Der Jäger, Rotkäppchen und die Großmutter setzten sich an den Tisch, aßen Kuchen und tranken den Wein und waren glücklich und zufrieden.

Text 2

Es war einmal ein Holzfäller und seine Familie. Die Familie hatte zwei Kinder. Sie hießen Hänsel und Gretel. Sie lebten in einem kleinen Häuschen am Rand von einem kleinen Wald. Die Zeiten waren hart und die Familie hatte kaum etwas zu essen. Der Holzfäller und seine Frau waren sehr verzweifelt. In ihrer Verzweiflung trafen sie die Entscheidung, ihre Kinder im Wald allein zu lassen. Die Kinder hatten so viel Hunger, dass sie nicht schlafen konnten. Sie hatten ihre Eltern gehört und kannten ihren Plan. Als die Eltern schliefen schlich Hänsel nach draußen und sammelte viele kleine weiße Steine. Am nächsten Morgen weckte die Mutter die Kinder und sagte ihnen, dass die ganze Familie in den Wald gehen müsste. Sie müssten Holz sammeln, um es zu verkaufen. Sie gab den Kindern ein Stück Brot und dann gingen sie los. Hänsel nahm die kleinen Steine, die er in der Nacht gesammelt hatte, und ließ alle paar Meter einen Stein fallen. Auf diese Weise markierte er den Weg. Die Eltern bemerkten nichts von den Steinen. Als sie tief im Wald angekommen waren, sagte der Vater: „Geht und sucht kleines Holz. Ich werde ein Feuer machen. Dann könnt ihr euch setzen und ausruhen. Währenddessen gehen eure Mutter und ich mehr Holz sammeln." Als das Feuer brannte, setzten sich die Kinder und ruhten sich aus. Sie hörten den ganzen Tag wie etwas gegen die Bäume schlug und dachten, das wären ihre Eltern mit der Axt. Aber es war nur ein großer Ast, der gegen einen Baum schlug. Als es dunkel wurde, bekam Gretel Angst und wollte nach Hause gehen. Hänsel beruhigte sie und sagte ihr: „Hab keine Angst, liebe Schwester. Wir warten noch ein bisschen und dann gehen wir nach Hause." Sie warteten noch ein bisschen und dann machten sie sich auf den Weg. Mit Hilfe der Steine auf dem Weg fand Hänsel ganz leicht den Weg nach Hause. Der Vater freute sich sehr, dass die Kinder wieder zuhause waren, aber die Mutter fand es gar nicht gut. Ein paar Wochen später war die Familie wieder in der gleichen Situation. Sie hatten kaum etwas zu essen und wieder trafen die Eltern die Entscheidung, die Kinder allein im Wald zu lassen. Die Kinder hatten das Gespräch der Eltern wieder gehört. Hänsel wollte wieder nach draußen, um die weißen Steinchen zu sammeln. Aber er konnte das Zimmer nicht verlassen. Die Mutter hatte die Tür verschlossen. Am nächsten Morgen gab die Mutter den Kindern wieder ein Stück Brot und sie machten sich auf den Weg in den Wald. Hänsel machte kleine Stücke aus dem Brot und ließ es auf den Boden fallen. Die kleinen Stücke sollten ihm helfen den Weg zu finden. Sie machten wieder ein Feuer und die Eltern ließen die Kinder allein im Wald. In der Nacht wollten Hänsel und Gretel wieder nach Hause gehen. Aber die Vögel im Wald hatten das ganze Brot gefressen und sie konnten den Weg nicht mehr finden. Sie suchten und suchten, aber sie konnten nicht nach Hause finden. Nach ein paar Tagen kamen sie zu einem Haus. Es war komplett aus Lebkuchen gebaut. Hänsel und Gretel hatten riesigen Hunger und wollten ein bisschen Lebkuchen essen. Hänsel aß ein Stück vom Dach und Gretel aß ein Stück von der Wand. Sie aßen und aßen und nach einer Weile kam eine alte Frau aus dem Haus. „Wer isst das Dach von meinem Haus? Wer isst die Wände von meinem Haus?", fragte die alte Frau. „Wir finden den Weg nach Hause nicht mehr und wir hatten riesigen Hunger." , antworteten die Kinder. Die alte Frau war eine böse Hexe. Sie packte Hänsel und warf ihn in einen Käfig. Dann verschloss sie die Tür. Gretel musste für die Hexe arbeiten. Sie musste putzen, kochen und Wasser holen. Und sie musste Hänsel viel Essen geben. Die Hexe wollte, dass Hänsel dick und fett wird, weil sie ihn essen wollte. Eines Tages wollte die Hexe Gretel im Backofen braten. Sie wollte, dass Gretel in den Backofen kletterte und prüfte, ob das Feuer schon heiß genug war. Doch Gretel erkannte den Plan der Hexe und sagte: „Ich weiß nicht, wie ich in den Ofen klettern soll. Ich glaube, ich passe nicht durch die Ofentür." „Natürlich passt du in den Ofen, dummes Mädchen. Sogar ich passe durch die Ofentür." , antwortete die Hexe. Sie steckte den Kopf in den Ofen und in diesem Moment schob das kleine Mädchen die böse Hexe mit aller Kraft in den Ofen und schloss schnell die Ofentür. Danach lief Gretel schnell zu Hänsels Käfig und öffnete seine Tür. Sie hatten keine Angst mehr, weil die böse Hexe tot war. Deshalb gingen sie in das Haus hinein. Überall standen Kisten und Truhen mit Gold, Juwelen und Diamanten. Sie nahmen so viele Diamanten und Gold wie sie tragen konnten und machten sich auf den Weg nach Hause. Nach einer Weile kam ihnen der Wald immer bekannter vor und bald sahen sie ihr Haus. Ihre böse Mutter war gestorben, aber ihr Vater war noch am Leben. Mit den Diamanten und dem Gold konnten sie glücklich und zufrieden leben und hatten immer etwas zu essen.

Text 3

Es waren einmal ein Fischer und seine Frau. Sie wohnten in einem kleinen Haus am Meer. Der Fischer ging jeden Tag ans Meer und versuchte Fische zu fangen. Eines Tages saß er wieder am Meer und angelte. Plötzlich zog etwas mit voller Kraft an seiner Angel. Der Fischer hatte einen Fisch gefangen! Doch der Fisch war kein normaler Fisch. „Bitte, bitte, lass mich leben und töte mich nicht. Ich bin ein verzauberter Prinz. Lass mich bitte frei!", bat ihn der Fisch. Der Fischer ließ den Fisch wieder frei. Wer würde schon einen sprechenden Fisch töten und essen? Danach ging er wieder zu seinem Haus zurück. „Hast du heute nichts gefangen?", fragte ihn seine Frau. Und der Fischer erzählte ihr von seiner Begegnung mit dem Fisch. „Hast du dir nichts gewünscht?", fragte die Frau. „Warum hätte ich mir etwas wünschen sollen?", antwortete der Fischer. „Der Fisch ist dir bestimmt dankbar und wird dir einen Wunsch erfüllen. Ein neues und größeres Haus wäre toll! Geh noch mal ans Meer und ruf den Fisch!" Weil er seine Frau sehr liebte und wollte, dass sie glücklich ist, ging der Fischer wieder ans Meer und rief den Fisch. Der Fisch kam und der Mann erzählte ihm von dem Wunsch seiner Frau. „Kein Problem", antwortete der Fisch, „Geh nach Hause. Deine Frau sitzt schon im neuen Haus." Der Mann und die Frau wohnten ein paar Wochen in ihrem neuen Haus und waren zufrieden. Eines Morgens kam die Frau zu ihrem Mann und sagte: „Das Haus ist etwas zu klein. Ein Schloss wäre viel schöner und wir hätten viel mehr Möglichkeiten. Geh wieder ans Meer und wünsch dir ein Schloss vom Fisch." Weil er seine Frau sehr liebte und wollte, dass sie glücklich ist, ging der Fischer wieder ans Meer und rief den Fisch. Der Fisch kam und der Mann erzählte ihm von dem Wunsch seiner Frau.

„Kein Problem", antwortete der Fisch, „Geh nach Hause. Deine Frau sitzt schon im neuen Schloss."
Und er ging nach Hause und wo vorher sein Haus stand, stand jetzt ein großes Schloss. Im Schloss
waren viele Menschen, die für den Fischer und seine Frau arbeiteten. Sie waren ihre Diener. Alles war
voll mit teuren Dingen, Juwelen, Diamanten und Gold. „Jetzt können wir glücklich und zufrieden leben
und alt werden." , sagte der Fischer zu seiner Frau. „Wir werden sehen." , antwortete die Frau. Der
Mann und die Frau wohnten ein paar Wochen in ihrem neuen Schloss und waren zufrieden. Eines
Morgens kam die Frau zu ihrem Mann und sagte: „Sieh nach draußen. Siehst du das Land um uns
herum? Ich möchte Königin sein. Und du sollst mein König sein. Geh zum Fisch und wünsch dir ein
König zu sein." Weil er seine Frau sehr liebte und wollte, dass sie glücklich ist, ging der Fischer wieder
ans Meer und rief den Fisch. Der Fisch kam und der Mann erzählte ihm von dem Wunsch seiner Frau.
„Kein Problem", antwortete der Fisch, „Geh nach Hause. Deine Frau ist jetzt eine Königin." Der
Fischer ging nach Hause und dort saß seine Frau auf einem riesigen Thron mit einer Krone auf dem
Kopf. „Bist du jetzt glücklich?", fragte der Fischer. „Nein, Königin ist nicht genug! Wenn ich Königin
sein kann, dann kann ich auch Kaiserin sein!", schrie die Frau. Sie war verrückt geworden. Der Fischer
wollte nicht ans Meer gehen und den Fisch fragen. Er fühlte, dass dieser Wunsch ein Wunsch zu viel
war. „Geh nach Hause, deine Frau ist schon Kaiserin.", sagte der Fisch. Und die Frau saß in einem
riesigen Schloss und war Kaiserin. „Bist du jetzt endlich glücklich?", fragte der Fischer. „Nein, ich
kann König sein, ich kann Kaiser sein, der Fisch kann mich wie den lieben Gott machen. Geh schnell
und wünsche dir, dass er mich wie den lieben Gott macht.", befahl die Frau. „Das ist nicht in
Ordnung.", dachte der Fischer, „Schon ihr Wunsch Kaiser zu sein war zu viel. Der Fisch wird dieses
Spiel nicht mehr mitspielen und sehr böse werden." Trotzdem ging er ans Meer und rief den Fisch.
„Kein Problem", sagte der Fisch, „deine Frau sitzt schon wieder in ihrer Fischerhütte." Und der Fisch
verschwand und der Fischer sah ihn nie wieder. Der Fischer aber ging nach Hause und war glücklich
und zufrieden, dass sein Leben wieder normal war.

Soziale Netzwerke

Text 1

Was ist ein soziales Netzwerk? Ein soziales Netzwerk ist eine Gemeinschaft. In einer Gemeinschaft gibt es viele Menschen, die miteinander kommunizieren und Inhalte austauschen. Das größte soziale Netzwerk ist Facebook. Ein soziales Netzwerk ist nicht nur für Kinder, sondern auch für Erwachsene interessant und faszinierend. Wie funktioniert ein soziales Netzwerk? Die Benutzer müssen am Anfang ein Profil erstellen und Mitglied werden. In diesem Profil schreiben sie über sich selbst. Sie schreiben zum Beispiel über ihre Hobbies, ihre Lieblingsfilme oder ihre Lieblingsmannschaften. Außerdem haben sie ein Profilbild. Das macht ihr Profil persönlicher. Wenn ihr Profil fertig ist, müssen sie Freunde suchen. Meistens sind das Freunde aus dem wirklichen Leben. Aber es gibt auch Freundschaften, die nur im sozialen Netzwerk existieren. Virtuelle Freunde, die zusammen Sprachen lernen zum Beispiel. Eine sehr interessante Funktion ist die Gruppenfunktion. Es gibt Gruppen für jede Art von Interesse. Du interessierst dich für Autos und möchtest darüber mit tausenden von Nutzern sprechen? Kein Problem, in sozialen Netzwerken findest du eine riesige Anzahl an Gruppen über Autos mit Menschen aus der ganzen Welt. Es ist auch sehr nützlich, wenn du eine Sprache lernen möchtest. Such dir einfach eine Person, die deine Sprache lernen möchte und mach einen Sprachaustausch. Einen Tag könnt ihr in deiner Sprache kommunizieren und den anderen Tag kommuniziert ihr in der Sprache deines Partners. Man kann auch Dateien wie Bilder, Texte oder Videos teilen. Das ist oft sehr interessant, aber manchmal auch sehr langweilig und dumm. Soziale Netzwerke gehören für viele Menschen heute zu ihrem täglichen Leben und sie können sich nicht mehr vorstellen, ohne sie zu leben.

Text 2

Wer hat heute keinen Facebook-Account? Fast jeder hat heute ein Profil auf Facebook und benutzt das soziale Netzwerk mehr oder weniger häufig. Auf Facebook kann man viele verschiedene Sachen machen. Man kann Artikel lesen, die andere veröffentlicht haben oder man kann Artikel kommentieren, die Freunde geteilt haben. Man kann selbst Artikel teilen, die einem gefallen. Man kann sehen, was die Freunde den ganzen Tag machen. Man kann die Erlebnisse, die sie auf Facebook teilen, kommentieren und liken. Man kann Freunde suchen und man kann Freunde hinzufügen. Man kann Links von interessanten Internetseiten posten. Man kann seinen eigenen Status posten oder man kann Videos und Fotos mit den Freunden teilen. So ist man immer verbunden und ist immer im Kontakt mit der ganzen Welt. Das macht sehr viel Spaß, aber man muss aufpassen, dass man nicht zu viel Zeit in Facebook verbringt. Man hat auch noch ein Leben außerhalb von Facebook.

Text 3

Es gibt viele verschiedene Möglichkeiten sich im Internet auszutauschen. Soziale Netzwerke sind bei Jung und Alt sehr beliebt. Was macht man in sozialen Netzwerken? Zuerst muss man ein Profil erstellen. Ein Profil ist wie eine virtuelle Visitenkarte. Man lädt ein Photo hoch und gibt ein paar andere Informationen an, zum Beispiel den Vornamen, das Alter, den Beziehungsstatus und ein paar Hobbies. Dann sucht man nach Freunden. Findet man einen Freund, schickt man ihm eine Freundschaftsanfrage. Diese kann der Freund annehmen oder ablehnen. Nimmt er die Anfrage nicht an, kann man ihm folgen. Das heißt, man sieht seine Inhalte trotzdem, aber man ist nicht befreundet. Weiterhin kann man Nachrichten versenden und chatten. Das macht vielen Leuten viel Spaß und sie kommunizieren sehr viel mit dem Chat. Es gibt Leute, die kaum telefonieren, aber sehr viel chatten. Mittlerweile kann man auch Videoanrufe machen. Soziale Netzwerke sind Teil des Web 2.0. Das bedeutet, dass die Nutzer nicht nur passive Inhaltskonsumenten sind, sondern aktiv das Internet mitgestalten können. Eine interessante Möglichkeit von sozialen Netzwerken ist die Funktion des Teilens. Hat man zum Beispiel einen interessanten Artikel in einer Zeitung gelesen, kann man ihn einfach mit den Freunden teilen. Dann können diese den Artikel kommentieren und man kann darüber diskutieren. Auch kann man eigene Beiträge verfassen und sie auf der eigenen Pinnwand oder auf der Pinnwand von einem Freund posten. Außerdem hat man die Gelegenheit Kontakte mit Menschen aus aller Welt zu knüpfen. Das ist eine großartige Gelegenheit für viele Leute, um andere Kulturen, Länder und Sprachen zu lernen. Oder es hilft, um mit der Urlaubsbekanntschaft in Kontakt zu bleiben und sich vielleicht später im eigenen Land wieder zu sehen. Trotz allen tollen Möglichkeiten darf man aber auch seine Privatsphäre nicht vergessen. Viele Benutzer vergessen schnell, dass das Internet ein öffentlicher Raum ist und das Internet vergisst nichts. Auch teilt man seine Informationen mit einem Unternehmen und man weiß nicht immer für welche Zwecke diese Daten benutzt werden.

Feste

Text 1

Ein Mal im Jahr feiert man seinen Geburtstag. Man macht eine kleine oder manchmal auch große Feier und lädt seine Freunde ein. Das macht man mit einer Einladung. Auf die Einladung schreibt man wann und wo die Feier stattfindet. Auf der Feier gibt es einen Geburtstagskuchen mit vielen Kerzen. Die Freunde bringen Geschenke mit. Sie schenken der Person etwas, das ihr gefällt. Man sollte versuchen, der Person etwas Persönliches zu schenken. Das muss gar nicht viel Geld kosten. Eine tolle Idee ist oft mehr wert als ein teures Geschenk. Alle haben gute Laune und freuen sich. Die Gäste lachen und singen, tanzen und haben viel Spaß. Oft werden auch der Raum und der Tisch dekoriert. Man dekoriert ihn mit Luftballons und Luftschlangen. Alle setzen sich gemeinsam an den Tisch und sind fröhlich.

Man wünscht: Alles Gute zum Geburtstag!

Text 2

Jedes Jahr im Frühling feiert man in christlichen Ländern Ostern. Ostern ist ein religiöses Fest. Man feiert, dass Christus wieder sein Grab verlassen hat und in den Himmel hinauf gestiegen ist. Die Leute gehen in die Kirche und feiern dieses Ereignis. Es gibt leckeres Essen und typisches Gebäck, das nur an Ostern gebacken wird. Neben dem religiösen Ereignis gibt es auch eine andere Variante für die Kinder. In dieser Variante gibt es einen Osterhasen. Der Osterhase bringt den Kindern Ostereier und Schokolade. Das ist ein sehr schöner Brauch, vor allem, wenn man kleine Kinder hat. Man geht ein paar Tage vor Ostern in den Wald und sammelt Äste und Moos. Und dann baut man gemeinsam mit den Kindern ein Osternest. Das Osternest ist für den Osterhasen. Hier kann er die Eier und die Schokolade für die Kinder lassen. In der Nacht vor Ostern verstecken die Eltern dann die Eier und die Schokolade im Nest und an anderen Stellen im Garten. Und am nächsten Morgen suchen sie dann gemeinsam mit den Kindern nach den Eiern und der Schokolade. Das macht sehr viel Spaß und ist eine tolle Aktivität für die ganze Familie. Man wünscht: Frohe Ostern!

Text 3

Ein anderes Fest, das man in christlichen Ländern feiert, ist Weihnachten. Religiöse Menschen feiern die Geburt Jesu in einem Stall in Bethlehem vor über 2000 Jahren. Es ist das wichtigste Fest im christlichen Glauben. Die Menschen gehen in die Kirche und feiern die Geburt von Gottes Sohn. Es ist alles festlich dekoriert und geschmückt mit Kerzen, Sternen und Kugeln. In der Wohnung hat man einen Weihnachtsbaum. Der ist meistens ein Tannenbaum und man dekoriert und schmückt ihn festlich mit Kerzen, Kugeln und Sternen. Überall hört man Weihnachtslieder, egal ob im Radio, auf der Straße oder im Supermarkt. Es ist eine sehr besondere Atmosphäre. In Deutschland kommt an Weihnachten das Christkind. Das Christkind bringt Geschenke für die Kinder. Es kommt am 24. Dezember. Normalerweise isst die Familie zusammen ein leckeres Weihnachtsessen und danach gibt es die Geschenke für die Kinder. Danach verbringt man den restlichen Abend zusammen, die Kinder spielen mit ihren Geschenken und die Erwachsenen unterhalten sich und trinken ein bisschen Wein. Die nächsten zwei Tage sind frei. Es sind Feiertage und selten ist es stiller und friedvoller in der Stadt als an diesen beiden Tagen. Was für eine schöne, stille und friedvolle Zeit! Man wünscht: Frohe Weihnachten!

Text 4

Ein toller Brauch in Deutschland ist der Fasching oder auch Karneval. Er dauert ein ganzes Wochenende und alle Leute sind sehr fröhlich und haben gute Laune. Viele Menschen verkleiden sich. Sie verkleiden sich als Monster, Tiere oder Hollywood-Stars. Es gibt die verrücktesten Verkleidungen. Überall gibt es Parties. Alles wird schön mit ganz vielen Luftballons und Luftschlangen dekoriert. In vielen Städten werden auch Paraden veranstaltet. Dort zeigen dann Schulklassen oder Vereine ihre Kostüme. Auf großen Paraden, zum Beispiel in großen Städten wie in Köln oder Düsseldorf, bauen sie sogar Wagen, die ein bestimmtes Thema haben. Das ist total interessant und man sieht die Liebe und die Leidenschaft, mit der die Wagen gebaut werden. Die Tage während dem Karneval sind verrückte Tag, aber sie machen auch viel Spaß. Sie sind jedes Jahr wieder der Grund für viele Leute, um sich zu verkleiden und auf der Straße zu feiern. Leider gibt es auch eine negative Seite. Die Leute trinken sehr viel Alkohol während dieser Tage und es gibt viele Probleme. Manche Leute sind so betrunken, dass sie sich streiten und prügeln. Dann muss leider die Polizei kommen und die Party ist für sie vorbei. Glücklicherweise ist das nicht die Mehrheit, sondern nur eine Minderheit.

Debatte

Text 1

In einer Debatte gibt es immer ein Für und ein Wider, ein Pro und ein Kontra. Jedes Thema hat zwei Seiten. Es gibt Nachteile und es gibt Vorteile. Es ist wichtig, diese gegeneinander abzuwägen. Man muss die Argumente beurteilen, einschätzen und einordnen. Eine Meinung oder eine Ansicht ist kein Naturgesetz. Das bedeutet, dass die Meinungen und Argumente von anderen Personen auch ihre Berechtigung haben. Jeder hat das Recht, eine Meinung oder Ansicht konstruktiv zu kritisieren. Sollte man der Meinung sein, dass diese nicht korrekt oder vollständig ist, muss man dies mit Argumenten darlegen. In einer Debatte sollte auf faire Weise diskutiert werden. Das heißt, dass man sich mit dem Argument der anderen Person auseinandersetzt und nicht mit der Person selbst. In vielen Debatten greift ein Diskussionspartner den anderen Diskussionspartner persönlich an. Das nennt man *Ad Hominem:* „Das ist natürlich deine Meinung, weil du eine Frau bist", wäre ein Beispiel. Es geht nicht um das Argument der Frau, das heißt ob es gut oder schlecht ist. Sondern es geht um das Geschlecht der Frau. Man sollte aber nur das Argument selbst angreifen und kritisieren und nicht die Person. Theoretisch bringt das Abwägen von Pro und Kontra die Diskussionspartner der Wahrheit näher.

Text 2

A: Ich denke, du solltest das Rauchen aufhören. Es ist nicht gut für deine Gesundheit.

B: Du hast doch nie geraucht. Du weißt gar nicht, wie schwierig das ist. Und ich mag meine Zigaretten.

A: Das ist doch kein Argument. Es gibt wissenschaftliche Studien, die beweisen, dass das Rauchen schlecht für deine Gesundheit ist. Es erhöht das Risiko, dass du Krebs bekommst.

B: Aber es gibt so viele Menschen, die geraucht haben und trotzdem alt geworden sind. Es ist nur ein Risiko. Ich wohne in der Stadt. Durch die schlechte Luft habe ich auch ein höheres Krebsrisiko.

A: Aber du könntest versuchen, dein Risiko zu senken. Schlechte Luft und Zigaretten sind schon zwei Risiken. Lungenkrebs ist kein schöner Tod. Und ich möchte nicht, dass du jung stirbst. Ich möchte noch ein paar Jahre mit dir verbringen. Außerdem, denk an das ganze Geld, dass du sparen würdest.

B: Du kaufst dir jeden Monat neue Kleidung. Das mache ich nicht. Du gibst dein Geld für Kleidung aus und ich rauche. Beide sind unnötige Kosten. Kauf keine Klamotten mehr und ich kaufe keine Zigaretten mehr. Jeder gibt sein Geld aus, wie er möchte.

A: Das kannst du doch nicht vergleichen! Kleidung ist wichtig. Ich muss gut aussehen, wenn ich in die Arbeit oder in eine Bar gehe. Aber du musst nicht rauchen, wenn du in eine Bar gehst.

B: Und du brauchst nicht jede Woche neue Kleidung für die Arbeit oder um in eine Bar zu gehen. Ich glaube, dass wir jetzt mit dieser Diskussion aufhören. Das bringt nichts.

A: Du hast Recht. Wenigstens in diesem Punkt haben wir die gleiche Meinung!

Text 3

Ich möchte ein neues Auto kaufen. Ich habe auch ein schönes Modell gefunden. Welche sind die Vorteile und welche sind die Nachteile? Ich möchte das Pro und das Kontra für dieses Modell abwägen.

Das sind die Vorteile: Das Auto ist in meiner Lieblingsfarbe. Es hat vier Türen. Es ist sehr groß und bietet viel Platz. Viel Platz ist wichtig, wenn ich etwas transportieren muss. Außerdem fährt es sehr schnell und beschleunigt von 0 auf 100 in 8 Sekunden. Es hat eine Klimaanlage und es hat ein Autoradio mit integriertem CD-Player. Weiterhin hat es ein Navigationssystem. Das ist super, wenn ich in einer Stadt oder einer Region bin, wo ich mich nicht auskenne. Außerdem ist es sehr leise. Der Motor macht nicht viel Lärm. Ich mag laute Autos nicht. Das ist auf jeden Fall ein Argument.

Das sind die Nachteile: Ich wohne in der Stadt und es gibt wenig Platz. Ein großes Auto bedeutet Schwierigkeiten beim Parken. Ich finde mit meinem kleinen Auto nie einen Parkplatz. Mit einem großen Auto wird das noch schwieriger. Ein großes Auto ist schwer. Deshalb braucht es mehr Benzin als ein kleines Auto. Das sind zusätzliche Kosten. Außerdem kostet es mehr Versicherung.

Nun muss ich das Für und Wider gegeneinander abwägen. Welches Argument ist mir wichtiger? Ich muss die Argumente in Ruhe einschätzen, bewerten und dann eine Entscheidung treffen. Ich werde auf einer Liste die Vorteile und die Nachteile notieren und dann entscheide ich mich.

Teenager

Text 1

Als Teenager gilt man im Alter zwischen 10 und 19 Jahren. Es sind die Jahre des Erwachsenwerdens. Die Jugendlichen sind keine Kinder mehr und möchten mehr und mehr ihre eigenen Entscheidungen treffen. Deshalb gibt es oft Probleme zwischen den Jugendlichen und ihren Eltern. Die Jugendlichen beschweren sich, dass ihnen immer gesagt wird, was sie machen sollen. Es wird ihnen gesagt, was sie dürfen und was sie nicht dürfen. Es gefällt ihnen auch nicht, dass ihnen erzählt wird, wie sie ihr Leben leben sollen. Sie möchten selbst entscheiden, wie sie ihr Leben gestalten. Von den Eltern werden Regeln gemacht, die sie einhalten müssen. In der Schule wird ihnen beigebracht, wie wichtig Regeln und Disziplin sind. Es ist wichtig, dass Regeln und Gesetze eingehalten werden. Aber es ist auch wichtig, dass den Jugendlichen Raum gegeben wird, damit sie sich selbst finden können. Identität wird durch Erfahrungen entwickelt. Und um Erfahrungen zu machen, brauchen die Jugendlichen Gelegenheiten. Diese Gelegenheiten müssen von den Eltern geschaffen werden. Ein Jugendlicher wird nicht nur durch die Erziehung der Eltern erzogen, sondern er wird auch durch die Erfahrungen erzogen, die von ihm gemacht werden. Darum ist es wichtig, dass dem Kind nicht zu viele Regeln und Vorschriften gemacht werden, sondern ihm auch Platz und Raum für Fehler und Erfahrungen gegeben werden.

Text 2

Erwachsen werden bedeutet auch, dass nicht mehr alle Aufgaben von den Eltern erledigt werden. Die Jugendlichen müssen lernen selbst ihr Wäsche zu waschen. Sie wird nicht mehr von den Eltern gewaschen. Sie müssen auch lernen ihr Essen selbst zu kochen. Es wird nicht mehr jeden Abend von den Eltern gekocht, sondern die Jugendlichen müssen auch selbst einfache Gerichte zubereiten. Sie müssen auch lernen, dass nicht immer alle Probleme von den Eltern gelöst werden. Sie müssen Wege finden, wie Probleme durch ihre Ideen und Kreativität gelöst werden. Sie müssen auch lernen, dass nicht mehr alle Dinge von den Eltern bezahlt werden und Geld zuerst verdient werden muss. Aber es wird ihnen auch mehr Raum gegeben, eigene Erfahrung zu machen. Es wird ihnen nicht mehr so oft gesagt, was sie dürfen und nicht dürfen. Deshalb können sie auch eigene Erfahrungen und Fehler machen. Auch wissen sie, dass ihnen im Notfall von den Eltern geholfen wird.

Großeltern

Text 1

Die Menschen werden immer älter. Deshalb gibt es in Deutschland immer mehr ältere Menschen. Nimm als Beispiel deine Oma und deinen Opa. Diese haben schon viel erlebt. Sie hatten schon viele Jahre gelebt als du auf die Welt gekommen bist. Als du ein kleines Kind warst, hatten sie schon viele Jahre gearbeitet. Sie waren schon in die Schule gegangen und sie hatten schon ein paar Reisen gemacht. Du warst nicht auf ihrer Hochzeit, denn sie hatten schon viele Jahre vor deiner Geburt geheiratet. Sie hatten viele nette Menschen kennengelernt und sie hatten viele schöne Abende verbracht. Sie waren schon in viele Länder gereist und hatten viel über andere Kulturen gelernt. Sie hatten schon viele Filme gesehen und waren oft im Kino gewesen. Als du das erste Fußballspiel mit deinem Opa gesehen hast, hatte er schon viele Fußballspiele vorher gesehen. Er hatte seine Lieblingsmannschaft viele Male verlieren und gewinnen gesehen. Als du dein erstes Konzert besucht hast, hatte dein Opa schon viele Konzerte vorher besucht. Als du deinen ersten Geburtstag gefeiert hast, hatten deine Großeltern schon viele Geburtstage vorher gefeiert. Jemand hatte schon den ersten Fernseher erfunden und der erste Mensch war schon auf dem Mond gewesen. Es war schon so viel passiert, bevor du geboren wurdest. Und es wird noch viel mehr passieren in den nächsten Jahren.

Text 2

Letzte Woche habe ich meinen Großvater besucht. Er hatte schon alles vorbereitet. Er hatte Tee gekocht, einen kleinen Kuchen gebacken und er hatte das Schachbrett aufgebaut. Mein Großvater wohnt in einem Altersheim. Bis vor einem Jahr hatte er mit meiner Großmutter in seiner eigenen Wohnung gewohnt. Leider ist meine Großmutter letztes Jahr gestorben und mein Großvater war jetzt allein. Meine Großmutter hatte ihm immer sehr geholfen. Sie hatte immer das Haus geputzt und sie war einkaufen gegangen. Sie hatte das Essen gekocht und sie hatte meinem Großvater beim Anziehen geholfen. Sie hatte ihm beim Baden geholfen und danach beim Abtrocknen. Alleine konnte er das nicht mehr, weil er schon sehr alt und schwach war. Deshalb hatte er seine Wohnung verlassen müssen und war in ein Altersheim gezogen. Seitdem habe ich ihn regelmäßig jede Woche besucht. Wir haben viel gesprochen und viel Spaß zusammen gehabt. Er war lange Zeit sehr traurig gewesen. Er hatte meine

Großmutter sehr vermisst. Ich hatte immer versucht, ihn ein bisschen fröhlicher zu machen. Manchmal war mir das gelungen und manchmal war er so traurig gewesen, dass ich es nicht geschafft habe. Heute hatte er gute Laune und wir spielten ein paar Stunden. Wir lachten viel und ich erzählte ihm, was ich während der Woche gemacht hatte. Ich erzählte ihm, dass ich in der Schule eingeschlafen war und deshalb Ärger bekommen hatte. Er lachte und sagte, dass er früher auch immer Ärger bekommen hatte, weil er in der Schule eingeschlafen war. Und ich erzählte ihm, dass ich ein nettes Mädchen kennengelernt hatte. Dass ich ihr meine Telefonnummer gegeben hatte und mit ihr ins Kino gehen wollte. Das freute ihn sehr und er erzählte mir die Geschichte, wie er meine Großmutter kennengelernt hatte. Das war eine sehr interessante Geschichte. Ich erzähle sie euch beim nächsten Mal!

Text 3

Mein Großvater hatte meine Großmutter 1940 kennen gelernt. Er hatte sie in einem Supermarkt getroffen. Sie war eine wunderschöne Frau, blond, groß und hatte ein tolles Lächeln. Er hatte sich auf den ersten Blick in sie verliebt. Er hatte sie gefragt, ob sie Lust hätte, mit ihm ins Kino zu gehen. Es war ein Wunder, dass er sich das getraut hatte, sagte er. Sie hatten sich am Abend in einer Bar getroffen und hatten dort zu Abend gegessen. Sie lachten viel und genossen die Zeit. Sie aßen und tranken und danach gingen sie ins Kino. Sie hatten Karten für einen Film reserviert, aber er konnte sich nicht mehr an den Namen erinnern. Nach dem Film gingen sie ein bisschen spazieren. Es hatte geschneit und alles war weiß. Nach einer Weile war es ihnen kalt geworden und sie gingen nach Hause. Aber sie hatten sich für den nächsten Tag verabredet. Sie hatten vereinbart gemeinsam in den Park zu gehen. Es hatte weiter geschneit und es lag noch mehr Schnee. Der Park war fast leer und sie gingen spazieren. Sie sprachen, lachten und hatten viel Spaß. Nach diesem Tag hatten sie sich noch viele Male getroffen. Eines Tages hatte mein Großvater meine Großmutter gefragt, ob sie ihn heiraten wollen würde. Sie sagte ja und und ein paar Monate später hatten sie geheiratet. Sie hatten eine schöne Hochzeit gefeiert und waren danach in den Urlaub gefahren. Dort hatten sie eine wunderschöne Zeit verbracht und meine Großmutter war schwanger geworden. Das Kind war mein Vater. Und viele Jahre später hatte mein Vater meine Mutter kennen gelernt. Er hatte sie gefragt, ob sie ihn heiraten wollen würde und ein paar Jahre später hatten sie einen Sohn bekommen. Mich.

Leseprobe: Die Reise zum Mittelpunkt der Erde

aus der Serie **Classics simplified for Language Learners** von Dominik Wexenberger

Kapitel 1 – Professor Lidenbrock

Es war der 24. Mai 1863, ein Sonntag. Professor Lidenbrock, mein Onkel, war sehr in Eile als er nach Hause kam. Wir wohnten in einem kleinen Haus in der Königsstraße 19. Die Straße war eine der ältesten Straßen in Hamburg.

Martha musste glauben, dass sie zu langsam gekocht hatte, weil das Essen auf dem Herd begann gerade erst zu kochen.

„Hoffentlich hat mein Onkel keinen Hunger. Er wird sehr wütend werden, wenn das Essen noch nicht fertig ist und er hungrig ist. Du weißt, wie ungeduldig mein Onkel ist."

„Er ist schon da!", rief Martha hektisch.

„Das Essen muss aber noch ein bisschen kochen. Es ist gerade erst halb 2. Ich habe gerade die Glocke von der Michaeliskirche gehört.", antwortete ich.

„Aber warum kommt Herr Lidenbrock schon nach Hause?", fragte Martha verwundert.

„Ich denke, dass er uns das gleich sagen wird."

„Da kommt er schon! Ich werde mich in der Küche verstecken. Versuchen Sie ihn zu beruhigen.", sagte Martha und lief schnell in die Küche.

Ich blieb allein zurück und dachte darüber nach, wie ich den Professor beruhigen könnte. Ich war selbst ein sensibler und ruhiger Typ Mensch und eigentlich die falsche Person, um einen Mann wie meinen Onkel zu beruhigen. Ich wollte gerade nach oben in mein kleines Zimmer gehen, als ich hörte wie die Haustür sich öffnete und sich schloss. Kurz darauf kam mein Onkel in das Zimmer herein, warf seine Kleidung in eine Ecke und lief gerade aus weiter in sein Arbeitszimmer. Bevor er im Arbeitszimmer verschwand, rief er noch laut:

„Axel, folge mir in mein Arbeitszimmer. Sofort!"

Ich hatte nicht einmal Zeit, um aufzustehen. Schon rief der Professor ungeduldig zum zweiten Mal:

„Axel, worauf wartest du? Ich habe nicht den ganzen Tag Zeit!"

Schnell rannte ich in das Arbeitszimmer meines Onkels. Otto Lidenbrock war eigentlich kein schlechter Mensch. Er war ein bisschen anders als die meisten Menschen, das muss man sagen.

Er war Professor für Geologie und Mineralogie am Johanneum und man konnte dort seine Vorträge besuchen. Es war für ihn nicht so wichtig, ob die Leute etwas in seinen Vorträgen lernten. Seine

Vorträge waren mehr für ihn selbst als für die Studenten, die die Vorträge besuchten. Er war von der Sorte Professoren, die an der Universität arbeiteten, weil diese ihnen die Möglichkeit gab zu studieren und zu forschen und nicht, weil er sein Wissen mit den Studenten teilen wollte. Weiterhin hatte er ein bisschen Probleme mit der Aussprache. So passierte es von Zeit zu Zeit, dass er in seinem Vortrag nicht mehr weiter kam und verzweifelt nach einer Möglichkeit suchte, wie er das schwierige Wort aussprechen könnte. Er wurde immer wütender und wütender, bis er meistens vor Wut explodierte. Natürlich muss man hier sagen, dass die Mineralogie und die Geologie voll mit schwierigen Wörtern sind und wahrscheinlich jeder von uns das eine oder andere große Problem mit dem einen oder anderen Wort hätte.

Die Leute kannten diese Schwäche meines Onkels und machten sich über ihn lustig. Sie versuchten ihn zu provozieren, was sie auch oft schafften. Die Vorträge meines Onkels waren immer voll mit Leuten, aber weniger weil sie etwas über Geologie oder Mineralogie lernen wollten, sondern weil sie Spaß dabei hatten, meinen Onkel explodieren zu sehen. Trotzdem, man kann über meinen Onkel sagen, was man will, aber in der Geologie und Mineralogie war er einer der besten Köpfe, die das Land zu bieten hatte. Mit seinen Werkzeugen, seinen Chemikalien und seinen Laborutensilien war der Professor ein Genie. Er konnte ohne große Probleme egal welches Metall mit Hilfe seiner Farbe, seines Geruchs oder seines Geschmacks und seiner Konsistenz bestimmen und einordnen.

Deshalb war der Name Lidenbrock in den Schulen, Universitäten und Vereinen sehr bekannt. Viele bekannte Wissenschaftler besuchten den Professor zu Hause oder in der Universität und verbrachten oft Stunden damit mit ihm zu diskutieren und ihm Fragen zu stellen.

Diese kurze Präsentation kann leider nur ein ungenaues Bild von meinem Onkel geben, aber ich denke, dass sie genügt, um ihn sich mehr oder weniger vorstellen zu können. Dieser Mann war es, der mich ungeduldig in sein Zimmer rief. Ein großer und magerer Mann mit blonden Haaren, der fast niemals krank war und sich einer hervorragenden Gesundheit erfreute. Er hatte große Augen, die neugierig und nervös durch seine Brille blickten und eine lange und feine Nase, mit der er gerne eine Prise Tabak genoss.

Er wohnte in Hamburg in der Königsstraße in einem kleinen, alten Haus, welches zur Hälfte aus Stein und zur anderen Hälfte aus Holz gebaut war. Das Haus war möglicherweise nicht das schönste und modernste Haus, welches man sich vorstellen konnte, aber es war gemütlich und es gab genug Platz für alles. Der Professor war kein reicher Mann, aber er hatte doch mehr als genug Geld, um zu leben. Das Haus war sein Eigentum und alles, was sich in ihm finden ließ. Dazu gehörten auch die

Personen, die neben meinem Onkel dort lebten: sein Patenkind Gretchen, ein siebzehnjähriges Mädchen, Martha, die Köchin und Putzfrau im Haus und ich. Als Neffe und Waisenkind hatte der Professor mich über die Jahre zu seinem Assistenten gemacht. Das heißt, wenn es gefährlich oder schmutzig oder beides wurde, rief er nach mir. Ich muss zugeben, dass ich selbst auch ein großes Interesse für die Geologie und Mineralogie hatte und deshalb wahrscheinlich im absolut richtigen Haus wohnte und der Assistent des richtigen Mannes war. Auch wenn man am Anfang den Eindruck gewinnen konnte, dass der Professor und das Leben in seinem Haus ein wahrer Albtraum sein mussten, war es doch kein schlechtes Leben, welches ich mit meinem Onkel lebte. Letztendlich sah er mich als Familie und liebte mich. Aber der ungeduldige Mann hasste eine Sache: Warten.

Und wenn ich ungeduldig sage, meine ich das auch. Ein Beispiel? Mein Onkel zog an den Blättern seiner Pflanzen, weil er davon überzeugt war, dass sie durch diese Methode schneller wachsen würden. Und um sicher zu gehen, dass seine Pflanzen so schnell wie möglich und in so kurzer Zeit wie möglich wuchsen, nahm er sich jeden Morgen die Zeit, um seinen Pflanzen beim Wachsen zu helfen. Ich denke, dass es deshalb sehr verständlich ist, dass ich nun so schnell ich konnte in sein Zimmer lief.

Kapitel 2 – Ein altes Dokument

Das Arbeitszimmer des Professors ähnelte stark einem Museum. In den Schränken und Regalen konnte man verschiedene interessante Objekte finden: Steine, Mineralien, Instrumente und Werkzeuge, alte Bücher und Dokumente. Alles war ordentlich sortiert, klassifiziert und mit einem Etikett beschriftet.

Wie viel Zeit hatte ich in diesem Zimmer schon verbracht! Meine Liebe für die Geologie und die Mineralogie hatte mich hier viele Stunden verbringen lassen. So viele interessante Steine, Mineralien und faszinierende, chemische Substanzen. So viele Instrumente und Werkzeuge, die die Spielzeuge meiner Kindheit waren, während meine Klassenkameraden draußen Fußball spielten oder im Fluss schwimmen gingen. So viele wunderschöne Erinnerungen meines noch jungen Lebens!

Aber als ich in das Zimmer kam, hatte ich keine dieser alten Erinnerungen im Kopf, sondern nur die Angst davor, was mich in diesem Moment erwartete. Was war nur der Grund dafür, dass mein Onkel so früh und eilig nach Hause gekommen war? In wenigen Minuten würde ich eine Antwort bekommen und ich war mir sicher, dass sie mir nicht gefallen würde.

Mein Onkel saß auf seinem Stuhl hinter seinem Schreibtisch und war mit einem Buch beschäftigt. Voller Begeisterung rief er: „Welch ein Buch! Welch ein Buch!" Ich erinnerte mich daran, dass der Professor nicht nur ein begeisterter Wissenschaftler war, sondern dass er auch alte und verstaubte Bücher liebte wie wenige andere Dinge auf dieser Erde. „Siehst du nicht, welchen wunderbaren Schatz ich in meinem Händen halte? Ich habe dieses Juwel heute Morgen im Laden von Hevelius gefunden."

„Das Buch ist wirklich wunderschön. Und alt. Und verstaubt. Auf jeden Fall ein Schatz.", antwortete ich, nicht wissend, welche Art von Antwort der Professor von mir erwartete. Ehrlich gesagt verstand ich nicht wirklich, was an diesem alten und fast kaputten Buch so großartig sein sollte.

Den Professor schien meine Meinung nicht sehr zu interessieren. Er war mit seinem neuen Buch beschäftigt, welches er in seinen Händen wie ein neugeborenes Baby hielt.

„Ist es nicht wunderschön? Einfach nur wunderschön. Es ist schon so alt und trotzdem ist es in einem so guten Zustand. Wie leicht es in den Händen liegt und wie weich und glatt die Seiten sind. Nach sieben Jahrhunderten hat es kaum einen Schaden und sieht besser aus als so manches Buch in der Universitätsbibliothek. Ich bin so glücklich, dass ich es gefunden habe. Welch ein Glück!"

Weil ich nicht wusste, was ich sagen oder machen sollte, fragte ich den Professor nach dem Titel und dem Inhalt des Buches. Auch wenn diese Informationen mich eigentlich überhaupt nicht interessierten. „Wie ist denn der Titel deines großartigen Buches? Und vor allem, welches Thema behandelt es? Ist es ein Buch über Geologie?", fragte ich ihn.

„Dieses Buch, mein lieber Neffe, ist die *Heimskringla* von *Snorro Sturleson*. Er war der berühmteste Historiker in Island im zwölften Jahrhundert. Das Buch handelt von den Fürsten, die auf Island herrschten. Ein einzigartiges Exemplar, das mir da in die Hände gefallen ist."

„Wirklich? Das ist ja interessant! Welch ein Glück, dass es einen so würdigen, neuen Besitzer gefunden hat.", antwortete ich mit gespieltem Interesse und Begeisterung. „Und natürlich hattest du auch Glück und es ist eine deutsche Übersetzung? So weit ich weiß, sprichst du schließlich kein Isländisch oder täusche ich mich?"

„Was will ich mit einer Übersetzung, Neffe? Eine Übersetzung verliert oft die wichtigsten Elemente und Bilder eines Textes, weil es schwierig ist, von einer Sprache in die andere zu übersetzen. Natürlich ist das Buch in isländisch. Und wie du sicher weißt, ist das Isländische eine wunderschöne Sprache, voll mit Bildern, Rhythmus und Klang. Wer würde da schon eine Übersetzung wollen? Am schönsten ist immer das Original!"

„Natürlich hast du Recht, liebe Onkel! Wer würde schon eine Übersetzung wollen?", rief ich in meiner Gleichgültigkeit, um gleich darauf naiv zu bemerken: „Und wie schön sind die Buchstaben!"

„Buchstaben? Was willst du mit Buchstaben sagen, Neffe? Denkst du, dass das Buch gedruckt ist? Nein, du Dummkopf, es ist ein Manuskript, welches mit Runen geschrieben wurde."

„Runen?"

„Runen! Muss ich dir erklären, was Runen sind? Was lernt ihr heute eigentlich in der Schule?"

„Natürlich weiß ich, was Runen sind.", antwortete ich beleidigt.

Aber es war für meinen Onkel nicht wirklich von Bedeutung, ob ich es wusste oder nicht. Für ihn war es eine willkommene Gelegenheit mich mit einem seiner geliebten Monologe zu erleuchten.

„Runen waren Zeichen mit denen man in den alten Zeiten in Island geschrieben hat. Und das schon lange Zeit bevor man begann mit Buchstaben Bücher zu drucken. Man sagt, dass Odin, der Gott der Wikinger, die Zeichen selbst erfunden hat! Komm her und schau dir die göttlichen Zeichen in diesem Buch an."

Anstatt zu antworten, entschied ich mich dafür, auf meine Knie zu fallen. Eine Antwort, die sowohl den Göttern als auch den Königen gefällt.

Doch plötzlich passierte etwas Unerwartetes. Aus dem Buch fiel ein altes, schmutziges Stück Pergament auf den Boden. Nach einem kurzen Moment der Überraschung stürzte sich mein Onkel voller Gier auf das Pergament. Ein altes, schmutziges Stück Papier musste in seinen Augen schließlich entweder enorm wertvoll sein oder ein Geheimnis enthalten oder vielleicht sogar beides! Vorsichtig hob er das Stück Papier auf und legte es auf den Tisch. Es war ein paar Mal gefaltet und deshalb begann er vorsichtig das Papier auseinander zu falten. Das Papier war ungefähr 10 cm lang und 6 cm breit und darauf konnte man mehrere Zeilen mit eigenartigen Zeichen erkennen.

„Es sind auf jeden Fall Runen.", sprach der Professor, nachdem er das Pergament eine Weile betrachtet hatte. Sie sehen genauso aus wie die Runen im Buch von *Snorro*. Aber ich habe keine Idee, was der Text bedeuten könnte."

Da es nicht oft vorkam, dass der Professor etwas nicht verstand, machte mir dieser Satz sogar ein bisschen Freude. Manchmal ist es einfach schön zu wissen, dass sogar die klügsten Köpfe von Zeit zu Zeit keine Ahnung haben. Und der Professor war sicher einer der intelligentesten Menschen unserer Zeit. Er sprach und verstand so viele Sprachen und Dialekte, dass es zu lange dauern würde, diese hier alle auf zu zählen. Doch diese eine, für diesen Text so wichtige, Sprache hatte er nicht gelernt. Ich konnte in seinem Gesicht sehen, wie er immer wütender und zorniger wurde und wartete ängstlich darauf, dass er im nächsten Moment wieder einmal explodieren würde. Es gab nur eine Sache, die er mehr hasste als zu warten und das war, wenn er etwas nicht wusste und ein Problem nicht lösen konnte.

Plötzlich klopfte es an der Tür und Martha kam herein: „Das Mittagessen ist fertig. Kommen Sie bitte, ansonsten wird das Essen kalt."

„Zum Teufel mit dem Mittagessen und mit der Köchin dazu.", schrie mein Onkel wütend und Martha drehte sich schnell um und rannte zurück in die Küche. Dies schien mir eine gute Idee. Ich rannte ihr schnell hinter her und ließ meinen Onkel allein in seiner Wut und seinem Arbeitszimmer zurück. Ich setzte mich an den Tisch und begann zu essen. Martha hatte wieder immer ein leckeres Mittagessen zubereitet. Es gab eine Gemüsesuppe, ein saftiges Stück Fleisch mit Kartoffeln und Salat und zum Nachtisch einen süßen Fruchtsalat. Mein Onkel verpasste dieses köstliche Essen und erschien nicht zum Essen. Das alte Stück Pergament musste wirklich sehr wichtig für ihn sein. Ich fühlte mit ihm und beschloss ihn dadurch zu unterstützen, dass ich seine Portion aß. Schließlich war das Essen zu teuer und zu lecker, um es in den Müll zu werfen.

„Das ist kein gutes Zeichen. Das wird schlimm enden. Der Professor hat noch nie sein Essen verpasst. Ich glaube, wir sollten uns Sorgen machen.", prophezeite Martha.

Ich aß gerade meinen letzten Löffel Fruchtsalat, als mich ein lauter Schrei aus dem Arbeitszimmer unterbrach. Sofort sprang ich auf und rannte ins Arbeitszimmer.

Kapitel 3 – Das Pergament des Arne Saknussemm

„Ich habe keine Zweifel, dass der Text auf dem Pergament in Runen geschrieben ist.", sagte der Professor nachdenklich. „Und ich werde herausfinden, was sein Geheimnis ist, sonst …"

Und er schlug auf den Tisch, um klar zu machen, wie ernst er es meinte.

„Setz dich auf den Stuhl dort am Tisch und fang an zu schreiben."

So schnell ich konnte setzte ich mich auf den Stuhl am Tisch und war bereit.

„Ich werde dir jeden Buchstaben unseres Alphabets diktieren, wenn er mit einem dieser Zeichen übereinstimmt. Konzentrier dich und schreib genau das, was ich dir sage!"

Er begann mir einen Buchstaben nach dem anderen zu diktieren und ich versuchte, alles genau so notieren, wie er es mir sagte. Ich schrieb Buchstabe für Buchstabe auf ein Blatt Papier und nach einer Weile konnte man diesen seltsamen Text lesen:

m.rnlls esreuel seecJde

sgtssmf unteief niedrke

kt,samn atrateS Saodrrn

emtnaeI nuaect rrilSa

Atvaar .nxcrc ieaabs

ccdrmi eeutul frantu

dt,iac oseibo KediiI

Als ich fertig war, nahm mein Onkel schnell das Blatt in die Hand auf dem ich geschrieben hatte.

„Was könnte das bedeuten? Was könnte das bedeuten? Was ist das Geheimnis dieses Textes?", wiederholte er mechanisch, immer und immer wieder.

Ich konnte ihm leider nicht helfen. Für mich war dieser Text ohne Sinn und Bedeutung. Aber meine Meinung schien ihn auch nicht zu interessieren. Ohne mich zu fragen sprach er weiter mit sich selbst:

„Es sieht wie ein Code aus. Wie eine Geheimschrift. Wer diesen Text geschrieben hat, wollte nicht, dass man ihn ohne Probleme lesen könnte. Wahrscheinlich muss ich herausfinden, auf welche Weise man die Buchstaben anordnen muss, um den Text lesen zu können. Aber was könnte mir dabei helfen, die richtige Reihenfolge heraus zu finden? Ich muss das Geheimnis dieses Textes lösen. Vielleicht spricht der Text von einer großen und wichtigen Entdeckung!"

Ich saß still und leise neben ihm und dachte mir nur, dass wahrscheinlich überhaupt nichts in diesem Text zu finden war und der Professor sowohl seine als auch meine Zeit verschwendete. Aber natürlich sagte ich ihm das nicht.

Der Professor nahm das Buch in die eine Hand und das Pergament in die andere und begann die beiden Texte zu vergleichen.

„Interessant...", murmelte er. „Diese beiden Texte wurden nicht von der gleichen Person geschrieben. Das Pergament wurde später als das Buch geschrieben. Das kann man ganz einfach erkennen, weil das Pergament den Buchstaben *mm* enthält, welcher vor dem vierzehnten Jahrhundert im isländischen Alphabet nicht benutzt wurde. Also ist das Pergament mindestens zwei Jahrhunderte älter als das Buch."

Ich muss zugeben, dass das ziemlich logisch klang. Ein kluger Kopf war er ja, der Professor! „Das bedeutet, dass das Pergament von einem Besitzer dieses Buch geschrieben wurde. Aber wer zum Teufel war diese Person? Vielleicht hat er irgendwo im Buch seinen Namen hinterlassen."

Der Professor nahm eine starke Lupe aus einer Schublade seines Schreibtisches und begann wieder das Buch genau zu untersuchen. Auf der vorletzten Seite fand er etwas, das wie ein Tintenfleck aussah. Wenn man aber genauer hinsah, konnte man erkennen, dass er vor langer Zeit einmal Runen gewesen waren. Mein Onkel verstand sofort, dass diese Runen ihm helfen würden, dem Geheimnis näher zu kommen und untersuchte die Zeichen sorgfältig. Nach einigen Minuten sorgfältiger Untersuchung schrie er triumphierend:

„*Arne Saknussemm*! Das ist ein Name und vor allem ist es ein Name, den ich kenne. Es ist der Name eines isländischen Gelehrten des sechzehnten Jahrhunderts. Er war ein berühmter Alchemist!"

Ich sah meinen Onkel mit offenem Mund an.

„ Dieser Alchemist war einer der wenigen echten Gelehrten in dieser Zeit. Er hat großartige Entdeckungen gemacht. *Saknussemm* hat bestimmt eine wichtige Entdeckung in diesem Text versteckt. Daran habe ich jetzt keine Zweifel mehr. Es kann nicht anders sein. Ganz bestimmt."

Um auch etwas Kluges beizutragen, fragte ich den Professor: „Das klingt ja alles logisch und interessant, lieber Onkel. Aber wenn dieser Alchemist eine wichtige Entdeckung gemacht hat, warum hat er sie nicht veröffentlicht? Warum hat er sie dann auf ein Pergament geschrieben und einem Buch versteckt? Wenn es eine so großartige Entdeckung war, warum wollte er sie geheim halten?"

„Warum? Warum? Woher soll ich das wissen? Hat es nicht Galileo genau so gemacht, weil er Angst vor der Kirche hatte? Aber mach dir keine Sorgen, lieber Neffe. Ich werde das Geheimnis des Dokuments lösen. Ich werde weder schlafen noch essen bis ich weiß, was dieser geheimnisvolle Text bedeutet. Und du auch nicht, Axel!", fügte er hinzu.

„Verflucht!", dachte ich. „Zum Glück habe ich heute Mittag viel gegessen. Wer weiß, wie lange es dauert, bis der Professor diesen Text verstanden hat."

„Zuerst müssen wir nun heraus finden, in welcher Sprache dieser Text geschrieben ist. Aber das wird nicht so schwer werden, denke ich. Sehen wir mal. Das Dokument enthält 132 Buchstaben, davon sind 79 Konsonanten und 53 Vokale. Das ist sehr typisch für südliche Sprachen, die deshalb sehr weich und melodisch klingen. Nördliche Sprachen benutzen mehr Konsonanten und klingen deshalb härter."

Das klang auch dieses Mal sehr logisch. Ich hatte schon Hoffnung, dass meine nächste Mahlzeit nicht lange auf sich warten lassen würde. Sobald der Professor die Sprache heraus gefunden hatte, würde es sicherlich nur eine Frage von Minuten sein, bis er den Inhalt des Texts übersetzen könnte.

„Nun lieber Onkel, welche Sprache ist es? Hast du schon eine Idee?"

„Dieser *Saknussemm* war ein sehr gebildeter und kluger Mann. Da er nicht in seiner Muttersprache geschrieben hat, muss es wahrscheinlich eine Sprache sein, die die gebildeten Menschen im sechzehnten Jahrhundert benutzten: Latein. Wenn es diese nicht ist, kann ich es noch mit Spanisch, Französisch, Italienisch, Griechisch oder Hebräisch versuchen. Aber eigentlich haben die Gelehrten des sechzehnten Jahrhunderts Latein benutzt, um ihre Texte zu schreiben. Deshalb vermute ich stark, dass der Text auf Latein geschrieben wurde. Das scheint mir das Logischste.

Ehrlich gesagt, konnte ich mir nicht vorstellen, dass diese eigenartige Folge von Buchstaben irgendetwas mit Latein zu tun haben könnte. Ich hatte lange Jahre die Sprache der großen Philosophen gelernt und genossen. Dieser Text hatte überhaupt nichts mit den sanften und klangvollen Versen zu tun, die ich lieben und schätzen gelernt hatte.

Der Professor nahm das Papier wieder in die Hand und begann es genau zu untersuchen.

„Auf den ersten Blick scheint dieser Text keinen Sinn zu ergeben. Aber ich bin sicher, dass man nur ein Muster finden muss, um die Buchstaben in die richtige Reihenfolge zu bringen. Vielleicht ist es etwas Mathematisches, ein Verhältnis oder eine simple Rechnung. Ich bin mir sicher, dass der originale Text normal geschrieben wurde und danach wurde ein Mechanismus benutzt, um diesen chaotischen Text zu erzeugen. Man muss nur den Schüssel zu seinem Geheimnis finden. Axel, weißt du etwas?"

Leider hatte ich keine Antwort auf diese Frage. Ehrlich gesagt, hatte ich die Frage nicht einmal gehört. Ich war mit meinen Gedanken an einem anderen Ort. Oder besser gesagt, bei einer anderen Person. An der Wand des Arbeitszimmers des Professor hing ein Bild von Gretchen. Gretchen war seit ein paar Wochen in Altona bei einer Verwandten und ich war, wenn ich ehrlich sein darf, ziemlich traurig darüber. Ich liebte Gretchen und sie liebte mich. Wir waren ein junges Paar voller Liebe, Träume und Zukunftspläne. Wir hatten uns schon vor einer Weile verlobt, ohne dem Professor etwas davon zu erzählen. Der Professor war zu sehr Geologe, um etwas von Emotionen zu verstehen oder überhaupt hören zu wollen. Gretchen war eine wunderschöne, junge Frau mit blonden Haaren, einem starken Charakter und sie war eine Frau, die wusste, was sie wollte. Oh, wie ich diese junge Frau liebte! Und wie ich sie vermisste! Jeder Tag ohne sie schien wie eine Ewigkeit und wollte nicht vergehen. Das Bild meiner geliebten Verlobten hatte mich deshalb aus der wirklichen Welt in die Welt der Träume und Erinnerungen entführt.

Gretchen war eine sehr intelligente Frau, die auch großes Interesse für die Geologie und Mineralogie zeigte. Wie viele Stunden hatten wir schon zusammen im Arbeitszimmer meines Onkels verbracht, während wir wertvolle Steine und seltene Mineralien ordneten und mit Etiketten beschrifteten. Gretchen wusste mehr über Mineralogie als viele Studenten meines Onkels und auch so mancher Gelehrte hätte von ihr etwas lernen können. Sie war eine Person, die vor schwierigen Fragen und Problemen keine Angst hatte, sondern Spaß dabei hatte ihren Kopf zu benutzen. Wie wunderschön das Studium von Steinen und Mineralien war, wenn man es mit einer geliebten Person verbringen konnte.

Nachmittags oder Abends, wenn wir mit unserer Arbeit fertig waren, gingen wir oft gemeinsam spazieren und verbrachten viel Zeit an einer schönen Stelle am Ufer der Elbe, wo man Schwäne und Enten füttern konnte, welche zwischen den weißen Seerosen herumschwammen. Für den Weg zurück nahmen wir danach meistens ein kleines Dampfschiff, welches uns wieder zurück nach Hause brachte.

Mit einem Schlag mit der Faust auf den Tisch holte mich mein Onkel zurück in die Wirklichkeit. Ich begriff, dass es Zeit war zu arbeiten.

„Sehen wir, ob es einen Nutzen bringt, wenn wir die Wörter anstatt horizontal vertikal schreiben. Das ist die erste Idee, die mir einfällt. Axel, schreib' irgendeinen Satz auf einen neuen Zettel, aber anstatt die Buchstaben nebeneinander zu schreiben, schreib' sie untereinander. Und mach mit den Buchstaben Gruppen von 5 bis 6 Zeichen."

Ich begriff sofort, was der Professor von mir wollte und begann von oben nach unten zu schreiben.

„Gut", sagte der Professor, ohne das Geschriebene gelesen zu haben, „Jetzt schreibe diese Worte horizontal in einer Linie."

Ich schrieb die neu entstandenen Wörter in einer Linie und bekam dieses Resultat:

Iermtt chdzeech lilise ichinGn ehchgr! be,ue

„Hervorragend!", rief mein Onkel freudig und riss mir den Zettel aus der Hand. „Das sieht aus wie der Text auf dem Pergament von *Saknussemm*! Selbst die Großbuchstaben und das Komma sind in der Mitte des Satzes. Ich glaube, dass wir des Rätsels Lösung sehr nahe sind, Axel!"

Auch dieses Mal muss ich sagen, dass mich seine Logik überzeugte.

„Theoretisch muss ich jetzt nur die Buchstabe in die richtige Reihenfolge bringen und ich kann lesen, was du vorher geschrieben hast. Das heißt, ich nehme zuerst den ersten Buchstaben von jedem Wort, dann den zweiten, dann den dritten, usw.."

Und zu meiner und seiner großen Überraschung las mein Onkel:

„Ich liebe dich herzlich, mein gutes Gretchen!"

Ja, ohne es zu wollen, hatte ich diese verräterischen Zeilen geschrieben und dem Professor unser Geheimnis verraten! Ängstlich wartete ich auf seine Reaktion.

„So, so! Du liebst Gretchen?", fragte mein Onkel in einem ziemlich strengen Ton.

„Ja…Nein…Vielleicht…Nein…Ja...", stotterte ich.

„Du liebst also Gretchen!", sagte er noch einmal. Nun gut, machen wir weiter mit den wichtigen

Dingen. Benutzen wir die Methode mit dem Dokument."

Mein Onkel war schon wieder so beschäftigt mit dem Dokument, dass er meinen verräterischen Satz schon vergessen hatte. Gott sei Dank! Nichts hätte ich weniger gewollt, als eine Diskussion über das Thema mit dem Professor zu führen. Das Thema Liebe war ein Thema, dass ein Kopf wie der des Professors nicht begreifen konnte und es war klüger dieses Thema nicht mit ihm zu diskutieren. Aber zum Glück war das Dokument im Moment von größerer Wichtigkeit.

Mit zitternder Hand nahm der Professor das Pergament in die Hand. Er war sich sicher, dass er nun das Geheimnis des alten Texts erfahren würde. Mit feierlicher Stimme diktierte er mir Buchstabe für Buchstabe in der vermuteten richtigen Reihenfolge. Konzentriert notierte ich das Diktierte.

„Das macht alles keinen Sinn! Verflucht!", schrie mein Onkel. „Das ist immer noch ein sinnloser Text. Was mache ich nur falsch? Ich muss dieses Rätsel lösen."

Danach stand er auf und rannte zur Tür hinaus, ohne zu sagen wohin er wollte.

Kapitel 4 – Lösung des Geheimnisses

„Er hat das Haus verlassen!", rief Martha, die in diesem Moment in das Arbeitszimmer herein kam. „Er muss sehr wütend gewesen sein, so laut hat er die Tür zu geschlagen."

„Ja, er hat das Haus verlassen.", antwortete ich. „Und ja, er war sehr, sehr wütend."

„Aber er muss doch Hunger haben! Was mache ich jetzt mit seinem Mittagessen?"

„Er wird nicht zu Mittag essen!"

„Dann werde ich anfangen, sein Abendessen zu zu bereiten."

„Er wird auch nicht zu Abend essen."

„Wie bitte? Habe ich richtig verstanden?", fragte Martha verwirrt.

„Ja, du hast richtig verstanden. Der Professor wird nicht mehr essen bis er das Geheimnis aus seinem alten Buch gelöst hat. Niemand in diesem Haus wird etwas essen, hat er gesagt, um genau zu sein. Wir werden alle hungern bis mein Onkel heraus gefunden hat, was auf diesem alten Pergament geschrieben steht. Und im Moment scheint es, dass er nicht einmal die kleinste Idee hat, wie er das Rätsel lösen könnte."

„Oh mein lieber Gott!", rief Martha. „Das heißt, dass wir alle vor Hunger sterben werden!"

Ich wollte das eigentlich nicht zugeben, aber das war wirklich eine Möglichkeit. Möglicherweise war es sogar wahrscheinlich. Wenn der Professor etwas sagte, dann meinte er es normalerweise auch.

Man konnte sehen, dass die gute, alte Martha ziemlich beunruhigt war als sie zurück in ihre Küche ging. Und wahrscheinlich war sie es mit gutem Grund.

Ich blieb allein im Arbeitszimmer zurück und dachte darüber nach, was ich machen könnte. Wie gern würde ich zu Gretchen gehen und ihr alles erzählen. Sie wüsste sicher, was man tun könnte, um diese verrückte Situation zu einem guten Ende zu bringen. Aber wie könnte ich das Haus verlassen? Der Professor könnte in jedem Moment nach Hause kommen. Was würde passieren, wenn er mich rief und ich nicht im Haus wäre, um ihm zu antworten? Das würde wahrscheinlich kein gutes Ende nehmen. Nein, das Klügste war es im Haus zu bleiben und auf ihn zu warten. Vor ein paar Tagen hatte uns ein befreundeter Mineraloge seine Sammlung Steine geschickt, weil wir sie klassifizieren sollten. Ich entschied, mit dieser Arbeit zu beginnen bis der Professor wieder zurück kommen würde. Ich sortierte, ich machte Etiketten, ich ordnete die Steine und ich legte sie sauber in ihre Kiste zurück.

Aber diese Arbeit war keine große Hilfe, um mich ernsthaft zu beschäftigen. Ich konnte nicht aufhören über das alte Dokument nach zu denken. Etwas an diesem Pergament und seinem Geheimnis beunruhigte mich. Ich hatte das Gefühl, dass uns eine Katastrophe vor der Tür stand.

Nach ungefähr einer Stunde war ich mit meiner Arbeit fertig und ich setzte mich in einen großen und bequemen Sessel, um mich ein bisschen auszuruhen. Ich nahm meine Pfeife, füllte sie mit Tabak und zündete sie an. Ich versuchte mich zu entspannen. Bis zu diesem Moment war es ein stressiger Tag gewesen und mein Kopf begann zu schmerzen. Ich schloss meine Augen und versuchte meine Gedanken zu ordnen. Von Zeit zu Zeit hörte ich, ob mein Onkel nach Hause kam. Aber es war nichts zu hören. Wo war mein Onkel nur hingegangen? In meinen Gedanken sah ich ihn die Allee entlang gehen, wütend gegen Steine treten und die schönen Blumen auf dem Weg kaputt machen. Wenn mein Onkel wütend war, war er einfach ein Monster, welches man nur schwer aufhalten konnte.

Würde er das Geheimnis gelöst haben, wenn er nach Hause käme? Oder hätte er schon die Lust verloren und beschlossen, dass es eigentlich Wichtigeres zu tun gäbe? Aber eigentlich war mein Onkel niemand, der so schnell aufgab und den Mut verlor. Und vor allem schien dieses Dokument für ihn von großer Bedeutung zu sein. Nein, aufgeben würde er nicht so schnell. Ohne darüber nach zu denken, nahm ich das alte Pergament in die Hände und betrachtete die von mir geschriebenen Zeilen.

„Was bedeutet das? Was bedeutet das?", sagte ich leise zu mir selbst.

Ich versuchte mit den Buchstaben neue Gruppen zu bilden und hoffte sinnvolle Wörter zu finden. Unmöglich. Natürlich schaffte ich es, verschiedene Wörter aus verschiedenen Sprachen zu bilden, was aber bei einer so großen Zahl an Buchstaben auch nicht überraschend war. Ich fand Wörter aus dem Französischen, Hebräischen, Latein und sogar dem Deutschen! Aber das half alles nichts. Ich konnte keinen Sinn in diesem Dokument finden. Langsam wurde ich müde und die Buchstaben begannen, um meinen Kopf herum zu tanzen. Ohne darüber nach zu denken, begann ich das Pergament wie einen Fächer zu benutzen, um mich mit frischer Luft zu versorgen. Durch das Fächern sah ich einmal die Rückseite und einmal die Vorderseite des Blattes und auf einmal hatte ich den Eindruck, dass ich ein paar klar lesbare lateinische Wörter gesehen hatte, zum Beispiel „*craterem*" und „*terrestre*".

War es möglich, dass das die Lösung des Rätsels war? Ich konnte es kaum glauben, aber es war wirklich so. Das einzige, was man tun musste, um den geheimnisvollen Text lesen zu können, war das Papier hin und her zu bewegen. Alle Ideen, die der Professor vor ein paar Stunden gehabt hatte, waren korrekt. Die Reihenfolge der Buchstaben war richtig und auch die Sprache. Man brauchte nur eine kleine Information mehr, um das Dokument lesen zu können. Und ich hatte diese Information zufällig gefunden!

Ich wusste nicht, ob ich weinen oder lachen sollte. Ich wusste nicht, ob es eine gute oder eine schlechte Nachricht war, dass ich das Geheimnis herausgefunden hatte. Dort lag es auf dem Tisch, das Dokument, und ich musste nur einen Blick darauf werfen, um den Text verstehen zu können.

Ich wollte meine Nerven beruhigen und entschied ein bisschen im Zimmer im Kreis zu gehen. Ich atmete tief ein und tief aus, tief ein und tief aus. Dann setzte ich mich wieder in den Sessel und nahm das Dokument in meine zitternden Hände. Ich atmete noch einmal tief ein und sagte dann zu mir:

„Ich werde jetzt diesen Text lesen und herausfinden, was sein Inhalt ist."

Ohne Schwierigkeiten las ich Buchstabe für Buchstabe den Satz mit lauter Stimme. Ich hatte kaum angefangen zu lesen, da war der Satz auch schon zu Ende. Aber welch schrecklicher Inhalt! Ich fühlte wie eine tiefe Angst langsam meinen ganzen Körper füllte und ich panisch wurde.

„Der Professor darf nicht wissen, was in diesem Text steht. Ich muss das Dokument vernichten. Sofort! Wenn mein Onkel diese Zeilen liest, wird er eine Reise machen wollen! Ohne Zweifel wird er an diesen Ort reisen wollen. Nichts könnte ihn aufhalten. Und er wird mich mitnehmen wollen! Er wird mir keine andere Möglichkeit lassen als ihn zu begleiten. Und wir werden nie wieder zurück kehren! Nie wieder! Niemals!"

Ich hatte völlig den Kopf verloren.

„Nein! Nein! Das wird nicht passieren. Ich kann ihn aufhalten! Jetzt ist der Moment. Ich habe die Gelegenheit, den Tyrannen zu stoppen und mein Leben zu retten. Mein Leben! Wenn ich es nicht tue, wird er sein und mein Leben riskieren! Ich muss das Dokument vernichten. Auch wenn er den Inhalt des Texts noch nicht kennt, so ist das Risiko doch zu groß, dass er durch Zufall das Papier hin und her bewegt und die Lösung heraus findet. Ich werde es im Kamin verbrennen!", schrie ich hysterisch, dem Wahnsinn nah.

Ich nahm das Papier und ging schnell zum Kamin. Im Kamin brannte noch ein kleines Feuer. Gerade wollte ich das Papier in das Feuer werfen und das gefährliche Geheimnis für immer vernichten, da öffnete sich die Tür und mein Onkel kam ins Zimmer herein.

Ende der Leseprobe Classics simplified for Language-Learners: „Die Reise zum Mittelpunkt der Erde"

Magst du die Geschichte? Du findest das Buch bei Amazon!

Leseprobe: Die Schatzinsel

aus der Serie **Classics simplified for Language Learners** von Dominik Wexenberger

Teil 1 - Der alte Pirat
Kapitel 1 – Der alte Pirat im „Admiral Benbow"

Da die Herren Trelawney, Dr. Livesay und die anderen Männer mich gebeten haben, die Geschichte über die Schatzinsel von Anfang bis Ende aufzuschreiben und nichts zu vergessen, möchte ich im Jahr 1728 mit meiner Geschichte beginnen. Ich werde die ganze Geschichte und alle Details erzählen. Nur eine Sache werde ich nicht sagen. Ich werde nicht erzählen, wo die Schatzinsel zu finden ist, weil es dort immer noch viel Schätze zu finden gibt.

Die Geschichte beginnt im Gasthaus meines Vaters „Zum Admiral Benbow". Zu dieser Zeit wohnte ein alter Pirat in einem der Zimmer. Ich werde diesen Mann nie vergessen. Ich erinnere mich gut an den Tag, als er im Gasthaus ankam. Er war groß und breit, von der Sonne braun gebrannt, seine Kleidung schmutzig. Er hatte eine große Narbe auf der Backe. Er war ohne Zweifel stark betrunken und hatte nicht nur ein Glas Rum zu viel getrunken. Plötzlich begann er zu pfeifen und sah auf das Meer hinaus. Dann begann er zu singen. Es war ein Lied, das ich später noch viele Male hören würde:

> *Fünfzehn Mann auf des toten Manns Kiste,*
>
> *Jo-ho-ho und eine Flasche voll Rum,*
>
> *Schnaps stand immer auf jeder Höllenfahrtliste,*
>
> *Jo-ho-ho und eine Flasche voll Rum.*

Dann klopfte er laut an die Tür und als mein Vater kam, bestellte er ein Glas Rum und trank es, während er wieder nachdenklich auf das Meer hinaus sah.

„Ich mag diesen Ort hier", sagte er schließlich, „und dein Gasthaus ist auch in Ordnung. Der Rum ist hervorragend. Hast du viele Gäste, Kamerad?"

„Nein, leider habe ich nur wenige Gäste.", antwortete mein Vater.

„Sehr gut!", rief der Mann darauf. „Jetzt hast du einen Gast und ich werde hier für eine Weile bleiben. Hey, Junge! Bring meinen Koffer hierher! Schnell! Ich habe nicht den ganzen Tag Zeit!", schrie er laut in Richtung eines Jungens, der seinen Koffer trug. „Ich bin ein einfacher Mann und werde dir keine Arbeit machen. Ich brauche nicht mehr als Rum, Speck und Eier und diesen Hügel dort oben, damit ich die ankommenden und abfahrenden Schiffe beobachten kann. Mein Name ist nicht wichtig, für dich bin ich einfach der Kapitän. Hier hast du ein bisschen Gold. Ich denke, dass das für die erste Zeit genug sein sollte." Er warf drei oder vier Goldstücke auf den Tisch. „Sag mir einfach, wenn du mehr willst."

Obwohl er so schmutzig aussah, seine Kleidung alt und kaputt war und seine Art zu sprechen ziemlich rau war, sah man, dass er kein einfacher Seemann war. Vielleicht war er der Kapitän eines kleinen Schiffes und hatte eine kleine Mannschaft. Der Junge, der seinen Koffer trug, sagte mir, dass er den alten Mann einen Tag vorher am Posthaus getroffen hatte und dass dieser nach den Gasthäusern in der Nähe gefragt hatte. Die Leute hatten dem Mann erzählt, dass das Essen in unserem Gasthaus gut und die Übernachtung billig war und es hier wenige Gäste gab. Das schien den alten Mann überzeugt zu haben und er war hierher gekommen. Das war alles, was wir über ihn herausfinden konnten.

Normalerweise war er ein sehr ruhiger und stiller Gast. Während dem Tag war er draußen und beobachtete mit seinem langen Fernrohr das Meer und die Schiffe. Am Abend saß er neben dem Feuer im Gasthaus und trank starken Rum. Meistens sagte er kein Wort und antwortete nicht einmal, wenn jemand versuchte mit ihm zu sprechen. Er schaute nur böse und machte ein Zeichen, dass man wieder gehen solle. Deshalb ließen wir und auch die Gäste ihn in Ruhe. Jeden Tag fragte er abends als er in das Gasthaus zurückkam, ob ein anderer Seemann in das Gasthaus gekommen war. Wir dachten, dass er vielleicht einen Freund suchte, aber später bemerkten wir, dass er nicht gesehen werden wollte. Wenn zum Beispiel ein neuer Gast im Gasthaus war, versteckte sich der alte Mann hinter dem Vorhang und beobachtete ihn für eine Zeit. Danach setzte er sich auf seinen Stuhl neben dem Feuer und sagte kein Wort. Ich wusste, auf wen er wartete oder besser gesagt, wen er nicht sehen wollte. Eines Tages hatte er mich gefragt, ob ich ihm helfen wolle. Er hatte mir vier silberne Pfennige am ersten Tag jedes Monats versprochen, wenn ich ihm helfen würde. Meine Arbeit war einfach. Ich musste nur die Augen offen halten und ihn sofort informieren, wenn ich einen Mann mit nur einem Bein sehen würde. Wenn ich dann am ersten Tag des Monats zu ihm ging, um meine silbernen Pfennige abzuholen, wurde er wütend und ich rannte schnell in mein Zimmer und versteckte mich. Aber normalerweise überlegte er es sich in den nächsten Tagen, brachte mir das Geld und sagte mir, dass ich weiter die Augen offen halten sollte.

Dieser eigenartige Mann mit einem Bein ließ mich nicht in Ruhe. Ich träumte sogar von ihm. Wenn das

Wetter nachts schlecht war und der Sturm und der Regen so laut waren, dass ich kaum schlafen konnte, sah ich ihn immer und immer wieder. Einmal war das Bein an seinem Knie abgeschnitten und ein anderes Mal hatte er das ganze Bein verloren. In meinen Albträumen verfolgte er mich und ich musste so schnell ich konnte rennen, um nicht von ihm gefangen zu werden. Die vier silbernen Pfennige waren ein kleiner Preis für diese schlaflosen Nächte.

Aber obwohl mir die Idee vom Seemann mit einem Bein so viel Angst machte, hatte ich vor dem Kapitän kaum Angst. Manchmal trank er abends zu viel Rum und begann seine Seemannslieder zu singen, ohne sich für die anderen Gäste zu interessieren. Oder an anderen Tagen bestellte er Rum für alle anderen Gäste und die Gäste mussten sich eine Geschichte von ihm erzählen lassen oder mit ihm singen. Alle sangen mit ihm, einer lauter als der Andere, weil sie alle Angst vor ihm hatten. Und so hörte man im halben Dorf das Lieblingslied des alten Seemanns:

„Jo-ho-ho und eine Flasche voll Rum."

Der alte Kapitän war gefährlich, wenn er zu viel Rum getrunken hatte und betrunken war. Er schlug mit voller Kraft auf den Tisch, weil er plötzlich Ruhe wollte oder wurde wütend, weil ihn jemand etwas fragte oder nicht fragte und er deshalb der Meinung war, dass die Gäste sich nicht für seine Geschichte interessierten. Niemand konnte ins Bett gehen oder das Gasthaus verlassen, solange er nicht selbst müde war und ins Bett gehen wollte.

Mehr als vor dem Kapitän hatten die Leute vor seinen Geschichten Angst. Es waren Piratengeschichten von Stürmen, Kämpfen, Mord und Raub. Wenn man seinen Geschichten glauben wollte, hatte er sein Leben mit den bösesten Menschen verbracht, die man auf dem Land und auf dem Meer finden konnte. Mein Vater hatte schon Angst, dass er bald keine Gäste mehr haben würde, weil der alte Mann sie so tyrannisierte. Schließlich waren es einfache Leute vom Land, die in unserem Gasthof ihr Bier nach der Arbeit tranken. Ich dachte aber eher, dass der Kapitän gut für das Gasthaus war und die Leute kamen, um ihm zuzuhören. Das Leben hier im Dorf war langweilig und grau und die Abende mit dem Kapitän machten ihr tägliches Leben interessanter.

Auf der anderen Seite hatte der alte Mann bald kein Geld mehr. Er wohnte schon seit einigen Monaten in unserem Gasthaus und konnte meinen Vater nicht mehr bezahlen. Aber mein Vater hatte zu viel Angst vor ihm, um ihm sein Zimmer wegzunehmen und ihn auf die Straße zu setzen. Und wenn er es versuchte, sah ihn der Kapitän wütend an, schlug laut auf den Tisch und schrie, dass er ihn bald bezahlen würde. Mein Vater rannte danach nur so schnell er konnte aus dem Zimmer und versteckte sich in der Küche.

Solange der Kapitän in unserem Gasthaus lebte, trug er immer die gleiche Kleidung und dachte nicht daran, sie einmal zu waschen. Wenn seine Kleidung ein Loch hatte, nahm er Nadel und Faden und versuchte sie selbst zu reparieren. Er schrieb nicht und bekam auch keine Briefe und wenn er nicht betrunken war, sprach er auch mit keinem Menschen. Und was er in seinem großen Koffer transportierte, war sein Geheimnis. Er war immer verschlossen und niemand wusste, was in ihm war.

Ich erinnere mich nur an eine einzige Situation, in der eine andere Person keine Angst vor dem Seemann zeigte. Es war zu der Zeit, als mein Vater schon so krank war, dass sein Leben nicht mehr lange dauern würde. Dr. Livesay war an einem Nachmittag in das Gasthaus gekommen, um meinen kranken Vater zu besuchen und meine Mutter servierte ihm gerade etwas zu essen. Der alte Kapitän saß auf seinem Stuhl und war schon stark betrunken. Die beiden Männer konnten nicht unterschiedlicher sein. Auf der einen Seite der stinkende, schmutzige, alte Mann und auf der anderen Seite der saubere, gut riechende und junge Doktor. Plötzlich begann der alte Seemann wieder zu singen:

> *Fünfzehn Mann auf des toten Manns Kiste,*
>
> *Jo-ho-ho und eine Flasche voll Rum,*
>
> *Schnaps stand immer auf jeder Höllenfahrtliste,*
>
> *Jo-ho-ho und eine Flasche voll Rum.*

Am Anfang hatte ich immer gedacht, dass der Kapitän von seinem eigenen Koffer sprach, wenn er von *„des toten Manns Kiste"* sprach. In meinen Albträumen war der Koffer der Grund, warum der Mann mit einem Bein den alten Mann suchte. Aber nach so vielen Wochen und Monaten interessierte das Lied niemanden mehr. Nur Doktor Livesay hatte das Lied noch nicht gehört, aber es schien ihn mehr zu stören als zu gefallen. Er sprach mit dem Gärtner Taylor über seine Rückenprobleme und Möglichkeiten, um ihm zu helfen. Der Kapitän sang und sang und schien nicht aufhören zu wollen. Dann plötzlich schlug er wieder einmal mit der Hand auf den Tisch, das Zeichen, dass die anderen Gäste jetzt leise sein mussten. Alle Gäste schwiegen sofort und sagten kein Wort mehr. Nur der Doktor sprach weiter mit dem Gärtner und rauchte seine Pfeife. Der Kapitän beobachtete ihn eine Weile, dann schlug er wieder auf den Tisch, sah ihn immer wütender an und schließlich schrie er laut: „Seien Sie endlich still! Wie oft muss ich noch auf den Tisch schlagen?"

„Sprechen Sie mit mir, Herr?", sagte der Doktor. „Hören Sie mir gut zu. Lassen Sie den vielen Rum, bevor es zu spät ist. Die Welt wäre möglicherweise besser, wenn ein schmutziger und stinkender Hund weniger in ihr leben würde, aber das entscheidet der liebe Gott."

Der alte Kapitän wurde fürchterlich wütend und zog ein Messer aus seiner Hosentasche. Er stand auf und ging auf den Doktor zu.

Der Doktor bewegte sich nicht einmal ein bisschen. Ruhig und laut, damit ihn jeder Gast im Raum hören konnte, sprach er schließlich:

„Wenn Sie das Messer nicht sofort wieder in ihrer Hosentasche verschwinden lassen, garantiere und schwöre ich Ihnen, dass Sie spätestens in einer Woche am Galgen hängen werden."

Die beiden Männer sahen sich lange in die Augen, aber der Kapitän hatte wahrscheinlich verstanden, dass der Doktor die falsche Person war, um einen Streit zu beginnen und setzte sich wieder auf seinen Stuhl wie ein geschlagener Hund.

„Und mein Herr", begann der Doktor wieder zu sprechen, „ich werde Sie beobachten lassen. Ich mag es nicht, wenn schlechte Menschen wie Sie es sind in meiner Gegend sind. Wenn ich höre, dass Sie nur das kleinste Problem machen, werde ich wieder kommen und diesen Tag werden Sie nicht vergessen. Denken Sie an meine Worte und vergessen Sie sie nicht!"

Danach nahm der Doktor seinen Mantel und verließ das Gasthaus. Der Kapitän sagte an diesem Abend kein Wort mehr und auch an den nächsten Abenden hörte man ihn nicht mehr sprechen.

Kapitel 2 – Der schwarze Hund kommt und verschwindet wieder

Einige Wochen später passierte die erste von mehreren eigenartigen Geschichten, die am Ende der Grund dafür waren, dass der alte Pirat das Gasthaus verließ. Es war Winter und oft so kalt, dass die Leute nicht mehr aus dem Haus gingen. Meinem Vater ging es immer schlechter und es war klar, dass er wahrscheinlich nicht mehr lange leben würde. Meine Mutter und ich arbeiteten alleine im Gasthaus und hatten so viel Arbeit, dass uns der alte Seemann kaum interessierte.

Es war ein kalter Morgen im Januar, die Sonne war gerade aufgegangen und das Meer war ruhig und sanft. Der Kapitän war früher als normalerweise aufgestanden und machte einen Spaziergang zum Meer hinunter. In der einen Hand hatte er sein langes Fernrohr und in der anderen Hand trug er ein langes Piratenmesser. Ich beobachtete ihn eine Weile bis er bei einem großen Felsen abbog und ich ihn nicht mehr sehen konnte.

Meine Mutter war gerade im Zimmer meines Vaters und ich deckte den Tisch für das Frühstück des Kapitäns, als sich die Tür öffnete und ein Mann herein kam. Ich hatte den Mann noch nie in meinem Leben gesehen. Er war schmutzig und stank und ich sah, dass ihm an einer Hand zwei Finger fehlten. Er sah nicht aus wie ein Seemann, aber ich hatte trotzdem den Eindruck, dass er einer war.

„Guten Morgen, mein Herr. Wie kann ich Ihnen helfen? Möchten Sie etwas trinken oder brauchen Sie ein Zimmer für die Nacht?", fragte ich ihn.

„Bring mir einen Rum, Junge. Mehr brauche ich nicht."

Ich wollte gerade in die Küche gehen, um den Rum zu holen, da rief er mich noch einmal:

„Warte! Komm her, Junge. Ich möchte mit dir sprechen."

Ich blieb stehen und beobachtete ihn aus sicherer Entfernung.

„Für wen hast du den Tisch gedeckt und das Frühstück vorbereitet? Für meinen Maat Bill vielleicht?", fragte er mich.

„Es tut mir leid, Herr, aber ich kennen keinen Maat Bill. Ich habe den Tisch für einen Herr gedeckt, der hier im Haus wohnt. Aber er sagt immer, dass sein Name Kapitän ist.", antwortete ich.

„Ich denke, das ist der Mann, den ich suche, Junge. Aber er ist kein Kapitän. Er hat eine große Narbe auf der Backe, nicht wahr? Er trinkt viel zu viel Alkohol und macht immer Probleme, wenn er betrunken ist. Also, kennst du meinen Maat Bill?", fragte der Mann zum zweiten Mal.

„Ja, Herr, er ist draußen und macht einen Spaziergang.", antwortete ich.

„Einen Spaziergang? Wohin ist er gegangen? Kannst du mir den Weg zeigen?"

Ich zeigte mit dem Finger in Richtung des Felsens, wo ich den Kapitän vorher gesehen hatte.

„Ich denke, dass er bald zurück kommen wird."

Ich antwortete noch auf ein paar weitere Fragen des Mannes. Dann sagte er:

„Weißt du was, Junge? Ich glaube, dass mein Maat Bill sicher gern ein Glas Rum trinken wird, wenn er zurück kommt!"

Als er diese Worte sagte, sah ich in seinem Gesicht keine Freundlichkeit und ich war mir sicher, dass der Kapitän sich nicht freuen würde, diesen Mann zu sehen. Aber es war eigentlich auch nicht mein Problem und ich wusste auch nicht, was ich machen sollte. Der Fremde wartete an der Tür des Gasthauses, wie eine Katze, die wartet, dass eine Maus aus ihrem Loch kommt. Ein bisschen später wollte ich auf die Straße hinaus gehen, aber der fremde Mann rief mich sofort zurück. Scheinbar kam ich nicht schnell genug zurück und er schrie noch einmal mit lauter Stimme:

„Verflucht noch mal, Junge! Komm hierher und verlass das Haus nicht!"

Als ich wieder im Haus war, sah er mich mit einem hässlichen Lächeln an und klopfte mir auf die Schulter:

„Ich mag dich, Junge. Du bist in Ordnung. Ich habe auch einen Sohn. Er ist ungefähr so alt wie du. Ich bin sehr stolz auf ihn. Aber ein Junge muss Disziplin haben! Es ist nicht gut, wenn man die Dinge zwei Mal sagen muss."

Er sah wieder zur Tür hinaus und machte dann einen Schritt zurück, in das Gasthaus hinein.

„Mein Maat Bill kommt! Überraschen wir ihn! Komm hierher, Sohn! Und kein Wort!"

Wir versteckten uns hinter der offenen Tür und der Kapitän konnte uns so von draußen nicht sehen. Die Situation gefiel mir nicht und ich hatte ein bisschen Angst, vor allem als ich sah, dass der Fremde ein großes Messer in der Hand hatte. Auch der fremde Mann war nervös, er atmete schnell und war sehr unruhig.

Dann endlich kam der Kapitän in das Gasthaus herein, schloss die Tür hinter sich und ging geradeaus zu seinem Tisch, wo das Frühstück auf ihn wartete.

„Bill."

Der Kapitän erschrak und drehte sich zu uns um. Er hatte keine Farbe mehr im Gesicht und er sah den Fremden an, als ob er einen Geist gesehen hätte. Es war offensichtlich, dass der Fremde nicht sein Freund war und er ihn nicht sehen wollte.

„Bill. Wie geht es dir? Kennst du mich noch? Freust du dich, deinen alten Freund und Kollegen wieder zu sehen? Wir haben uns lange nicht gesehen, nicht wahr.", sagte der fremde Mann.

Der Kapitän sah ihn an und sagte nichts. Scheinbar versuchte er zu überlegen, was er machen sollte.

„Schwarzer Hund!", sagte er endlich.

„Ich sehe, dass du meinen Namen noch weißt.", antwortete der Mann mit seinem hässlichen Lächeln auf den Lippen. „Dein alter Freund und Kollege Schwarzer Hund kommt dich im „Admiral Benbow" besuchen! Bill, Bill, erinnerst du dich an die Geschichte, als ich meine zwei Finger verloren habe?"

Er zeigte dem Kapitän seine Hand, an der die zwei Finger fehlten.

„Nun gut", sagte der Kapitän nach einer kurzen Pause, „du hast mich gefunden. Sag mir, was willst du hier?"

„Bill, Bill, ich sehe, du hast dich nicht verändert.", antwortete der Schwarze Hund. „Junge, bring mir ein neues Glas Rum und dann werden Bill und ich sprechen, direkt und ehrlich, wie alte Schiffskollegen miteinander reden sollten."

Ich rannte in die Küche, um den Rum zu holen. Als ich wieder zurück kam, saßen die beiden schon am Tisch. Der Kapitän saß auf der einen Seite und der Schwarze Hund saß auf der anderen Seite, die näher an der Tür war. Der Kapitän hatte keine Möglichkeit das Haus zu verlassen.

„Gut, Junge, und jetzt verlass das Zimmer und lass die Tür offen. Und versuch nicht unserem Gespräch zu zu hören. Wenn ich bemerke, dass du uns zuhörst, garantiere ich dir, dass du ein Problem hast. Und jetzt raus hier!"

Natürlich versuchte ich mit aller Kraft etwas zu hören, aber die beiden Männer sprachen so leise, dass ich kein Wort verstand. Aber nach einer Weile sprachen sie lauter und ich hörte ein paar Wörter.

„Nein, nein, nein, auf keinen Fall!", hörte ich den Kapitän rufen. Und kurz danach: „Ich sage dir, wenn sie mich hängen wollen, dann hängen alle! Alle! Hast du verstanden?"

Dann plötzlich hörte ich nur noch Lärm und Tische und Stühle flogen durch das Zimmer. Ich hörte zwei Säbel, die gegeneinander schlugen, und einen lauten Schrei. Dann sah ich, wie der Schwarze Hund schnell aus dem Gasthaus hinaus rannte, eine blutende Wunde auf seiner linken Schulter. Der Kapitän hatte seinen Säbel in der Hand und rannte ihm hinterher. Der schwarze Hund war nicht schnell genug und der Kapitän erreichte ihn kurz vor der Straße. Er versuchte den schwarzen Hund mit seinem Säbel zu töten, aber dieser hatte Glück und der Kapitän schlug gegen das Schild von unserem Gasthaus. Noch heute kann man die Stelle sehen, wo das Säbel in das Holz geschlagen hat.

Der schwarze Hund sah seine Chance und rannte so schnell er konnte die Straße entlang. Ein paar Sekunden später war er verschwunden. Der Kapitän sah ihm hinterher und bewegte sich nicht. Dann drehte er sich um und ging ins Haus zurück.

„Jim", rief er, „Rum!"

Er hatte Probleme zu stehen und sah sehr schwach aus.

„Sind Sie verletzt? Brauchen Sie einen Arzt?"

„Rum! Bring mir Rum! Ich muss weg von hier! Schnell! Rum", schrie er weiter.

Ich rannte in die Küche, um den Rum zu holen. Ich war so aufgeregt und nervös, dass ich zwei Gläser auf den Boden fallen ließ. Als ich endlich in das Zimmer zurück kam, lag der Kapitän auf dem Boden und bewegte sich nicht mehr.

Meine Mutter hatte den Lärm gehört und kam die Treppe herunter gelaufen. Sie half mir, den Kapitän in eine bessere Position zu bringen und wir legten seinen Kopf auf ein dickes Kissen. Er atmete sehr laut und seine Augen waren geschlossen.

„Was sollen wir machen? Denkst du, dass er sterben wird?", weinte meine Mutter.

Ich wusste auch nicht, was wir machen sollten. Vielleicht hatte sich der Kapitän während dem Kampf mit dem Fremden verletzt? Ich konnte keine Wunde und auch kein Blut sehen. Ich ging zurück in die Küche und holte den Rum. Dann versuchte ich mit einem Löffel den Rum in den Mund des alten

Mannes zu bekommen. Aber er öffnete seinen Mund nicht. Glücklicherweise klopfte es wenig später an der Tür und Dr. Livesay kam herein.

„Herr Doktor! Sie schickt der Himmel! Sehen Sie diesen Mann! Was sollen wir mit ihm machen?", riefen meine Mutter und ich. „Vielleicht hat er eine Wunde?"

„Eine Wunde? Der Mann ist nicht verwundet. Keine Sorge. Er hat einen Herzinfarkt gehabt. Ich hatte das schon erwartet, so viel Rum wie er jeden Tag trinkt! Frau Hawkins gehen Sie zu ihrem Mann und erzählen Sie ihm bitte nichts von dieser Geschichte. Ich werde versuchen, das nutzlose Leben dieses Mannes zu retten. Jim, geh und hole mir bitte eine große Schüssel mit Wasser!"

Als ich aus der Küche mit der Schüssel zurück kam, hatte der Doktor das Hemd des alten Mannes aufgeschnitten. Seine Arme waren voll mit verschiedenen Tätowierungen. Auf seiner Schulter konnte man einen Namen lesen: Bill Bones.

„Jim, hast du Angst Blut zu sehen? Wir müssen uns das Blut des Mannes ansehen."

„Nein, Herr Doktor.", sagte ich nur.

„Gut, mein Junge. Du musst die Schüssel unter seinem Arm halten. Ich öffne dann seine Ader."

Er öffnete die Ader des alten Seemanns und eine große Menge Blut floss in die Schüssel. Nach ein paar Minuten öffnete der Kapitän wieder die Augen und sah um sich herum. Dann versuchte er plötzlich aufzustehen und rief:

„Wo ist der Schwarze Hund?"

„Hier ist kein schwarzer Hund", sagte der Doktor. „Sie haben zu viel Rum getrunken und einen Herzinfarkt gehabt. Und ich musste mir jetzt die Arbeit machen, ihr nutzloses Leben zu retten. Also, Herr Bones … ."

„So heiße ich nicht."

„Es ist nicht wirklich wichtig, wie Sie heißen.", antwortete der Doktor. „Ein Pirat, den ich kenne, heißt so und weil es einfacher ist, gebe ich Ihnen diesen Namen und Sie werden mir jetzt genau zuhören: Wenn Sie ein Glas Rum trinken, dann ist das kein Problem und wird sie nicht töten, aber wenn Sie glauben, dass Sie fünf oder mehr Gläser trinken müssen, garantiere ich Ihnen, dass Sie bald tot sein werden. Und jetzt stehen Sie bitte auf. Ich werde Ihnen helfen in ihr Bett zu kommen."

Zusammen versuchten der Doktor und ich den alten Mann die Treppe hoch in sein Bett zu bringen. Erschöpft und müde fiel er in sein Bett.

„Denken Sie daran", sagte der Doktor noch einmal, „wenn Sie sterben wollen, trinken Sie weiter Rum!"

Danach nahm er mich am Arm und wir verließen das Zimmer.

Kapitel 3 – Der schwarze Fleck

Mittags brachte ich dem Kapitän Wasser und Medizin. Er lag in seinem Bett und bewegte sich nicht. Aber er war wach. Er schien sehr nervös zu sein.

„Jim", sagte er, „Du weißt, dass ich dich sehr mag. Du bist ein guter Junge, das wusste ich schon, als ich dich das erste Mal gesehen habe. Jeden Monat habe ich dir deine vier silbernen Pfennige bezahlt. Ich brauche wieder deine Hilfe. Du siehst, ich liege hier im Bett, ich bin schwach und kann mich kaum bewegen. Ich brauche ein Glas Rum, um mich besser zu fühlen. Sei ein guter Junge, geh in die Küche und hol mir ein Glas."

„Der Doktor hat gesagt, ...", begann ich.

„Der Doktor. Mir ist egal, was der Doktor sagt. Diese Doktoren sind alle keine richtigen Männer. Was weiß dieser Doktor über den Körper eines Seemanns? Ich war in so vielen Ländern, ich habe so viele Leute sterben gesehen, was weiß der Doktor hier in seinem kleinen Dorf über die Welt und seine Krankheiten? Nichts. Ich sage dir, ich habe früher wochenlang nichts anderes getrunken als Rum. Ich habe nichts gegessen, kein Wasser getrunken und keine Frau in meinen Armen gehabt. Mein einziger Freund war der Rum und er war mir immer ein guter Freund. Und jetzt kommt so ein Dorfdoktor und will mir erzählen, dass der Rum nicht gut für mich ist? Zum Teufel mit dem Doktor. Siehst du meine Hände? Sie zittern ohne Pause. Ich brauche ein bisschen Rum, um meinen Körper zu beruhigen. Danach wird es mir viel besser gehen. Dieser verfluchte Doktor weiß nicht, von was er spricht. Ohne meinen Rum fange ich an zu fantasieren und ich sehe Dinge, die hier nicht sein sollten. Vorher habe ich zum Beispiel den alten Flint dort drüben gesehen. Den alten Flint! Jim, sei ein guter Junge, bring mir ein Glas Rum. Der Doktor hat selbst gesagt, dass ein Glas Rum nicht gefährlich ist. Nur ein Glas Rum und nicht mehr! Ich gebe dir ein ganzes Goldstück, mein Junge!"

Ich sah ihn an und überlegte, was ich machen sollte. Der alte Mann lag in seinem Bett und sah wirklich schlecht aus. Der Doktor hatte gesagt, dass ein Glas Rum kein Problem war, aber trotzdem hatte ich Angst, dass ein Glas zu viel sein könnte. Schließlich beschloss ich, den Worten des Doktors zu vertrauen.

„Ich brauche ihr Geld nicht. Geben Sie besser meinem Vater das Geld, dass Sie ihm schulden.", sagte ich, „Ich werde Ihnen ein Glas holen, aber wirklich nur ein Glas."

Ich ging in die Küche und holte ihm ein Glas mit Rum. Ich gab ihm das Glas und er trank es so schnell, wie ein Mann, der seit ein paar Tagen kein Wasser mehr bekommen hatte.

„Danke, Junge. Jetzt fühle ich mich schon viel besser. Bring mir ein zweites Glas, ich glaube, mein Körper braucht noch ein bisschen mehr. Wie lange muss ich hier in diesem Bett bleiben, hat der Doktor gesagt?"

„Mindestens eine Woche, vielleicht länger.", antwortete ich.

„Eine Woche? Zum Teufel mit dem Doktor und seinen Ideen. Ich kann nicht für eine Woche in diesem Bett bleiben. Der Schwarze Hund wird hierher kommen und mich finden. Sie wollen mein Gold rauben, weil sie kein Gold mehr haben. Aber ich habe keine Angst! Wenn sie hierher kommen, werden sie mich kennen lernen! Wenn sie Probleme brauchen, werden sie sie bekommen!"

Während er das sagte, war er aufgestanden und hatte mich am Arm gepackt, um nicht auf den Boden zu fallen. Er war so schwach, dass er kaum stehen konnte. Er setzte sich wieder auf das Bett.

„Was hat dieser verfluchte Doktor mit mir gemacht? Warum bin ich so schwach? Alles dreht sich. Hilf mir, Junge, ich will mich wieder ins Bett legen."

Er ließ sich wieder in sein Kissen fallen und sagte für ein paar Minuten nichts mehr.

„Jim!", sagte er schließlich, „Hast du den Seemann heute gesehen?"

„Den Schwarzen Hund?", fragte ich.

„Ja, der Schwarze Hund.", sagte er. „Das ist ein sehr böser Mensch. Aber glaub mir, die Anderen sind noch viel böser und gefährlicher. Sie werden mir den schwarzen Fleck schicken und weißt du, warum? Weil sie meinen alten Koffer wollen! Hör zu! Setz dich auf ein Pferd – du kannst reiten, Junge, nicht wahr? - und reite zu diesem Feigling von Doktor. Sag ihm, dass er alle Männer mit Waffen, die er hat, hierher bringen soll und dann beenden wir diese Geschichte endlich. Dann können sie hierher kommen, diese Ratten, die ganze Mannschaft vom alten Flint. Alle, die noch leben. Ich war der erste Maat vom alten Flint und ich habe seine Karte. Er hat sie mir gegeben, als er im Sterben lag, so wie ich jetzt hier im Bett. Aber das ist unser Geheimnis. Du darfst kein Wort sagen, zu niemandem, egal, was passiert. Versprochen?"

„Kapitän, was ist der schwarze Fleck?", fragte ich vorsichtig.

„Das ist wie eine Einladung, aber leider nicht für einen Geburtstag. Ich werde dir das besser

101

erklären, wenn sie mir den schwarzen Fleck geschickt haben. Du musst mir helfen, Jim. Beobachte die Leute und sag mir, wenn du etwas siehst, was nicht normal ist. Ich werde meinen Schatz mit dir teilen, ich gebe dir mein Wort!"

Er sprach für ein paar Minuten länger, dann wurde er schwächer und schwächer und nachdem ich ihm seine Medizin gegeben hatte, schlief er schnell ein. Ich verließ das Zimmer und ging hinunter in die Küche, um mit der Arbeit im Gasthaus weiter zu machen. Wahrscheinlich hätte ich die Geschichte dem Doktor erzählen sollen. Ich hatte Angst wie noch nie in meinem Leben. Der Kapitän hatte mir sein Geheimnis verraten und ich hätte es besser nicht gehört. Vielleicht würde der alte Seemann Morgen denken, dass es eine schlechte Idee gewesen war, mir von seinem Koffer zu erzählen. Und was würde er dann machen? Wahrscheinlich würde er mich töten. Aber ich vergaß dieses Problem sehr schnell, weil an diesem Abend plötzlich mein armer Vater starb. Ich war sehr traurig und hatte so viel Arbeit mit den Vorbereitungen für das Begräbnis meines Vaters und dem Gasthaus, dass ich keine Zeit hatte, um über den Kapitän, seinen Koffer oder die anderen Piraten nachzudenken oder Angst zu haben.

Nach ein paar Tagen verließ der Kapitän sein Zimmer und kam wieder nach unten. Er setzte sich an seinen Tisch und aß sehr wenig. Aber er trank wieder so viel Rum wie vor seinem Herzinfarkt. Er wartete nicht mehr darauf, dass ich ihm den Rum brachte. Mittlerweile ging er selbst in die Küche und holte sich den Rum. Niemand im Gasthaus hatte den Mut, um ihm das zu verbieten. Am Abend des Begräbnis meines Vaters war er so betrunken, dass er im Gasthaus saß und laut seine Piratenlieder sang. Der Kapitän war sehr schwach und jeden Tag wurde er schwächer. Der Doktor hatte im Moment wenig Zeit und kam fast nie in das Gasthaus. Der alte Seemann hatte jeden Tag größere Schwierigkeiten in sein Zimmer und zurück nach unten zu kommen. Außerdem hatte er viel Gewicht verloren und war jeden Tag dünner. Manchmal öffnete er die Tür, beobachtete für ein paar Minuten das Meer und genoss die frische Meeresluft. Sein Atem war die meiste Zeit schwer und schnell, wie nach einer anstrengenden Arbeit. Er sprach fast nie und es schien, dass er in seinen eigenen Gedanken verloren war. Ich war ziemlich sicher, dass er vergessen hatte, dass er mir seine Geschichte erzählt hatte. Deshalb verlor ich Stück für Stück meine Angst und machte mir wegen dem Kapitän keine Sorgen mehr.

Eines Tages, ich glaube, es war der dritte Tag nach dem Begräbnis meines Vaters, als ich vor der Tür saß und traurig an meinen Vater dachte, sah ich einen eigenartigen Mann die Straße entlang gehen. Es war sehr kalt und das Wetter war neblig und windig. Der Mann war blind, das konnte ich deshalb erkennen, weil er einen Stock in der Hand hatte, mit dem er seinen Weg suchte. Ich konnte sein Gesicht nicht sehen, aber der Mann ging wie ein alter Mann und trug alte, schmutzige und kaputte Kleidung. Wahrscheinlich war er früher ein Seemann gewesen. Langsam näherte er sich und als er nur noch ein paar Meter von mir entfernt war, rief er:

„Mein Freund, möchtest du einem alten, blinden Mann helfen und ihm sagen, wo er ist? Ich glaube, ich habe mich verlaufen."

„Mein Herr, Sie sind hier vor dem Gasthaus „Admiral Benbow" an der nördlichen Küste."

„Ich höre eine Stimme. Die Stimme eines jungen Mannes. Gib mir deine Hand und hilf mir in das Gasthaus hinein."

Ich gab ihm meine Hand und wollte dem alten, schwachen Mann helfen, aber in diesem Moment packte der Mann meine Hand mit voller Kraft und ich bemerkte, dass er kein alter, schwacher Mann war.

„Gut, Junge", sagte der Mann, „Wo ist der Kapitän? Bring mich zu ihm!"

„Herr! Das kann ich nicht machen. Der Kapitän will keinen Besuch haben.", antwortete ich.

„Bring mich sofort zu ihm, Junge, wenn du dein Leben nicht verlieren willst. Ich warne dich, tu, was ich dir sage und mach keinen Unsinn."

„Herr, der Kapitän ist verrückt geworden! Er ist gefährlich. Er hat immer ein Messer in der Hand und sagt, dass er niemanden sehen will!"

„Beweg dich! Bring mich zu ihm und hör auf mir deine dummen Geschichten zu erzählen.", schrie der Mann mit einer kalten und hässlichen Stimme. Der Mann machte mir Angst und ich beschloss zu tun, was er von mir wollte. Ich brachte ihn in das Zimmer, wo der Kapitän vor seinem Glas Rum saß. Der alte, kranke Mann hatte wieder einmal zu viel Rum getrunken und saß betrunken am Tisch.

„Bring mich zu seinem Tisch, Junge, und wenn er mich sehen kann, dann sag ihm, dass ein Freund von ihm hier ist, um ihn zu besuchen."

Der blinde Mann machte mir so viel Angst, dass ich meine Angst vor dem Kapitän vergessen hatte. Ich brachte den blinden Mann näher an den Tisch und sagte dann mit lauter Stimme:

„Kapitän, hier ist Besuch für Sie. Ein alter Freund möchte mit Ihnen sprechen."

Der Kapitän wachte aus seinem Delirium auf und blickte zuerst mich und dann den blinden Mann an. Es schien, dass er in wenigen Sekunden nüchtern geworden war. Er versuchte aufzustehen, aber er hatte nicht die Kraft und setzte sich wieder auf seinen Stuhl.

„Bill, bleib sitzen, du musst nicht aufstehen. Ich sehe nicht, aber ich habe sehr gute Ohren und höre, wenn sich nur ein Finger bewegt. Geschäft ist Geschäft. Gib mir deine linke Hand, Bill. Junge! Nimm seine linke Hand und lege sie in meine rechte Hand."

Ich legte die Hand des Kapitäns in die Hand des blinden Mannes. Dieser legte einen kleinen Gegenstand, den ich nicht sehen konnte, in die Hand des Kapitäns und schloss sie danach.

„Sehr gut. Jetzt hat alles seine Ordnung.", sagte der blinde Mann. Dann drehte er sich um und ließ meine Hand los. Danach lief er mit einer Geschwindigkeit auf die Straße hinaus, die ich nicht erwartet hätte. Schnell entfernte er sich vom Gasthaus und ich konnte ihn nicht mehr sehen.

Der Kapitän und ich sagten für eine lange Zeit kein Wort. Der blinde Mann hatte uns sprachlos gemacht. Dann öffnete der Kapitän seine Hand und sah den Gegenstand genauer an.

„Zehn Uhr", rief er, „sechs Stunden! Nun gut, wenn sie Probleme wollen, dann sollen sie Probleme haben!" Danach stand er schnell auf.

Aber er stand keine Minute, als er sich an die Brust griff, dort wo das Herz ist, kurz vor Schmerz schrie und dann auf den Boden fiel. Ich rief sofort meine Mutter und wir versuchten ihm zu helfen, aber wir konnten nichts machen. Er hatte einen zweiten Herzinfarkt gehabt und dieses Mal war er gestorben. Obwohl ich den Kapitän nicht wirklich gemocht hatte, begann ich zu weinen. Es war der zweite tote Mensch, den ich in wenigen Tagen gesehen hatte und mein junges Herz hatte noch nicht gelernt, den Tod zu ignorieren.

Ende der Leseprobe Classics simplified for Language-Learners: „Die Schatzinsel"

Magst du die Geschichte? Du findest das Buch bei Amazon!

Leseprobe: Warum es wichtig ist, ehrlich zu sein

aus der Serie **Classics simplified for Language Learners** von Dominik Wexenberger

1. Akt

Szene

Das Frühstückszimmer von Algernons Wohnung in der Halbmond-Straße. Im Raum gibt es viele luxuriöse und kunstvolle Möbel. Man kann ein Piano hören, das in einem anderen Raum gespielt wird.

[Lane deckt den Tisch für den Tee und nachdem die Musik aufgehört hat, kommt Algernon in das Zimmer.]

Algernon: Haben Sie gehört, wie ich Klavier gespielt habe, Lane?

Lane: Ich denke, dass ich nicht zuhören sollte. Es ist nicht höflich, Herr.

Algernon: Es ist sehr schade, dass Sie so denken. Für Sie, meine ich. Ich spiele nicht perfekt – jeder kann perfekt spielen – aber ich spiele mit Herz und Gefühl. Herz und Gefühl sind meine Stärke, Perfektion ist etwas für die Wissenschaft. Und die Wissenschaft ist für das Leben und nicht für die Kunst.

Lane: Natürlich, Herr.

Algernon: Und da wir gerade von der Wissenschaft des Lebens sprechen, haben Sie die Gurkenbrote für Lady Bracknell geschnitten?

Lane: Natürlich, Herr.

Algernon: [Er sieht sich die Brote genau an, nimmt zwei und setzt sich auf das Sofa] Oh! … Fast hätte ich es vergessen. Donnerstag, das war der Tag, als Lord Shoreman und Mr. Worthing mit mir zu Abend gegessen haben, richtig? Ich habe in ihrem Buch gesehen, dass acht Flaschen Champagner an diesem Tag als 'getrunken' notiert sind.

Lane: Richtig, Herr. Acht Flaschen und ein Bier.

Algernon: Warum trinken die Angestellten in einem Single-Haushalt wie meinem so viel Champagner? Ich frage nur, weil es mich interessiert.

Lane: Ich würde sagen, dass es in Single-Haushalten den besten Champagner gibt. Ich habe schon oft gesehen, dass in Haushalten von Ehepaaren nur noch mittelmäßiger Champagner serviert wird. Richtig guten Champagner gibt es nur noch manchmal.

Algernon: Oh mein Gott! Ist das Leben als Ehepaar wirklich so traurig?

Lane: Ich glaube, dass es in Wirklichkeit ein sehr glückliches Leben ist. Ich habe persönlich sehr wenig Erfahrung und kann nicht so viel sagen. Ich war bis jetzt nur einmal verheiratet. Und diese Ehe war ein Missverständnis zwischen mir und einer jungen Person.

Algernon: [Gelangweilt] Ich glaube nicht, dass ich mich für ihr Familienleben interessiere, Lane.

Lane: Nein, Herr. Es ist auch kein interessantes Thema. Ich interessiere mich auch nicht dafür.

Algernon: Natürlich nicht. Ich kann Sie gut verstehen. Das ist alles, Lane, danke.

Lane: Danke, Herr. [Lane geht aus dem Zimmer]

Algernon: Lane hat eine wirklich eigenartige Perspektive beim Thema Ehe. Ich glaube, meine Angestellten sollten ein bisschen mehr Moral haben! Warum bezahle ich sie, wenn sie nicht einmal ein gutes Beispiel für mein eigenes Leben geben können? Wenn ich nur daran denke, dass wahrscheinlich die ganze Arbeiterklasse in diesem Land so denkt! Ich brauche Angestellte, die wissen, was ihre moralische Verantwortung ist!

[Lane kommt ins Zimmer]

Lane: Mr. Ernest Worthing.

[Jack kommt ins Zimmer]

[Lane geht aus dem Zimmer]

Algernon: Wie geht es dir, mein lieber Ernest? Was bringt dich in die Stadt?

Jack: Oh, Spaß und Vergnügen. Warum sollte ich sonst mein Haus verlassen? Ich sehe, wie immer hast du etwas zu essen in der Hand, Algy!

Algernon: [Steif] Soweit ich weiß, nimmt man sich in meiner gesellschaftlichen Klasse eine kleine Pause um 5 Uhr, isst ein bisschen und ruht sich aus. Wo warst du in den letzten Tagen?

Jack: [Setzt sich auf das Sofa] Ich bin ein bisschen aufs Land gefahren.

Algernon: Was zum Teufel macht man auf dem Land?

Jack: [Zieht seine Handschuhe aus] Wenn man in der Stadt ist, hat man Spaß. Wenn man auf dem Land ist, ist man der Spaß für die anderen Leute. Es ist ziemlich langweilig.

Algernon: Und wer sind die Leute, für die du der Spaß bist?

Jack: [Entspannt] Oh, Nachbarn, Nachbarn.

Algernon: Hast du nette Nachbarn in deinem Teil vom Shropshire?

Jack: Sie sind absolut schrecklich! Ich spreche nie mit ihnen.

Algernon: Ich bin mir sicher, dass du ein riesen Spaß für diese Leute bist. [Er geht zum Tisch und nimmt ein Gurkenbrot] Übrigens, Shropshire ist deine Gegend, oder?

Jack: Hm? Shropshire? Ja, natürlich. Warum stehen so viele Tassen auf dem Tisch? Und Gurkenbrote? Gibt es einen besonderen Grund? Welche Verschwendung! Wer kommt zum Tee?

Algernon: Oh! Niemand Besonderes. Nur Tante Augusta und Gwendolen.

Jack: Großartig!

Algernon: Ja, das ist alles schön und gut. Aber ich fürchte, dass sich Tante Augusta nicht wirklich freuen wird, wenn sie dich hier sieht.

Jack: Darf ich fragen, warum?

Algernon: Mein lieber Freund, so wie du mit Gwendolen flirtest, brauchst du nicht auch noch zu fragen, warum meine Tante dich nicht mehr sehen will. Sogar ich kann diese unmoralische Flirterei nicht mehr sehen! Es ist fast so schlimm, wie wenn Gwendolen mit dir flirtet!

Jack: Ich liebe Gwendolen. Ich bin in die Stadt gekommen, weil ich sie fragen will, ob sie meine Frau werden will.

Algernon: Ich dachte, dass du für Spaß und Vergnügen hier bist? … Ich würde dazu Geschäft sagen.

Jack: [Ironisch] Wie unglaublich romantisch du bist!

Algernon: Ich kann nicht wirklich etwas Romantisches darin sehen, eine Frau um ihre Hand zu bitten. Es ist sehr romantisch verliebt zu sein. Aber es ist auf keinen Fall romantisch, wenn man eine Frau heiraten will. Warum? Weil es passieren könnte, dass die Frau akzeptiert. Normalerweise passiert das auch, glaube ich. Und dann? Dann ist Schluss mit der Romantik. Romantik braucht das Risiko, die Angst zu verlieren, die Unsicherheit. Sollte ich in meinem Leben auf die Idee kommen zu heiraten, werde ich nach der Hochzeit vergessen, dass ich verheiratet bin.

Jack: Ich habe keine Zweifel daran, lieber Algy. Die Scheidungsgerichte wurden für Leute erfunden, die diesen besonderen Typ von Vergesslichkeit nach ihrer Hochzeit entwickeln.

Algernon: Nun, ich denke, dass wir nicht über dieses Thema spekulieren müssen. Scheidungen sind im Himmel erfunden worden – [Jack versucht nach einem Gurkenbrot zu greifen, aber Algernon schlägt auf seine Hand] – Bitte, lass die Gurkenbrote wo sie sind. Ich habe sie speziell für Tante Augusta machen lassen. [Er nimmt ein Brot und isst es]

Jack: Aber du isst doch schon die ganze Zeit!

Algernon: Nun, du kannst das doch nicht vergleichen. Sie ist meine Tante. [Er nimmt einen Teller von unten] Hier, iss ein bisschen Brot mit Butter. Das Brot und die Butter sind für Gwendolen. Gwendolen liebt Brot und Butter.

Jack: [Geht zum Tisch und nimmt sich ein Brot] Ich muss sagen, das Brot und die Butter sind hervorragend!

Algernon: Nun, mein lieber Freund, es gibt keinen Grund so schnell oder so viel davon zu essen. Du verhältst dich, als ob du schon mit ihr verheiratet wärest. Hör genau zu: Du bist nicht mit ihr verheiratet und du wirst es wahrscheinlich nie sein, wenn du meine Meinung wissen willst.

Jack: Warum zum Teufel sagst du das?

Algernon: Das ist ganz einfach. Erstens heiraten Mädchen niemals den Mann, mit dem sie flirten. Die Mädchen denken, dass dieser Mann nicht der Richtige für sie ist.

Jack: Was für ein Unsinn!

Algernon: Es ist kein Unsinn. Es ist die Wahrheit. Hast du dich nie gefragt, warum es so viele männliche Singles in der Gegend gibt? Und zweitens muss ich dir sagen, dass ich dir nicht meine Erlaubnis gebe.

Jack: Deine Erlaubnis!

Algernon: Mein lieber Freund, Gwendolen ist meine Cousine. Und bevor ich dir erlauben kann, meine geliebte Cousine zu heiraten, musst du erst einmal dein Leben aufräumen. Ich denke da an die Geschichte mit Cecily. [Er klingelt]

Jack: Cecily! Was zum Teufel meinst du? Was willst du damit sagen? Ich kenne niemanden mit dem Namen Cecily.

[Lane kommt ins Zimmer]

Algernon: Bringen Sie mir das Zigarettenetui, welches Mr. Worthing das letzte Mal, als er hier zu Abend gegessen hat, im Raucherzimmer vergessen hat.

Lane: Natürlich, Herr. [Lane verlässt das Zimmer]

Jack: Willst du damit sagen, dass du mein Zigarettenetui die ganze Zeit hattest? Warum hast du nichts gesagt? Ich habe es schon verzweifelt gesucht und sogar Briefe an Scotland Yard geschrieben, damit sie mir helfen, es zu suchen. Ich wollte dem ehrlichen Finder viel Geld bezahlen.

Algernon: Das ist eine hervorragende Idee! Gib dem ehrlichen Finder eine ordentliche Summe Geld. Im Moment kann ich ein bisschen Geld extra gut gebrauchen.

Jack: Da das Zigarettenetui schon gefunden wurde oder besser gesagt, niemals verloren wurde, da ich es hier vergessen habe, gibt es auch kein Geld für den Finder.

[Lane kommt zurück in das Zimmer mit dem Zigarettenetui. Algernon nimmt es sofort in die Hand. Lane verlässt das Zimmer wieder]

Algernon: Ich denke, dass das nicht gerecht von dir ist, Ernest. Das hätte ich nicht von dir erwartet. [Er öffnet das Etui und untersucht es genau] Nun gut, egal, es spielt auch keine Rolle. Nachdem ich mir das Etui gerade genauer angesehen habe, habe ich zufällig bemerkt, dass da ein anderer Name geschrieben steht. Es kann also nicht dein Etui sein, sondern es gehört einem anderen Mann.

Jack: Natürlich ist es mein Etui. [Er nähert sich Algernon] Du hast mich viele Male mit ihm gesehen und du hast kein Recht, es zu öffnen und zu lesen, was in ihm geschrieben steht. Hättest du auch nur ein bisschen Klasse, würdest du keine privaten Zigarettenetuis lesen.

Algernon: Oh! Es ist absurd Regeln zu haben, die einem sagen, was man lesen und nicht lesen darf. Mehr als die Hälfte unserer modernen Kultur hängt davon ab, was man nicht lesen sollte.

Jack: Ich weiß das, mach dir keine Sorgen. Aber ich will jetzt nicht mit dir über moderne Kultur diskutieren. Es ist nicht wirklich ein Thema, über das ich mit dir alleine sprechen muss. Ich will nur mein Zigarettenetui zurück.

Algernon: Ja, ich verstehe das. Aber das ist nicht dein Zigarettenetui. Es tut mir leid. Dieses Etui ist ein Geschenk von einer Person mit dem Namen Cecily und du hast gesagt, dass du niemanden mit diesem Namen kennst.

Jack: Nun, wenn du es wirklich wissen willst, Cecily ist meine Tante. Zufrieden?

Algernon: Deine Tante!

Jack: Ja. Eine wundervolle und sympathische, alte Dame. Sie lebt in Tunbrigde Wells. Gib es mir einfach zurück, Algy.

Algernon: [Versucht sich ein bisschen von Jack zu entfernen] Aber warum nennt sie sich 'kleine Cecily', wenn sie deine Tante ist und in Tunbridge Wells lebt? [Er liest] 'Von deiner kleinen Cecily mit Liebe'.

Jack: [Geht zu Algernon und fällt vor ihm auf die Knie] Mein lieber Freund, was ist dein Problem mit diesem Thema? Manche Tanten sind groß und manche Tanten sind klein. Das ist ein Thema, das meine Tante für sich selbst entscheiden sollte. Es ist ihre Sache, ob sie groß oder klein sein will. Du scheinst zu denken, dass jede Tante exakt genauso groß sein muss wie deine Tante! Das ist absurd! Um Himmels Willen, gib mir mein Zigarettenetui zurück! [Er verfolgt Algernon im Raum]

Algernon: Ja. Aber warum nennt dich deine Tante Onkel? 'Von deiner kleinen Cecily mit Liebe für meinen Onkel Jack'. Ich habe kein Problem mit deiner kleinen Tante, absolut nicht, aber warum eine Tante – egal wie groß oder klein sie ist – ihren eigenen Neffen Onkel nennt, das kann ich nicht verstehen. Außerdem heißt du Ernest und nicht Jack, soweit ich weiß.

Jack: Mein Name ist nicht Ernest. Ich heiße Jack.

Algernon: Du hast mir immer gesagt, dass dein Name Ernest ist. Ich habe dich allen meinen Freunden als Ernest vorgestellt. Du antwortest, wenn jemand Ernest zu dir sagt. Du sieht aus wie jemand, der Ernest heißt. Ich habe mein ganzes Leben niemanden kennen gelernt, zu dem der Name Ernest so perfekt gepasst hat, wie zu dir. Es ist absolut absurd, wenn du sagst, dass dein Name nicht Ernest ist. Auf deiner Karte steht Ernest. Hier hast du eine. [Er nimmt eine Karte und beginnt zu lesen] 'Mr. Ernest Worthing, B. 4, The Albany.' Ich werde diese Karte gut aufbewahren, damit ich dich daran erinnern kann, dass du Ernest heißt, falls du es wieder vergessen solltest. [Er steckt die Karte in seine Tasche]

Jack: Nun, mein Name ist Ernest, wenn ich in der Stadt bin und Jack, wenn ich auf dem Land bin. Und das Zigarettenetui wurde mir geschenkt, als ich auf dem Land war.

Algernon: Ja, schön und gut, aber das ändert nicht das Problem mit deiner kleinen Tante Cecily, die dich mein lieber Onkel nennt. Raus mit der Sprache! Hör auf mit den Geschichten und erzähl mir etwas, das ich dir auch glauben kann, mein alter Freund.

Jack: Mein lieber Algy, du sprichst genauso wie mein Zahnarzt. Und man sollte nicht wie ein Zahnarzt sprechen, wenn man kein Zahnarzt ist. Man bekommt einen falschen Eindruck.

Algernon: Ich spreche wie ein Zahnarzt, wenn ich Lust habe wie ein Zahnarzt zu sprechen. Und jetzt, raus mit der Sprache! Erzähl mir die ganze Geschichte. Ich habe schon immer vermutet, dass du eigentlich ein versteckter Bunburist bist. Und wenn ich ehrlich bin: Jetzt bin ich fast sicher.

Jack: Bunburist? Was zum Teufel ist ein Bunburist?

Algernon: Ich werde es dir gleich erzählen. Aber zuerst will ich wissen, warum du Ernest in der Stadt und Jack auf dem Land bist. Sei so freundlich und lass mich nicht länger warten, in Ordnung?

Jack: Nun gut, aber zuerst brauche ich eine Zigarette.

Algernon: Hier hast du eine. [Er gibt ihm eine Zigarette] Und nun, lass mich deine Geschichte hören. Und ich hoffe, dass diese Geschichte außergewöhnlich ist.

Jack: Mein lieber Freund, meine Geschichte ist absolut nicht außergewöhnlich, sondern eigentlich ziemlich gewöhnlich. Der alte Mr. Thomas Cardew, der Mann, der mich adoptiert hat, als ich ein kleiner Junge war, hat mich in seinem Testament zum Verantwortlichen für seine Enkelin gemacht. Ihr Name ist Miss Cecily Cardew. Cecily sagt zu mir Onkel und sie macht das aus Respekt vor mir, aber wahrscheinlich verstehst du nicht viel von Respekt. Sie lebt in meinem Haus auf dem Land und wird von einer wundervollen Dame unterrichtet, Miss Prism.

Algernon: Wenn wir gerade darüber sprechen… Wo ist dieses Haus auf dem Land genau?

Jack: Ich denke nicht, dass du das wissen musst. Ich werde dich sicher nicht einladen… Das Haus ist nicht in Shropshire, so viel kann ich dir sagen.

Algernon: Das habe ich mir schon gedacht, mein lieber Freund! Ich habe schon zwei Mal in ganz Shropshire einen Bunbury-Ausflug gemacht. Und jetzt erzähl weiter. Warum bist du Ernest in der Stadt und Jack auf dem Land?

Ende der Leseprobe Classics simplified for Language-Learners: „Warum es wichtig ist, ehrlich zu sein"

Magst du die Geschichte? Du findest das Buch bei Amazon!

Musik

Text 1

Es gibt viele verschiedene Arten von Musik. Ich höre gerne elektronische Musik. Bei dieser Musikrichtung wird Musik am Computer produziert. Sie hat starke Bässe und ist sehr melodisch. Am liebsten höre ich sie zum Tanzen in der Disko. Aber ich hör sie auch zum Arbeiten gerne. Aber dann nicht so hart, sondern eher sanft und entspannend. Die Musik erzeugt dann einen schönen Rhythmus zum Schreiben und zum Denken. Hiphop gefällt mir auch sehr gut. Hiphop-Musik hat viel Energie. Ich höre sie gerne zum Trainieren oder zum Joggen. Genauso wie Rock-Musik. Das hilft mir, mich motivierter zu fühlen. Musik transportiert Energie und die aggressive Energie von Hiphop oder Rock ist perfekt, um mich richtig motiviert zu fühlen. Und zum Entspannen höre ich gerne Jazz. Das ist die perfekte Musik zum Augenschließen und Träumen. Was hörst du zum Entspannen? Welche Musik hilft dir, dich zu motivieren? Und welche Musik bringt dich zum Tanzen?

Text 2

Der Mensch macht schon sehr lange Musik. Die ältesten Instrumente, die man gefunden hat, sind 35000 Jahre alt. Es sind Flöten, die aus Knochen gemacht wurden. Man glaubt aber, dass Musik noch viel älter ist. Warum der Mensch angefangen hat Musik zu machen, weiß man aber nicht. Seit Jahrtausenden benutzen verschiedene Völker Musik in ihren religiösen Ritualen. Sie benutzen Trommeln, Gesang und Tanz, um Geister und Götter zu beschwören und sie um Hilfe zu bitten. Das bekannteste Ritual ist wohl der Regentanz der Indianer. Aber natürlich gibt es viele andere Rituale, die verschiedene Zwecke haben. Ab dem Mittelalter wurde Musik in vielen Kulturen zu dem, was wir heute kennen. Es entstand der Beruf des Komponisten und Musikstücke wurden Kunst. Der Komponist wollte in der Musik seine Ideen ausdrücken und eine Nachricht für die Hörer schaffen. Natürlich ist nicht alle Musik Kunst. Viele Musikstücke sind nicht so einzigartig, wie dies Kunst eigentlich sein sollte. Für viele Menschen ist Musik Unterhaltung. Sie hören Musik zum Arbeiten, zum Sport machen, zum Entspannen oder zum Tanzen. Sie genießen den Rhythmus, die Emotionen und die Energie, die Musik in ihrem Alltag erzeugt.

Text 3

Ein Musikinstrument ist ein Gegenstand, der gebaut wurde, um Musik zu machen. Theoretisch kann jeder Gegenstand, der Töne produzieren kann als Instrument benutzt werden. Manche Leute sagen auch, dass die menschliche Stimme ein Instrument ist. Es gibt verschiedene Arten oder Kategorien von Musikinstrumenten. Man unterscheidet sie durch die Art, wie sie benutzt werden. Es gibt zum Beispiel die Blasinstrumente. Blasinstrumente sind Instrumente wie das Saxophon, die Trompete oder die Flöte. Man bläst Luft in sie hinein und das erzeugt einen Ton. Das ist der Grund, warum sie Blasinstrumente heißen. Die Art der Benutzung ist das Blasen. Weiterhin gibt es die Schlaginstrumente. Schlaginstrumente sind zum Beispiel Trommeln oder auch das Xylophon. Man schlägt auf das Instrument und erzeugt eine Schwingung, entweder in der Luft innen im Instrument oder im Körper des Instruments. Darum heißen die Instrumente Schlaginstrumente. Die Art der Nutzung ist das Schlagen. Eine andere Kategorie der Instrumente sind die Streichinstrumente. Die Geige ist ein Streichinstrument. Sie hat Saiten, die man mit einem Bogen streicht. Durch das Streichen schwingt die Saite und das erzeugt einen Ton. Die Art der Benutzung ist das Streichen. Eine andere Art Instrumente sind die Tasteninstrumente. Ein Klavier oder ein Akkordeon haben viele Tasten, die man mit den Fingern drückt. Im Instrument ist ein Mechanismus, der den Ton erzeugt. Der Mechanismus ist von Instrument zu Instrument verschieden. In der letzten Kategorie sind die Zupfinstrumente. Die Gitarre und die Harfe sind zum Beispiel Zupfinstrumente. Man zupft kurz an einer Saite und die Saite beginnt zu schwingen. Das ist ähnlich wie bei den Streichinstrumenten, nur streicht man nicht die Saiten, sondern man zupft sie.

Text 4

Thomas singt in einem Chor und spielt in einem Orchester. Er hat eine gute Stimme und ein gutes Rhythmusgefühl. Im Orchester spielt er Gitarre. Er spielt schon seit seiner Kindheit. Er übt jede Woche ein paar Stunden und nimmt Klassen in einer Musikschule. Später möchte er in einer erfolgreichen Band spielen und viele Konzerte geben. Sein Orchester gibt auch Konzerte und nimmt sogar CDs im Studio auf. Aber Thomas will später seine eigene Musik komponieren und seine eigenen Texte schreiben. Darum übt er jeden Tag fleißig Gitarre, trainiert seine Stimme, komponiert Melodien und schreibt Texte für seine Lieder. Vielleicht kannst du bald eine CD von Thomas kaufen!

Soziale Klassen

Text 1

In einer Gesellschaft gibt es verschiedene Klassen. Es gibt eine Unterklasse, eine Mittelklasse und eine Oberklasse. Die Menschen in der Unterklasse haben wenig Geld und wohnen in schlechten Gegenden. Sie haben oft keine oder nur eine schlechte Ausbildung. Sie haben eine schlecht bezahlte Arbeit oder sind arbeitslos. Wenn sie Arbeit haben, dann verdienen sie nur wenig. Sie können kaum Geld sparen und das Geld reicht meistens nur zum Überleben. Sie können sich oft kein neues Auto oder Urlaub leisten. Wenn sie keine Arbeit haben, bekommen sie in Deutschland Arbeitslosengeld. Das bedeutet, dass der Staat der Person Geld gibt, um die Miete und sein Essen zu bezahlen. Arbeitslos zu sein ist nicht schön. Man kann nicht mehr am gesellschaftlichen Leben teilnehmen und die Menschen in den höheren Klassen glauben, dass man faul ist und keine Lust zum Arbeiten hat. Kinder in dieser Klasse haben es sehr schwer und gehen oft den gleichen Weg wie ihre Eltern. Es ist ein Kreislauf, aus dem man nur schwer heraus kommt.

In der Mittelklasse ist das Leben besser als in der Unterklasse. Die Menschen haben eine gute Ausbildung gemacht oder haben sogar studiert. Sie verdienen mehr als sie zum Leben brauchen und können Geld sparen. Sie können in Urlaub fahren und sie können sich viele Dinge kaufen. Viele sparen über viele Jahre und kaufen sich ein eigenes Haus. Oft haben sie auch mindestens ein Auto, häufig sogar zwei. Die Menschen in der Mittelklasse haben eine Arbeit, mit der sie genug Geld verdienen. Sie können am gesellschaftlichen Leben teilnehmen. Das heißt sie haben Geld, um ins Kino zu gehen oder um manchmal im Restaurant zu Abend zu essen. Sie können sich regelmäßig neue Kleidung leisten und haben Hobbies für die man Geld ausgeben muss, zum Beispiel Tennis oder Skifahren. Die Mittelklasse in Deutschland ist sehr breit und den Menschen geht es gut. Sie sind zufrieden und glücklich und genießen ihr Leben. Die Kinder in dieser Klasse bekommen eine gute Schulbildung und haben später gute Chancen eine gute Arbeit zu finden und in der gleichen Klasse wie ihre Eltern zu leben.

In der Oberklasse haben die Menschen viel Geld, viel mehr als sie brauchen. Natürlich ist das Leben auch teurer, schließlich haben diese Menschen einen gewissen Lebensstandart. Aber generell müssen sie sich wenig Sorgen machen, denn die meisten Probleme lassen sich schließlich mit Geld lösen.

Text 2

Ich heiße Kevin und meine Familie ist arm. Ich bin 14 Jahre alt und gehe noch in die Schule. Meine Eltern sind geschieden. Ich weiß nicht, wo mein Vater lebt. Er hat uns vor ein paar Jahren verlassen. Ich bin eines Morgens aufgewacht und er war nicht mehr da. Er hatte nicht einmal einen Abschiedsbrief geschrieben und er hatte auch keine Adresse oder Telefonnummer hinterlassen. Ich war sehr traurig. Eigentlich bin ich immer noch sehr traurig. Ich vermisse meinen Vater. Ich bin auch wütend, weil er uns verlassen hat. Ich verstehe, dass er meine Mutter nicht mehr geliebt hat und nicht mehr mit ihr zusammen sein wollte. Aber liebt er mich auch nicht mehr? Ich frage mich das sehr oft. Was habe ich falsch gemacht? Ich habe die Situation akzeptiert. Jetzt gibt es nur noch meine Mutter und mich. Wir sind arm. Wir wohnen in einer kleinen Wohnung in einer sehr schlechten Gegend. Es ist sehr schmutzig und die Häuser sind nicht sehr schön, viele Fenster sind kaputt, die Wände sind voll mit Graphiti. Niemand hier hat Geld und niemand interessiert sich für das Aussehen der Häuser. Nachts ist es gefährlich auf der Straße zu sein. Wenn es dunkel wird, muss ich zu Hause sein. Meine Mutter hat Angst, dass mir etwas passiert. Es gibt viele Menschen hier, die die Hoffnung auf ein besseres Leben aufgegeben haben. Sie sehen ihre Zukunft nicht mehr. Sie trinken viel Alkohol oder nehmen Drogen. Vielleicht sieht ihre Situation dann fröhlicher aus. Ich weiß es nicht. Meine Mutter trinkt auch. Aber nur, wenn ich nicht zu Hause bin oder schon schlafe. Sie will nicht, dass ich es sehe. Sie schämt sich. Trotzdem weiß ich es. Aber ich kann ihr nicht helfen. Ich bin sehr fleißig in der Schule. Ich glaube noch, dass ich eine Zukunft habe. Aber es gibt viele Probleme in der Schule. Nicht alle Jugendlichen in der Schule glauben an ihre Zukunft. Sie sind wütend und frustriert. Sie sind der Meinung, dass sie keine Chance haben und es egal ist, ob sie fleißig oder faul sind. Sie denken, dass sie das gleiche Leben wie ihre Eltern erwartet. Arm, wütend, frustriert, verzweifelt. Aber ich will nicht arm, wütend, frustriert und verzweifelt leben. Ich habe noch Hoffnung. Ich will später eine Familie haben, eine sympathische Frau, ein glückliches Leben und fröhliche Kinder. Ich weiß, dass es schwer werden wird. Wenn ich in der Stadt bin sehe ich oft die Kinder, die ein besseres Leben haben als ich. Kinder, die nicht arm sind. Kinder, die lachen und spielen. Kinder mit fröhlichen und glücklichen Eltern. Eines Tages werde ich auch so ein Leben haben. Ich muss nur fleißig sein und darf die Hoffnung nicht aufgeben.

Gefühle

Text 1

Der Mensch ist ein emotionales Wesen. Er fühlt, zeigt, kommuniziert und erklärt seine Gefühle. Oft können wir sogar sehen wie ein Mensch sich fühlt. In seinem Gesicht zeigen sich oft die Gefühle, die der Mensch gerade empfindet. Warum schaut das Mädchen so wütend aus? Das Mädchen sieht so wütend aus, weil ihr Bruder sie geschlagen hat. Ein Bruder sollte nicht seine Schwester schlagen. Warum sieht das Mädchen so enttäuscht aus? Das Mädchen sieht so enttäuscht aus, weil jemand ihren Lolli geklaut hat. Sie ist traurig. Und warum sieht das Mädchen so fröhlich aus? Das Mädchen sieht so fröhlich aus, weil sie beim Volleyball gewonnen hat. Sie ist glücklich. Sie freut sich, dass ihre Mannschaft gewonnen hat. Und warum sieht das Mädchen so grimmig aus? Das Mädchen sieht so grimmig aus, weil sie ein Pferd wollte, aber ihre Eltern ihr keins kaufen. Sie kann nicht verstehen, dass in ihrem Kinderzimmer kein Platz für ein Pony ist. Und warum sieht der Junge so zufrieden aus? Der Junge sieht so zufrieden aus, weil er gerade ein Eis gegessen hat. Es war sein Lieblingseis mit Erdbeer- und Schokoladengeschmack. Und warum sieht das Mädchen so fragend aus? Das Mädchen sieht so fragend aus, weil sie eine Frage hat. Sie versteht ein Problem nicht und versucht die Lösung zu finden.

Text 2

Warum ist das Mädchen überrascht? Das Mädchen ist überrascht, weil es ein tolles Bild gesehen hat. Das Bild hat ihr Freund gemalt. Sie wusste nicht, dass er so gut malen kann. Warum sieht der Junge so krank aus? Er sieht krank aus, weil er sich erkältet hat. Er hat gestern zu lange im Regen gespielt und jetzt hat er eine Grippe. Warum schaut der Junge so skeptisch? Er glaubt nicht, was er gerade in seinem Buch gelesen hat. Es scheint nicht logisch zu sein. Und warum sieht das Mädchen so müde aus? Das Mädchen sieht so müde aus, weil sie letzte Nacht sehr schlecht geschlafen hat. Sie hatte Albträume und ist immer wieder aufgewacht. Und warum sieht das Mädchen so schüchtern aus? Das Mädchen sieht so schüchtern aus, weil sie einen netten Jungen getroffen hat. Sie findet ihn sehr süß und weiß nicht, was sie ihm sagen soll. Und warum sieht dieses Mädchen so erschrocken aus? Das Mädchen sieht so erschrocken aus, weil sie einen Geist gesehen hat.

Text 3

Wie sieht der Junge aus? Der Junge sieht sehr zufrieden aus. Warum sieht der Junge so zufrieden aus? Weil ihm jemand ein Geschenk gemacht hat. Das Geschenk gefällt ihm und er ist zufrieden. Das Mädchen sieht sehr fragend aus. Sie sieht aus als hätte sie eine Frage. Warum hat sie eine Frage? Wahrscheinlich weil sie etwas nicht verstanden hat. Sie sucht nach einer Antwort. Das Mädchen sieht sehr grimmig aus. Warum ist sie grimmig? Weil ihre Eltern wollten ihren Wunsch nicht erfüllen. Das kann sie nicht verstehen. Vielleicht ändern die Eltern noch ihre Meinung. Das Mädchen sieht sehr fröhlich aus. Warum sieht sie so fröhlich aus? Weil sie in der Schule bei einem Wettbewerb gewonnen hat. Sie hat einen Preis gewonnen und darf eine Woche nach Frankreich reisen. Und das Mädchen hier sieht sehr enttäuscht aus. Warum sieht sie enttäuscht aus? Sie hat bei einem Spiel verloren. Und sie mag es nicht, wenn sie verliert. Sie hätte lieber das Spiel gewonnen. Und dieses Mädchen sieht sehr frech aus. Sie ist ein sehr freches Mädchen. Warum? Sie macht viel Unsinn und viele Dummheiten. Sie ärgert immer ihre Eltern.

Text 4

Wie sieht der Junge aus? Der Junge sieht skeptisch aus. Warum? Sein Papa hat ihm etwas erklärt und er glaubt, dass sein Papa eigentlich keine Ahnung hat. Wie sieht das Mädchen aus? Das Mädchen sieht schüchtern aus. Warum? Weil sie einen süßen Jungen gesehen hat. Sie möchte mit ihm sprechen, aber sie weiß nicht, was sie sagen soll. Vielleicht will der Junge gar nicht mit ihr reden. Und dieses Mädchen sieht krank aus. Warum? Ich glaube das Mädchen ist erkältet. Es hat Fieber, Husten und Schnupfen. Das Mädchen sollte zum Doktor gehen. Es braucht Medikamente. Und dieses Mädchen? Dieses Mädchen sieht erschrocken aus. Sie hat sich erschrocken, weil sie einen Geist gesehen hat. Jetzt versteckt sie sich unter ihrer Bettdecke. Und dieser Junge? Dieser Junge sieht sehr müde aus, weil er die letzte Nacht nicht gut geschlafen hat. Er hat heute eine Prüfung und hatte keine Lust zu lernen. Jetzt hat er Angst, dass er eine schlechte Note bekommt. Und dieses Mädchen sieht überrascht aus. Warum ist sie überrascht? Ihr Vater hat ihr einen Hund geschenkt. Das ist eine tolle Überraschung und sie freut sich sehr.

Tiere und ihre Lebensräume

Text 1

Der Eisbär lebt in der Arktis. In der Arktis gibt es viel Eis und Schnee. Er hat ein dickes Fell und eine dicke Fettschicht, um sich vor der Kälte zu schützen. Die Fettschicht ist bis zu 10 Zentimeter dick! Eisbären können unter extremen Bedingungen überleben. Die Temperaturen in der Arktis sind sehr kalt, es fällt viel Schnee und es wehen eisige Winde. Die Evolution hat dem Eisbär die Fähigkeit gegeben, in diesem schwierigen Klima zu überleben. Er wird bis zu 3,40 Meter groß und wiegt bis zu 800 Kilogramm. Im Durchschnitt wird er aber nur 2,60 Meter groß und wiegt ungefähr 500 Kilogramm. Er wird zwischen 25 und 30 Jahren alt. Er ernährt sich von Robben. Er wartet an Löchern, die im Eis entstehen. Die Löcher entstehen durch den Wind und die Meeresströmung. Die Robben schwimmen hier an die Oberfläche, um zu atmen. In diesem Moment fängt der Eisbär seine Beute und tötet sie. Eisbären leben alleine. Nur die Mütter leben eine Zeit lang mit ihren Kindern zusammen. Durch den Klimawandel ist der Eisbär bedroht. Es gibt immer weniger Eis an den Polen und das bedroht den Lebensraum der Bären. Er gehört zu den bedrohten Arten. Man schätzt, dass er möglicherweise am Ende des Jahrhunderts ausgestorben sein wird.

Text 2

Der Fuchs ist ein sehr interessantes Tier, das in vielen verschiedenen Klimazonen überleben kann. Für viele Menschen ist der typische Fuchs rot und lebt im Wald. Es gibt aber viele verschiedene Arten, die sowohl im Wald, als auch im Eis, als auch in der Wüste leben. Füchse sind dem Hund ähnlich, aber sie zählen als eigene Art. Die bekannteste Art ist der Rotfuchs. Es gibt sie sowohl in sehr kalten Gebieten, als auch in tropischen Gebieten. Auch lebt er heute in viele Städten. Er versteckt sich am Tag und in der Nacht sucht er seine Nahrung. Füchse werden so groß wie ein kleiner Hund, 60 bis 70 cm. Sie fressen fast alles, was sie finden können: Früchte, Insekten wie Käfer und Regenwürmer, kleine Säugetiere wie Ratten und Mäuse, Essensreste. Ein Fuchs in freier Natur wird bis zu 10 Jahre alt. Füchse leben sowohl alleine, als auch in Gruppen. In Gruppen zeigen sie ein komplexes Sozialverhalten. In vielen Ländern wird der Fuchs gejagt. Es ist ein Sport für manche Menschen. Die Jagd von Füchsen ist sehr kontrovers und deshalb gibt es immer wieder Auseinandersetzungen zwischen Jägern und Tierschützern. Der

Fuchs wird auch für die Fellproduktion gezüchtet. Allerdings ist das Tragen von Pelzen heute nicht mehr sehr populär und viele Menschen in der Gesellschaft sind gegen das Tragen von Pelzen. Der Fuchs spielt auch eine sehr wichtige Rolle in der Mythologie. Es gibt viele Geschichten, Märchen und Fabeln, die den Fuchs mal schlecht, mal gut, mal dumm und mal schlau darstellen.

Text 3

In Afrika, in Lateinamerika und in Asien gibt es viele interessante Raubkatzen, zum Beispiel Löwen, Tiger, Leoparden und Jaguare. Sie sind viel größer als die Katzen, die der Mensch in seiner Wohnung als Haustier hat. Der Tiger ist die größte Katzenart und der Löwe die zweitgrößte. Der Löwe wird bis zu 2,50 Meter lang und wiegt bis zu 190 Kilogramm. Löwen haben ein kurzes, sandfarbenes Fell. Männliche Löwen haben außerdem eine Mähne. Das sind die langen Haare, die er um seinen Kopf herum hat. Eine lange Mähne ist ein Zeichen dafür, dass der Löwe gesund und gut ernährt ist. Löwen leben in Afrika und in Asien. Früher lebte der Löwe auch in Europa. Dort ist er heute ausgestorben. Der Löwe ist eine bedrohte Tierart. Er ist durch Krankheiten und durch den Menschen bedroht. Der Mensch zerstört seinen Lebensraum und jagt ihn zum Beispiel wegen seinem Fell. Viele Katzen leben alleine und sind Einzelgänger, aber der Löwe lebt in Familien. Die Familien nennt man Rudel. In einem Rudel gibt es einen Chef. Die männlichen Löwen müssen gegeneinander kämpfen, um Chef zu werden. Die Löwen jagen in der Nacht und können sehr große Tiere töten, weil sie in der Gruppe jagen. Zum Beispiel können sie junge Elefanten, Giraffen und Nilpferde töten. Aber sie jagen auch Zebras, Antilopen und Gazellen. Der Löwe ist eine wichtige Figur in der afrikanischen Mythologie. Ein sehr bekanntes Beispiel ist zum Beispiel der Kopf der legendären Sphinx in Gizeh in Ägypten.

Text 4

Papageien sind Vögel. Sehr bunte Vögel. Sie leben in Freiheit auf allen Kontinenten außer Europa. In Europa findet man sie als Haustiere. Papageien können sehr gut klettern. Und natürlich können sie fliegen. Sie leben in Schwärmen. Ein Schwarm kann aus einer riesigen Anzahl von Tieren bestehen. Papageien sind soziale Tiere. Sie brauchen Gesellschaft. Man sollte sie deshalb nicht alleine lassen, sondern immer mit einem Partner zusammen halten. Papageien bauen Nester. In ihnen legen sie ihre Eier und brüten sie aus. Sie ernähren sich von verschiedenen Dingen. Ihre Schnäbel sind perfekt, um harte Nüsse und Samen zu öffnen. Auch lieben sie reife Früchte und Beeren. Sie mögen auch Blüten, Baumrinde und Wurzeln. Papageien zählen zu den intelligentesten Vogelarten. Sie haben ein gutes Gedächtnis und können sprechen lernen. Sie können sich viele verschiedene Wörter merken. Sie wiederholen nicht nur Wörter, sondern sie wissen auch, wann und in welchem Kontext das Wort benutzt wird. Eine große Anzahl der Papageienarten ist bedroht. 50% Prozent der wunderschönen Vögel sind bedroht und 25% sind sogar sehr stark bedroht. Der Mensch zerstört ihren Lebensraum und bedroht die Tiere auch durch den Handel und Verkauf.

Text 5

Affen sind die Tierart, die uns biologisch am nächsten ist. Der Mensch stammt vom Affen ab, sagt man. Es ist faszinierend für Menschen, Affen zu beobachten. Besonders Menschenaffen üben eine spezielle Faszination aus. Ihr Lebensraum beschränkt sich heute auf Südostasien und Afrika. Es gibt verschiedene Arten, zum Beispiel Orang-Utans, Schimpansen und Gorillas. Orang-Utans haben ein rötliches Fell, Schimpansen und Gorillas haben ein schwarzes Fell. Ihr Gewicht reicht von 25 kg bis 200 kg bei Gorillas. Affen leben entweder am Boden, oder auf Bäumen. Affen sind tagaktiv und schlafen nachts. Sie bauen sich jede Nacht ein Nest, das sie als Bett benutzen. Auch machen sie gerne einen Mittagsschlaf. Orang-Utans leben alleine und sind Einzelgänger, aber Schimpansen und Gorillas leben in Familien. Menschenaffen sind sehr intelligent und haben deshalb ein sehr komplexes Sozialleben. Sie haben auch ein gutes Gedächtnis und können sich an Ereignisse aus der Vergangenheit erinnern. Hauptsächlich ernähren sich Menschenaffen von Früchten und Blättern, sie können aber auch Fleisch essen und verdauen. Menschenaffen werden für die Forschung benutzt, weil sie dem Menschen so ähnlich sind. Das ist aber ein sehr kontroverses Thema und in vielen Ländern, zum Beispiel in Österreich, Holland, Japan und Großbritannien, sind Versuche mit Menschenaffen verboten. Alle Menschenaffenarten sind bedroht, weil der Mensch ihre Lebensräume zerstört. Auch werden sie gejagt, um ihr Fleisch zu essen oder sie als Haustiere zu halten. Dies ist allerdings durch den Vertrag von Washington zum Schutz bedrohter Arten illegal und verboten.

Wichtigkeit von Sprache

Text 1

Sprachen lernen ist wichtig, das sagen schon die Eltern zu ihren kleinen Kindern. Wenn der Sohn oder die Tochter mit einer schlechten Note von der Schule nach Hause kommen, erwartet sie oft der gleiche Satz: „Sprachen sind wichtig für deine Zukunft. Wenn du nicht gut Englisch sprichst, bekommst du später keine gute Arbeit." Sind Sprachen wirklich so wichtig? Warum sollte eine Person eine neue Sprache lernen? Was sind die Gründe? Was gewinnt man durch eine Fremdsprache? Offensichtlich gibt es keine Nachteile, wenn man eine neue Sprache lernt. Hat man schon mal diesen Satz gehört: „Lern nicht so viel Englisch, das ist nicht gut für dich?" Natürlich nicht. Was sind die Vorteile eine neue Sprache zu lernen? Was kann man seinen Kindern sagen, damit es nicht immer mit dem gleichen Argument endet, dem der Jobchancen?

Natürlich ist es wahr, dass eine Fremdsprache für den Beruf wichtig ist. Viele Unternehmen arbeiten heute in internationalen Märkten und brauchen deshalb auch Mitarbeiter, die sich in diesen Märkten bewegen können. Wie könnte eine deutsche Firma mit einer amerikanischen Firma zusammen arbeiten, wenn die Mitarbeiter nicht Englisch bzw. Deutsch sprechen. Wie würden beide Firmen kommunizieren? Dieses Argument ist natürlich richtig. Aber kann ein Kind diesen Punkt auch sehen? Das Kind ist noch sehr weit weg von seinem Arbeitsleben. Außerdem kann es sich denken, dass es später einfach in einem Unternehmen arbeiten wird, dass nur in Deutschland arbeitet und schon ist das Thema für das Kind erledigt. Das Arbeits-Argument ist vielleicht nicht die beste Strategie.

Vielleicht lohnt sich der Versuch, den Spaß in den Vordergrund zu stellen und nicht den Nutzen. Sprachen machen riesigen Spaß! Natürlich dauert es einige Zeit bis man mit ihnen etwas machen kann, aber Spaß ist auch schon früher möglich. Zum Beispiel kann man versuchen zu Hause eine Fremdsprache zu sprechen. Generell sollten die Eltern wissen, was das Kind in der Schule gelernt hat. Das heißt, die Eltern wissen, dass das Kind bestimmte Wörter kennt und andere Wörter nicht kennt. Einfache Kommunikation, wie zum Beispiel „Magst du einen Apfel?" oder „Hast du Hunger?" kann man immer benutzen. Und das Kind bemerkt von alleine, dass es Spaß macht und auch sinnvoll ist. So kann man gemeinsam lernen und hat eine tolle Aktivität für die ganze Familie.

Text 2

Welchen Nutzen hat man, wenn man eine Fremdsprache lernt? Das Lernen einer Sprache ist eine große Investition. Schließlich kostet es sowohl viel Zeit als auch relativ viel Geld. Um eine Sprache auf einem interessanten Niveau zu sprechen, braucht man mindestens ein halbes Jahr, wahrscheinlicher ein ganzes Jahr. Das bedeutet, man muss viele Stunden investieren, um zu üben und zu lernen. Zeit ist Geld und außerdem kostet der Sprachlehrer auch ein bisschen Geld. Das bedeutet, dass man diese Investition genau planen sollte. Ist man bereit, die Zeit zu investieren oder macht man lieber etwas anderes? Ist man bereit, das Geld für den Lehrer zu bezahlen oder fliegt man mit dem Geld lieber in den Urlaub? Es ist nicht klug, wenn man mit einer Sprache beginnt und dann nach 3 Monaten keine Lust mehr hat. Das bedeutet, dass man die Zeit und das Geld verloren hat, weil man ziemlich schnell das Gelernte vergisst. Lernt man eine Sprache, dann muss man ein gewisses Niveau erreichen. Ein gewisses Niveau bedeutet, dass man mit der Sprache leben kann. Man kann Zeitungen und Bücher lesen und man kann Filme sehen. Man kann die Sprache zum Teil seines täglichen Lebens machen. Dann ist die Gefahr, dass man alles wieder vergisst, nicht so groß. Wahrscheinlicher ist es, dass man sogar mehr lernt und besser wird.

Viele Menschen sehen oft nur den ökonomischen Nutzen von Sprachen. Sie glauben, dass sie mehr Geld verdienen können oder eine bessere Arbeit bekommen können. Das ist sicherlich ein toller Effekt. Aber Sprache bietet mehr Vorteile als nur ökonomischen Nutzen. Eine Fremdsprache zu sprechen öffnet Türen. Was bedeutet das? Wenn man eine neue Sprache spricht, verbringt man Zeit mit Inhalten in dieser Sprache. Man liest ein Buch in der Sprache oder man sieht einen Film. Die Bücher und auch die Filme kommen aus einem anderen Land und zeigen eine andere Kultur oder haben andere Ideen. Man sieht quasi durch ein neues Fenster in das andere Land. Weiterhin spricht man mit den Menschen, die diese Sprache sprechen. Diese Menschen haben Ideen, Träume und Pläne, die sie gerne teilen und diskutieren. Man sieht die Welt mit ihren Augen, mit ihren Ideen und Erfahrungen. Und man entdeckt die Möglichkeiten, die die Sprache für das eigene Leben bietet. Man reist vielleicht zuerst in das Land, um es zu erkunden und zu entdecken. Man lernt Menschen kennen und beginnt, das Land, die Kultur und die Mentalität zu schätzen. Vielleicht sieht man Chancen für die persönliche oder berufliche Zukunft. Und man beginnt das eigene Land, die eigene Kultur und die eigene Mentalität mit anderen Augen zu sehen. Wir lernen nicht nur eine Sprache, sondern die Sprache lehrt uns auch. Sie öffnet Türen, durch die wir entweder sehen können, oder durch die wir hindurch gehen können.

Arbeitswelt

Text 1

Nach langen Jahren in der Schule ist man endlich mit der Schule fertig und die Arbeitswelt wartet. Was bedeutet das, 'die Arbeitswelt'? Zuerst muss man natürlich eine Arbeit finden. Deshalb liest man jede Woche die Zeitung und sucht auf dem Stellenmarkt nach einer Arbeit, die einem gefallen könnte. Schließlich muss man später jeden Tag zu dieser Arbeit gehen, deshalb ist es besser, wenn man sie gut findet. Hat man eine interessante Arbeitsstelle gefunden, kommt die erste Herausforderung: Man muss eine Bewerbung schreiben. In einer Bewerbung präsentiert man sich von seiner besten Seite. Zuerst schreibt man, wer man ist: Name, Adresse, Familie. Danach schreibt man über seine Qualifikationen. Wo war man in der Schule, welchen Abschluss hat man gemacht, war man auf der Universität und mit welchem Universitätsgrad hat man diese abgeschlossen. Danach ist es gut, wenn man noch ein Motivationsschreiben hinzufügt. In einem Motivationsschreiben sollte man über seine Motivation schreiben. Das heißt, warum man in der Firma arbeiten will. Warum interessiert man sich für die Stelle? Warum findet man die Firma interessant? Warum ist man selbst der richtige Kandidat für das Unternehmen? Diese Dokumente schickt man dann an die Firma und wartet auf eine Antwort. Findet die Firma die Bewerbung gut, wird man zu einem Gespräch eingeladen. Das nennt man Bewerbungsgespräch oder auf Neudeutsch sagt man auch 'Jobinterview'. In einem Bewerbungsgespräch wird man viele verschiedene Dinge gefragt. Das Unternehmen will schließlich sicher gehen, dass man der perfekte Kandidat für die Arbeit ist. Man kann versuchen das Gespräch vorzubereiten. Im Internet gibt es viele mögliche Interviewfragen. Damit kann man sich zu Hause hinsetzen, sich vorbereiten und üben. Man kann sich überlegen, was man sagen würde. Auch sollte man darüber nachdenken, was man nicht sagen sollte. Es gibt Antworten, die eine andere Person falsch interpretieren kann und das ist nicht gut für das Bewerbungsgespräch. Man sollte an seinen Antworten arbeiten und sich sicher sein, dass die andere Person genau versteht, was man sagen will. Auch sollte man darüber nachdenken, wie viel man verdienen will. Das wird oft gefragt. Ist man gut vorbereitet, sollte alles gut funktionieren. Und dann wartet man wieder auf eine Antwort. Ist die Antwort positiv, hat man seine erste Arbeitsstelle und muss nur noch einen Vertrag unterschreiben. Ist die Antwort negativ, probiert man es einfach noch mal! Das nächste Mal klappt es bestimmt!

Text 2

Endlich hat man eine Arbeit gefunden und ist sehr glücklich. Hat man ein bisschen Glück gehabt, ist es sogar die Arbeitsstelle, die man sich immer gewünscht hat. Nicht immer ist das aber am Anfang der Fall. Oft ist man einfach froh, dass man eine Arbeit gefunden hat und endlich Geld verdient. Der Arbeitsvertrag ist unterschrieben und man ist bereit, um mit voller Motivation an die Arbeit zu gehen. Der erste Tag in der neuen Arbeit ist meistens sehr aufregend. Alles ist neu, man hat neue Kollegen, ein neues Büro und viele neue Aufgaben. Manchmal macht das auch ein bisschen Angst. Aber meistens entspannt man sich nach einer Weile und beginnt sich an die neue Situation zu gewöhnen. Als erstes sollte man seine neuen Kollegen ein bisschen kennen lernen. Das ist sehr hilfreich, schließlich braucht man die richtige Person, wenn man sein erstes großes Problem hat. Danach ist es Zeit, dass man einen Überblick über seine Aufgaben bekommt. Das heißt, man muss sich hinsetzen und anfangen zu arbeiten. Die ersten Tage vergeht die Zeit noch super schnell und man bleibt gern ein bisschen länger im Büro. Man will einen guten und fleißigen Eindruck machen. Die Kollegen sollen schließlich ein gutes Bild haben. Mehr und mehr gewöhnt man sich an alles und die Arbeit wird zur Routine. Am Monatsende bekommt man sein Gehalt und freut sich, dass man sich endlich etwas Schönes kaufen kann. Nach einiger Zeit sucht man vielleicht nach einer neuen Aufgabe, nach einer neuen Herausforderung oder man bleibt in der Firma und arbeitet dort bis man in Rente geht.

Text 3

Wenn man nicht für eine Firma arbeiten will, kann man sich auch selbstständig machen. Als Selbstständiger ist man sein eigener Chef, aber man muss auch selbst nach Kunden suchen. Man muss selbst entscheiden, wann man frei hat und wann man Urlaub hat. Häufig arbeiten Selbstständige deshalb mehr, weil Arbeit und wichtige Aufgaben finden sie immer. Aber meistens sind sie damit zufrieden, dass sie selbst entscheiden können. Sie fühlen sich frei und glauben, dass sie ihr Leben selbst in der Hand haben. Für viele Selbstständige ist das wichtig, weil sie nicht für andere arbeiten wollen und ihre eigenen Ideen realisieren wollen. Aber sie müssen auch sehr verantwortungsbewusst sein, weil sie alles selbst organisieren müssen: ihre Arbeit, ihre Projekte, ihre Freizeit, ihr Geld, ihre Rente und ihre Versicherungen. Das ist manchmal sehr anstrengend, aber auch sehr spannend und interessant.

Fernsehinterview

Text 1

FüF: Guten Abend meine Damen und Herren, herzlich Willkommen zu 'Fragen über Fragen', ihrem Fernsehprogramm für die wirklich wichtigen Fragen an ihre Lieblingsprominenten. Heute haben wir das Vergnügen mit dem weltberühmten Schauspieler und Sänger Mad Hit zu sprechen. Herzlich willkommen Mad!

Mad: Danke, ich freue mich, dass ihr mich eingeladen habt.

FüF: Du kommst gerade aus dem Studio, wo du deinen neuen Film drehst. Was kannst du uns darüber erzählen? Gibt es interessante Details, die du uns verraten kannst?

Mad: Der Film wird ziemlich gut, denke ich. Sonst würde ich ihn auch nicht machen. Wer macht schon gerne schlechte Filme? Es geht um ein junges Ehepaar, das mit ihrem Leben in der großen Stadt nicht mehr zufrieden ist und deshalb aufs Land auf einen Bauernhof zieht. Für typische Stadtmenschen, wie die beiden es sind, ist das natürlich eine enorme Herausforderung und sie kommen von einer Katastrophe zur nächsten Katastrophe. Das ist oft nicht nur komisch, sondern auch ziemlich tragisch.

FüF: Das klingt nach einem interessanten Thema. Findest du dich in der Rolle wieder? Hattest du selbst schon einmal Pläne, dich aus dem stressigen Stadtleben zu verabschieden und ein ruhigeres Leben zu suchen? Oder bist du der Typ, der die Stadt und alle ihre Vorteile und Nachteile liebt?

Mad: Natürlich gibt es diese Momente, in denen ich mir denke: Warum das alles? Würdest du nicht lieber etwas anderes machen? Würdest du nicht lieber ein ruhigeres Leben bevorzugen? Kühe züchten auf einem kleinen Bauernhof zum Beispiel. Aber würde mich das wirklich glücklich machen? Da bin ich mir nicht so sicher. Alles im Leben hat immer Vorteile und Nachteile, selten gibt es nur Nachteile. Natürlich nerven mich viele Dinge und Menschen, die mir täglich begegnen, aber wäre das anders auf meinem Bauernhof? Der Hauptcharakter des Film kommt zu einem Punkt, an dem er auf YouTube ein Video von einer Straßenkreuzung ansieht, weil er die Stille auf dem Land nicht mehr erträgt. Es ändern sich nur die Gründe, warum man nicht zufrieden ist oder sich ärgert, aber sie verschwinden nicht.

FüF: Das ist ein spannendes Thema, denke ich. Was bedeutet es dann für dich glücklich zu sein? Oder konkreter: Wo und wie findet man das Glück? Was denkst du darüber?

Mad: Kann man Glück wirklich finden? Ich denke eher nicht. Ich kann einen Kaffee in einem Café finden oder ein Buch in einer Bücherei. Aber wo finde ich Glück? In der Lotterie? Nein, ich denke, die Frage ist nicht, wo oder wie man Glück findet. Die Frage ist eher: Kann ich in meiner Situation etwas Positives sehen? Kann ich ich selbst sein, meine Ideen und Träume verwirklichen und mein Leben leben? Ich denke, wenn man diese Fragen mit ja beantworten kann, ist man schon sehr wahrscheinlich glücklich. Man geht seinen Weg und folgt seinen Träumen. Glück und Zufriedenheit liegen auf dem Weg. Das ist auch, was das Ehepaar in ihrem Abenteuer auf dem Land lernt. Es ist nicht wichtig, wo man ist, sondern es ist wichtig wie man das Leben betrachtet und sich selbst entwickelt.

FüF: Das hört sich an als würde es eine Komödie mit Tiefe werden. Also etwas zum Lachen und etwas zum Nachdenken? Oft dienen Komödien ja mehr der Unterhaltung als dem Denken.

Mad: Ich sehe kein Problem darin, dass ein Film oberflächlich lustig ist und dahinter einiges zum Nachdenken bereit hält. Viele Menschen glauben, dass Lernen und Denken immer anstrengend sein muss. Wie sie es aus der Schule kennen. Lernen ist langweilig, schwer und ermüdend. Die Leute haben das Interesse und die Neugierde verloren. Sie sehen die Wunder dieser Welt nicht mehr. Und eine wunderbare Sache in unserem Leben ist die Fähigkeit tiefer über eine Frage nachzudenken. Wir glauben, dass wir durch den Humor das Interesse und die Neugier der Zuschauer wecken. Und interessierte und neugierige Zuschauer sind auch offen für die existentiellen Fragen, die der Film stellt. Wer nicht neugierig ist, stellt keine Fragen. Wir müssen uns generell fragen, wie wecken wir Neugier in den Menschen. Eine Möglichkeit ist der Humor oder der Spaß generell. Eine gute Methode, denke ich.

FüF: Das ist sicherlich richtig. Leider ist unsere Zeit schon am Ende. Danke für das spannende Interview und ich freue mich schon auf deinen Film. Wann kommt er in die Kinos?

Mad: Ich glaube, der Termin ist am Ende des Jahres. Ende November oder Anfang Dezember wird der Film in den Kinos zu sehen sein. Danke für das Gespräch und wir sehen uns im Kino!

Text 2

Heute hatten wir ein interessantes Interview mit Mad Hit und sprachen mit ihm über seinen neuen Film. Für diejenigen, die das Interview verpasst haben, gibt es im folgenden Text eine kleine Zusammenfassung des Interviews.

Zuerst fragte FüF, was Mad über seinen neuen Film erzählen könne. Er hatte einige interessante Antworten mitgebracht. Er antwortete, dass sein Film ziemlich gut werden würde, weil er ihn natürlich auch nicht machen würde, wenn er nicht gut werden würde. Der Film würde die Geschichte von einem jungen Ehepaar erzählen, das das Leben in der Stadt nicht mehr erträgt und deshalb auf das Land zieht. Das würde natürlich eine große Herausforderung bedeuten und Probleme und Katastrophen wären vorprogrammiert. Er meinte, es wäre nicht nur ein komischer Film, sondern auch ein tragischer. Weiterhin fragte FüF, ob er nicht schon selbst daran gedacht hätte, die Stadt zu verlassen und ein anderes Leben auf dem Land zu suchen. Er war der Meinung, dass es natürlich Momente geben würde, in denen er darüber nachdenken würde. Auf der andere Seite würde es aber immer Vorteile und Nachteile im Leben geben, egal wo man gerade wäre. Das würde auch der Hauptcharakter im Film lernen. Als nächstes fragten wir ihn, was für ihn Glück bedeuten würde und ob man es suchen und finden könne. Er antwortete, dass das nicht möglich wäre und es viel wichtiger wäre sich auf sich selbst zu konzentrieren, seine eigenen Träume und Ideen zu verwirklichen und sein Leben zu leben. In seinen Augen, wäre es nicht wichtig wo man ist, sondern wie man das Leben betrachtet. Als letzte Frage wollten wir wissen, ob seiner Meinung nach eine Komödie mit Tiefe funktionieren würde, wovon er sehr überzeugt war. In seinen Augen wäre das kein Problem und der Humor der Komödie würde sogar helfen. Die Menschen hätten ihr Interesse und ihre Neugierde verloren und 'Wie sollte jemand Fragen stellen, wenn er nicht neugierig ist?'. Er bemerkte, dass es generell wichtig wäre, dass die Leute sich wieder für die Wunder des Lebens interessieren würden und ihre Neugierde wieder entdecken würden. Mit dieser Frage beendeten wir das Interview und verabschiedeten uns. Sein neuer Film kommt Ende des Jahres in die Kinos und wir sind gespannt, ob die Mischung aus Humor und Tiefe die Neugier in uns erweckt. Danke fürs Lesen, bis bald und tschüss!

Konsum

Text 1

Kinder haben zwar noch keine Arbeit und verdienen deshalb kein Geld. Aber sie bekommen Taschengeld. Ein Kind in Deutschland bekommt im Durchschnitt ungefähr 25 € Taschengeld im Monat. Außerdem ist Geld ein beliebtes Geschenk. Eltern, Großeltern und andere Verwandte schenken den Kindern durchschnittlich 64 € im Jahr, zum Beispiel zum Geburtstag und zu Weihnachten. Viele Eltern benutzen Geld auch, um ihre Kinder zu mehr Fleiß in der Schule zu motivieren. Kinder investieren ihr Geld in Süßigkeiten, Zeitschriften, Comics, Eis, Getränke und Spielzeug.

In Deutschland leben ungefähr 6 Millionen Kinder. Und 6 Millionen Kinder sind sehr interessant für die vielen Unternehmen, die Produkte für Kinder produzieren. Die Unternehmen versuchen, die Kinder schon früh als Kunden zu gewinnen. Wenn ein Mensch schon als Kind Kunde der Firma ist, ist es wahrscheinlicher, dass er auch später noch Kunde der Firma bleibt. Es gibt auch Unternehmen, die sich auf Kinder und Jugendlich spezialisiert haben. Es ist ein riesiger Markt, in dem man viel Geld verdienen kann. Unternehmen dürfen in ihrer Werbung keine Sätze benutzen, die zum Kaufen auffordern. „Kauf unser neuestes Spielzeug" ist nicht erlaubt. Aber das ist kein Problem. Die Werbung zeigt, wie toll es ist und wie viel Spaß es macht, ein Produkt einer Firma zu besitzen. Und letztendlich ist das die Aufgabe von Werbung. Sie weckt Wünsche in den Kunden. Außerdem gehen viele Unternehmen den Weg des 'Sponsoring'. Sie gehen in Schulen oder in Sportvereine und sponsern sie, das heißt sie bezahlen T-Shirts, Essen, Klassenfahrten und andere Dinge.

Text 2

Das Konsumverhalten von Kindern und Jugendlichen ist nicht zu vergleichen mit dem Konsumverhalten von Erwachsenen. Der Konsum von Kindern und Jugendlichen dient oft als Statussymbol. Der Konsum dient einem Image, dass die jungen Menschen entwickeln und pflegen. Teenager möchten akzeptiert und respektiert werden. Sie möchten etwas Besonderes sein. Sie brauchen das neueste Handy, die teuerste Kleidung mit Markenlogo auf der Brust und sie essen natürlich bei McDonalds ihren Hamburger und trinken ihren Kaffee bei Starbucks und gehen nicht zu einem billigeren Kiosk. Dieses Konsumverhalten ist natürlich sehr teuer. Die Jugendlichen selbst können ihren Konsum nicht bezahlen, das heißt, dass die Familie helfen muss. Aber es gibt viele Familien, die nicht das nötige Geld haben, um die teuren Dinge der Jugendlichen zu finanzieren. Das gibt schnell Ärger in der Familie und leider auch Probleme für die jungen Menschen in der Schule. Die Jugendlichen sind frustriert und verärgert, weil sie nicht verstehen können, warum ihre Wünsche nicht erfüllt werden. Und sie haben Probleme in der Schule, weil sie nicht die richtige Kleidung tragen oder kein modernes Handy haben. Das provoziert Probleme, Druck und Streit in der Familie. Aber soll man diese Art von Konsum überhaupt unterstützen? Oder ist es besser, dass das Kind lernt, dass es wichtigere Dinge im Leben gibt? Vielleicht versteht das Kind das Problem, aber hat trotzdem immer noch Probleme in der Schule, weil es nicht die richtige Kleidung hat. Was kann man machen?

Text 3

Viele Menschen wissen nicht mehr, woher ihr Obst, ihr Gemüse oder ihr Fleisch und ihre Milchprodukte kommen. Die Produkte liegen einfach im Supermarkt und warten darauf, dass sie konsumiert werden. Vor allem Menschen unter 50 Jahren wissen immer weniger über die Herkunft ihres Essens. Oder sie möchten nur die perfekten und schönen Produkte aus dem Supermarkt. Der Apfel vom Baum auf dem Feld sieht dann nicht schön genug aus. Ein Beispiel vom Markt: Perfekte, runde und grüne Äpfel gibt es für 2,50 € und wilde, nicht so perfekte Äpfel gibt es für 1 €. Der Verkäufer sagt, dass es schwierig ist, die wilden Äpfel zu verkaufen, weil sie nicht schön aussehen. Aber sie schmecken viel besser, was er immer wieder zu erklären versucht. Der Kunde will Perfektion und Ästhetik. Das ist auch schlecht für die Vielfalt. Es gibt immer weniger Sorten, weil man nur noch ein paar Sorten kultiviert. Die anderen Sorten gehen für immer verloren. Aber wir können das ändern. Wir müssen unseren Konsum ändern. Das heißt, dass wir einen nachhaltigeren Konsum brauchen. Was ist ein nachhaltiger Konsum? Nachhaltiger Konsum bedeutet, dass man gewisse Regeln beachtet. Zum Beispiel sollte man Gemüse, Früchte und Fleisch in der Region kaufen. Und natürlich saisonal. Das heißt, dass man im Winter keine frischen Erdbeeren oder ähnliches kaufen sollte. Diese muss man nämlich importieren. Man sollte sich auch fragen, was ein fairer Preis für gute Ware ist. Der Bauer soll auch Geld verdienen. Wer alles immer billiger will, schadet sich am Ende selbst. Was kannst du tun?

Text 4

Sohn: Papa, ich brauche Geld für die Schule. Kannst du mir 50€ geben, bitte?

Vater: Du brauchst 50€ für die Schule? Warum brauchst du so viel Geld? Macht deine Klasse einen Ausflug? Oder was kostet so viel Geld?

Sohn: Nein, Papa. Eigentlich brauche ich eine neue Hose für die Schule. Meine alten Hosen sind nicht cool. Alle anderen Kinder haben neue Hosen, nur ich nicht. Die anderen Kinder ärgern mich schon und sagen, dass meine Familie arm ist. Und sie wollen nicht mehr mit mir spielen. Jetzt bin ich alleine.

Vater: Wirklich? Diese Kinder sind aber auch nicht deine Freunde, wenn sie wegen deiner Hose nicht mit dir spielen wollen. Freunde hat man, weil man eine gute Person ist, nicht weil man eine teure Hose hat. Und die Hose, die du brauchst, kostet 50€? Du brauchst dann nicht nur eine, denke ich?

Sohn: Eine Hose ist genug. Dann kann ich wieder mit meinen Freunden spielen. Ich bin ganz alleine in der Schule im Moment. Niemand will mit mir spielen. Ich brauche nur eine coole Hose, nicht mehr.

Vater: Sohn, du kannst doch nicht jeden Tag die gleiche Hose anziehen. Oder wie stellst du dir das vor? Montag, Mittwoch und Freitag bist du cool und am Dienstag und am Donnerstag bist du uncool?

Sohn: Ich ziehe die Hose einfach von Montag bis Freitag an und am Wochenende wasche ich sie. Ich weiß, dass 50€ viel Geld sind, aber ich brauche dringend eine coole Hose für die Schule.

Vater: Hör zu. Ich möchte, dass du verstehst, was bei diesem Thema wichtig ist. Wenn die anderen Kinder nicht mit dir spielen wollen, weil du nicht die richtige Hose an hast, sind sie nicht deine Freunde. Ich will, dass du das verstehst. Die Kinder sollten dich mögen, weil du eine sympathische Person bist. Weil du ehrlich und hilfsbereit bist. Und weil du klug und fleißig bist. Verstehst du das?

Sohn: Ja, Papa. Ich verstehe das. Und ich denke, du hast Recht. Aber trotzdem bin ich alleine in der Schule und niemand spielt mit mir. Was soll ich machen? Ich will nicht alleine sein.

Vater: Wenn du das Thema verstanden hast, können wir jetzt einkaufen gehen. Wo kauft man diese coolen Hosen? Und ich glaube, dass ich diesen Monat sogar Geld für zwei Hosen habe. Dann kannst du die ganze Woche cool sein. Aber vergiss nicht: Die Kinder sollten dich mögen, weil du eine tolle Person bist, nicht weil du eine teure Hose trägst. Versprochen?

Technik

Text 1

Was ist Technik? Technik sind alle Objekte, die der Mensch erschaffen hat. Das Ziel der Technik ist das Leben einfacher zu machen und dem Mensch bei seinen Aktivitäten zu helfen. Objekte wie der Wecker, das Telefon, der Computer, das Fahrrad oder das Auto benutzt der Mensch fast jeden Tag. Wahrscheinlich können sich viele Menschen gar nicht mehr vorstellen, wie das Leben ohne diese Dinge war. Maschinen und Geräte verbessern das Leben und machen es einfacher. Der Traktor hilft dem Bauern effektiver zu arbeiten. Früher konnte ein Bauer nur wenige Menschen mit seiner Arbeit ernähren. Heute sind es über 1000 Menschen, die ein Bauer mit seiner Arbeit ernähren kann. Mit dem Auto kann der Mensch schneller von einer Stadt in die nächste Stadt fahren und viele Dinge transportieren. Mit dem Telefon kann man wann man will mit anderen Personen sprechen. Der Computer hilft dem Menschen bei der Arbeit. Er macht viele Aufgaben des Alltags einfacher, effizienter und schneller. Mit der Druckpresse konnte der Mensch Bücher drucken und musste sie nicht mehr mit der Hand kopieren. Oft werden Produkte durch die Technik auch billiger und dadurch verfügbarer. Zum Beispiel waren Bücher vor der Erfindung der Druckpresse sehr teuer und nur wenige Leute konnten sich ein Buch kaufen. Aber die Folgen von Technik sind nicht nur positiv, sondern es gibt auch negative Seiten. Umweltverschmutzung, Unfälle und Kriege zum Beispiel. Sie sind Folgen der Technik und erzeugen neue Probleme, die der Mensch wieder lösen muss. Was er meistens wieder mit Technik versucht.

Text 2

Das Telefon ist eine sehr wichtige und interessante Erfindung. Kannst du dir vorstellen, dass du heute nicht einfach dein Handy aus der Tasche ziehen kannst und deine Freunde oder deine Familie anrufst? Die Erfindung des Telefons hat lange Zeit gedauert. Viele Erfinder haben versucht, Töne über eine Leitung zu übertragen. Im 18. Jahrhundert lachten die Leute noch über die Idee ein Telefon zu bauen. Sie konnten sich nicht vorstellen, welchen Nutzen ein Telefon haben könnte. Einige Jahrzehnte später experimentierte der Mathematik- und Physiklehrer Philipp Reis mit seinem 'Wursthaut-Telefon'. Er hatte sich ein Labor in einer Scheune gebaut und forschte in seinem Labor. Sein Ziel war es, Töne mit seiner Erfindung zu übertragen. Er baute einen Hörer, auf den er Wursthaut spannte, um es dem menschlichen Ohr ähnlich zu machen. Dies verband er mit einer Feder, die mit einer Batterie verbunden war. Seine Konstruktion funktionierte auch, allerdings nur in eine Richtung und die Qualität der Töne war sehr schlecht. Niemand interessierte sich deshalb für seine Erfindung. Ein anderer Erfinder war Graham Bell. Er erfand das erste elektronische Sprechtelefon. Dank ihm und seiner Erfindung wurde das Telefon populär. Viele andere Erfinder versuchten, von seinem Erfolg zu profitieren. Er hatte viele Probleme und musste viele Male vor Gericht streiten, weil andere Erfinder behaupteten, dass Bell ihre Erfindung geklaut hatte. Aber Bell gewann alle Gerichtsprozesse und gilt heute als der Erfinder, der das Telefon erfunden hat. Ein anderer wichtiger Name ist Thomas Edison. Er erfand das Telefon in der Form, wie wir es heute kennen. Er erfand das Mikrofon, welches nötig war, die Stimme über das Telefon zu übertragen. Dieses Mikrofon benutzte man bis 1980 in alten Telefonen.

Text 3

Ein Automobil, kurz Auto, ist ein Kraftfahrzeug, das Menschen und Güter transportieren kann. Ein Kraftfahrzeug ist ein Fahrzeug mit einem Motor. Im Jahr 2010 gab es auf der ganzen Welt über 1 Milliarde Kraftfahrzeuge. Jedes Jahr werden ungefähr 80 Millionen neue Fahrzeuge gebaut. Als Erfinder des modernen Automobils gilt der Erfinder Carl Benz. Er baute einen Verbrennungsmotor, in dem Benzin verbrannt werden konnte, um Energie zu erzeugen. Mit dieser erzeugten Energie bewegte sich dann das Auto. Sein Auto erzeugte viel Aufmerksamkeit und Carl Benz wurde sehr berühmt. Das Auto ersetzte die Tiere, die man früher benutzte, um Wägen zu ziehen. Das Auto war effizienter und schneller, es brauchte keine Pausen und konnte längere Wege in kürzerer Zeit zurücklegen. Das Automobil hat das Leben der Menschen stark verändert. Die Menschen konnten viel längere Strecken zurücklegen und man kann sagen, die Welt ist durch das Auto kleiner geworden. Man muss sich nur vorstellen, dass früher eine Distanz von 50 km eine Tagesreise war. Heute dauert die Fahrt maximal eine Stunde. Man braucht heute also viel weniger Zeit, um zu reisen. Das macht den Menschen auch flexibler und mobiler. Außerdem kann man mit dem Auto viele verschiedene Dinge transportieren. Aber das Auto bringt auch Nachteile mit sich. Zum Beispiel sterben jedes Jahr viele Menschen bei Autounfällen oder haben zumindest schwere Verletzungen. Außerdem entstehen beim Verbrennen von Benzin Abgase, die schlecht für die Umwelt sind. Ein Effekt der Verbrennung von fossilen Brennstoffen ist zum Beispiel der Klimawandel. Heute forschen viele intelligente Leute und große

Unternehmen an neuen Motoren, die zum Beispiel mit Strom oder mit Wasserstoff funktionieren sollen. Das Auto ist wichtig für das moderne Leben, aber es ist wichtig, dass eine Alternative für das Benzin gefunden wird. Der Mensch braucht die Technik, muss aber auch die Umwelt schützen.

Text 4

Der Buchdruck, wie wir ihn heute kennen, wurde von Johannes Gutenberg im 15. Jahrhundert erfunden. Es gab aber schon im 8. Jahrhundert ähnliche Maschinen in Asien. Sie funktionierten mit Holzplatten, auf denen man Buchstaben mit einem Messer geschnitten hatte. Dann benutzte man Farben und druckte sie auf Papier. Johannes Gutenberg erfand eine Maschine, die mit der Hilfe von einzelnen Buchstaben drucken konnte. Die Buchstaben waren aus Metall und man musste nur noch den Text zusammensetzen und dann konnte man so viele Exemplare drucken, wie man wollte. Die Entwicklung des Buchdrucks war sehr wichtig. Er ermöglichte es, das Drucken von Büchern billiger und effizienter zu machen. Das machte die Bücher verfügbarer und erzeugte eine Demokratisierung von Information und Wissen. Das bedeutet, dass mehr Menschen die Möglichkeit hatten ein Buch zu kaufen und zu lesen. Das erste Buch, das in großer Menge gedruckt wurde, war die Bibel. Die Erfindung des Buchdrucks gilt als eine der wichtigsten und bedeutendsten Erfindungen der Menschheit. Zusammen mit der Alphabetisierung der Menschen begann eine Bildungsrevolution, die das Denken und das Leben der Menschen für immer veränderte.

Klimawandel

Text 1

Der Klimawandel ist eines der wichtigsten Themen und Probleme unserer Zeit. Deshalb ist es wichtig, dass wir uns über den Klimawandel, seine Ursachen und Konsequenzen informieren.

Am Anfang müssen wir erklären, was Klima eigentlich ist. Klima ist das Wetter über einen längeren Zeitraum in einem bestimmten Gebiet. Das heißt, dass wir uns anschauen, wie das Wetter in den letzten 3 Monaten war. War das Wetter die meiste Zeit heiß, sonnig und trocken, dann war das Klima heiß, sonnig und trocken in den letzten drei Monaten. Natürlich gab es in den letzten 3 Monaten auch Tage mit Regen. Aber das war das Wetter an einem Tag. Wenn wir über Klima sprechen, interessiert uns das Wetter über einen langen Zeitraum. In den letzten Jahrzehnten ist das Thema Klimawandel sehr wichtig geworden. Das Klima wandelt sich, es verändert sich und das bemerkt man an manchen Orten mehr und an machen Orten weniger. Im Süden wird es zum Beispiel immer heißer und es fällt immer weniger Regen. Das ist ein großes Problem für die Menschen, die dort leben. Die Bauern haben schlechte Ernten und die Tiere haben nichts zu trinken. Sind die Ernten schlecht und die Tiere nicht gut ernährt, dann gibt es auch wenig Essen für die Menschen. Auch fehlt das Trinkwasser in diesen Gebieten. Die Hitze selbst ist auch schlecht für die Gesundheit. In kälteren Ländern bemerkt man den Klimawandel auch. Zum Beispiel fällt in Deutschland, Österreich und der Schweiz jedes Jahr weniger Schnee. Es wird nicht kalt genug und regnet deshalb viel. Das bedeutet, dass es zum Beispiel Überschwemmung und Hochwasser gibt. Zu viel Regen ist auch schlecht für das Gemüse, die Früchte und das Getreide. Außerdem steigt das Wasser in den Meeren. Das heißt, dass Städte, die an der Küste liegen, eines Tages vom Meer überschwemmt werden. Und natürlich ist der Klimawandel eine Bedrohung für viele Tierarten. Die Tiere verlieren ihren Lebensraum und wenn sie keinen neuen Lebensraum finden, sterben sie. Was sind die Ursachen für den Klimawandel? Der Klimawandel wird ausgelöst durch die sogenannten Treibhausgase. Das sind Abgase, die zum Beispiel bei Verbrennungsprozessen im Auto, im Flugzeug, in Fabriken und in Häusern erzeugt wird. Aber auch Gase wie zum Beispiel Methan sind ein Problem. Ein großer Methanproduzent sind Kühe und Rinder. Normalerweise reflektiert die Erde die Sonnenstrahlen und verhindert, dass es auf der Erde zu warm wird. Die Treibhausgase in der Luft verhindern, dass die Erde die Sonnenstrahlen reflektiert und die Strahlen bleiben in größerer Zahl in der Atmosphäre. Dadurch wird die Atmosphäre wärmer, sie heizt sich auf. Das funktioniert im Prinzip wie in einem Gewächshaus. Die Erde wird immer wärmer und das kann katastrophale Konsequenzen haben. Wir müssen den Klimawandel stoppen.

Text 2

Wenn wir den Klimawandel stoppen wollen, müssen wir zu Hause anfangen. Was kannst du tun?

1. Du kannst deinen Stromanbieter wechseln. Such dir einen Anbieter, der Ökostrom anbietet. Ökostrom ist Strom, der mit erneuerbaren Energien produziert wird, das heißt mit Solar, Windkraft, Erdwärme und organischem Abfall.

2. Fahr mit dem Fahrrad in die Arbeit. Lass das Auto zu Hause und benutz dein Fahrrad. Das ist gut für deine Gesundheit und gut für das Klima. Wenn deine Arbeit zu weit ist, nimm den Bus oder die Bahn oder frage deine Freunde und Arbeitskollegen und mach dein Auto voll.

3. Versuch weniger Fleisch zu essen. Die meisten Menschen essen viel zu viel Fleisch. Iss weniger und achte auf Qualität. Oft essen die Leute viel Fleisch, kaufen aber nur billiges Fleisch, weil das teure und gute Fleisch für sie zu teuer ist. Iss ein Mal pro Woche leckeres, teures Fleisch und hilf der Umwelt.

4. Mach keine Flüge über kurze Distanzen. Fliegen ist sehr schlecht für das Klima. Leider ist es in Mode sogar kurze Distanzen mit dem Flugzeug zu fliegen. Nimm lieber Bus oder Bahn!

5. Heiz nicht so viel. Du musst nicht im Kalten sitzen, aber wenn du die Heizung nur ein Grad tiefer stellst, kannst du viel Energie sparen. Zieh einen Pulli mehr an. Das ist gemütlich, warm und gut für das Klima.

6. Kauf Bio-Produkte aus deiner Region. Kauf dein Fleisch, Früchte und Gemüse von regionalen Bauern. Es ist der Wahnsinn der modernen Welt, dass unser Gemüse von 3000 km entfernten Farmen importiert wird. Außerdem hilfst du den Menschen in deiner Region. Dein Geld bleibt in der Region, du isst leckere Produkte und tust etwas Gutes für das Klima.

Natürlich kannst du noch viel mehr machen! Informiere dich und tu etwas für das Klima!

Sucht und Prävention

Text 1

Suchtmittel gibt es viele und viele Suchtmittel gehören zu unserem Alltag. Oft sehen wir das Risiko nicht, weil es für uns normal ist, diese Dinge zu konsumieren. Tabak, Alkohol und Medikamente sind zum Beispiel ein Risiko süchtig zu werden. Aber auch andere Aktivitäten wie Fernsehen, Computer spielen oder das Handy können süchtig machen. Es ist wichtig sich zu schützen und den eigenen Konsum immer wieder zu hinterfragen. Man kann nicht vorhersagen, ob ein Mensch süchtig wird oder nicht. Viele Faktoren spielen hier eine Rolle. Die Entwicklung von Sucht und von Abhängigkeit hängt von Faktoren wie Persönlichkeit, Familie und Umwelt und dem Suchtmittel selbst ab. Einsamkeit und Isolation, fehlendes Selbstbewusstsein, Leistungsdruck und Stress sind zum Beispiel Faktoren der Kategorie Persönlichkeit. Sind diese sehr stark, ist das Risiko größer. Bei Familie und Umwelt kommt es auf Vertrauen, Fürsorge, Freunde und Erfolge in der Schule an. Fehlen diese, ist die Entwicklung von Abhängigkeiten und Süchten wahrscheinlicher. Wichtig ist auch, dass Eltern ein Vorbild für ihre Kinder sind. Rauchen die Eltern viel, trinken sie viel Alkohol, sehen sie viel fern und nehmen viele Medikamente lernt das Kind fälschlicherweise diese Substanzen als normal anzusehen. Auf jeden Fall ist wichtig, dass man versucht dem Freund oder Familienmitglied zu helfen, wenn man bemerkt, dass eine Sucht oder Abhängigkeit vorhanden ist. Man sollte der Person Vertrauen geben, Hilfe anbieten und vermeiden, dass sich die Person beurteilt fühlt. Das Wichtigste in dieser Situation ist, dass man nicht den Kontakt und das Vertrauen der Person verliert. Dann gibt es gute Chancen auf Besserung.

Text 2

Am Computer oder an der Konsole spielen ist heute ein beliebtes Hobby vieler Menschen. Sie verbringen oft Stunden vor dem Bildschirm und kämpfen gegen feindliche Armeen, lösen schwierige Puzzleaufgaben oder helfen ihrem Helden zu Ruhm, Ehre und Gold in einer Fantasiewelt zu kommen. Das macht sicherlich viel Spaß und ist ein Hobby, das bestimmt nicht besser oder schlechter ist als andere Freizeitaktivitäten. Aber es ist ein Hobby, das auch ein hohes Suchtpotential hat. Wie viel Zeit darf man vor dem Computer verbringen? Wie viel ist zu viel? Zu viel ist sicherlich dieser Fall: Matthias ist 16 Jahre alt und er liebt es am Computer zu spielen. Wenn er von der Schule nach Hause kommt, schaltet er zuerst seinen Computer ein. Er hat ein Lieblingsspiel, ein sogenanntes Rollenspiel. In diesem Spiel spielt Matthias die Rolle eines Elfen, der mit Magie und Waffen verschiedene Aufgaben, sogenannte Quests, lösen muss. Das Spiel macht ihm riesigen Spaß und es gibt ihm viele Möglichkeiten Zeit mit seinem Elfen zu verbringen. Es ist ein bisschen wie ein Haustier. Umso mehr Zeit er mit dem Training seines Elfen verbringt, umso besser und mächtiger wird er. Außerdem gibt es eine fast unendliche Zahl von Objekten und Schätzen, die er finden kann. Deshalb verbringt Matthias Stunden damit, die riesige Welt des Videospiels zu erkundschaften und zu erforschen. Schnell ist es Abend und Matthias hat wieder einen ganzen Tag in der virtuellen Welt verbracht. Mit der Zeit werden seine Noten in der Schule schlechter, weil er kaum seine Hausaufgaben macht und auch in der Schule nicht aufmerksam ist. Er träumt von seinen Erfahrungen in der virtuellen Welt, seinem Helden und den großartigen Abenteuern, die sie zusammen am Vortag erlebt haben. Auch hat er immer weniger Kontakt mit seinen Freunden. Seine Freunde interessieren sich nicht für seine Abenteuer im virtuellen Leben. Sie interessieren sich mehr für Abenteuer im realen Leben, Mädchen, Parties und Fußball zum Beispiel. Matthias verbringt immer mehr Zeit alleine, aber das stört ihn nicht so sehr. Er hat seine Freunde in seinem Computerspiel, Elfen, Zauberer und Ritter. Das reicht ihm. Seine Erfolge im Spiel geben ihm, was er braucht: Freude, Stolz, Spannung und Emotionen. Matthias ist süchtig und das ist ein ernstes Thema. Er verbringt wenig Zeit im Freien, isst kaum gesundes Essen, spricht kaum mit anderen Personen in der realen Welt und verliert mehr und mehr den Kontakt zum realen Leben. Das Leben im Computerspiel wird Stück für Stück sein richtiges Leben. Er braucht Hilfe, um wieder zurück in ein normales Leben zu finden. Es wird schwierig werden, aber mit der Hilfe von seiner Familie und seinen Freunden wird er es schaffen. Er muss es nur wollen, dann wird er es auch schaffen.

Text 3

Alkoholsucht ist ein großes Gesellschaftsproblem. Immer noch trinken zu viele Menschen zu viel Alkohol. Oft glauben sie nicht einmal, dass sie zu viel trinken. Wer alkoholsüchtig ist, ist körperlich und psychisch vom Alkohol abhängig. Das heißt, dass er jeden Tag seine Dosis braucht. In Deutschland sind ungefähr 1,3 Millionen Menschen alkoholabhängig. Die Heilung von der Sucht ist sehr schwierig. Ungefähr 50% der Süchtigen haben Erfolg und trinken nicht mehr. Ein großes Problem ist die Grenze zwischen dem Gesunden und dem Süchtigen. Wann ist ein Mensch süchtig und wann trinkt er nur zu viel Alkohol? Studien zeigen, dass schwache Formen von Alkoholsucht in der deutschen Bevölkerung weit verbreitet sind. Alkohol schadet dem Körper. Er schadet zum Beispiel den Zellen, Organen wie der Leber und dem Nervensystem. Körperliche Veränderung durch Alkohol sind zum Beispiel Koordinations- und Bewegungsstörungen und eine unverständliche Aussprache, psychische Veränderungen sind gute Laune, aber auch Aggressivität aufgrund einer niedrigeren Hemmschwelle. Warum manche Menschen süchtig werden und manche nicht, kann von der Wissenschaft nicht definitiv beantwortet werden. Alkohol verursacht verschiedene Schäden im Körper. Manche Schäden sind nur kurzfristig, das heißt, für eine kurze Zeit und andere Schäden können langfristig sein. Alkohol erhöht das Risiko für viele verschiedene Krankheiten, zum Beispiel Krebs. Außerdem verursacht Alkoholsucht auch soziale Schäden, zum Beispiel gibt es häufig Probleme mit der Familie, Freunden oder der Arbeitsstelle. Es gibt verschiedene Phasen der Sucht. Am Anfang trinkt der Betroffene sehr viel und sein Konsum wird regelmäßig. Mit der Zeit beginnt er immer häufiger an Alkohol zu denken. Seine Gedanken kreisen um den Alkohol und er will Alkohol konsumieren. Die Person entwickelt einen Zwang, das heißt, der Wunsch nach Alkoholkonsum wird immer stärker und die Person kann ihn nicht mehr kontrollieren. Sie beginnt zu trinken, unabhängig von Uhrzeit, Ort und Situation. Es gibt verschiedene Signale, die helfen können, einen Alkoholsüchtigen zu identifizieren. Zum Beispiel verlieren die Betroffenen die Kontrolle über ihren Konsum. Wenn sie trinken, dann sind sie immer völlig betrunken. Auch benötigen die Personen immer mehr Alkohol. Eine normale Person ist nach 3 bis 4 Bier betrunken, ein Alkoholsüchtiger trinkt 7 bis 8 und ist trotzdem noch relativ 'nüchtern'. Der Alkoholkonsum wird auch immer wichtiger. Die betroffene Person kann kaum noch Aktivitäten machen, ohne dass sie Alkohol benötigt. Bemerkt man diese Signale, ist es höchste Zeit zum Arzt zu gehen und sich behandeln zu lassen. Die Person braucht eine Therapie und muss aufhören Alkohol zu konsumieren. Das ist oft ein sehr schwieriger Prozess und dauert eine lange Zeit. Natürlich ist die Gefahr immer groß, dass die Person wieder zu trinken beginnt. Alkohol ist eine Droge, die überall verfügbar ist und generell wird in vielen Situation des gesellschaftlichen Lebens getrunken. Deshalb ist es für die betroffenen Personen eine lebenslange Herausforderung 'trocken' zu bleiben.

Überbevölkerung

Text 1

Die Menschheit wächst und die Zahl der Menschen auf der Erde wird immer höher. Nach neuesten Schätzungen leben momentan ungefähr 7,3 Milliarden Menschen. Die 7-Milliarden-Grenze wurde nach Schätzungen 2011 überschritten. Die Bevölkerung der Erde hat sich zwischen 1960 und 2000 verdoppelt. In jeder Sekunde werden fast 3 neue Menschen geboren. Man schätzt, dass die meisten Kinder in den Entwicklungsländern geboren werden und nur ein kleiner Teil in den entwickelten Ländern der ersten Welt. Die Länder der zweiten und dritten Welt werden immer bevölkerungsreicher und die Länder der ersten Welt verlieren jährlich an Bevölkerung. Zum Beispiel schätzt man, dass die Bevölkerung in Deutschland bis 2050 um 7 Millionen Menschen kleiner wird. Deutschland hätte dann nur noch ungefähr 75 Millionen Einwohner. Bis zum Jahr 2100 wird die Weltbevölkerung möglicherweise bis auf 15 Milliarden Menschen steigen. Allerdings ist das der höchste Wert, der von Experten in Modellen geschätzt wird. Wahrscheinlicher sind Zahlen um die 10 Milliarden. Den größten Bevölkerungswachstum wird es in Afrika und Asien geben. Alleine für Afrika schätzt man, dass sich die Bevölkerung von 1 Milliarde Menschen auf 3 Milliarden Menschen verdreifachen wird. In Europa allerdings wird die Bevölkerung immer kleiner werden. Wissenschaftler prognostizieren einen Verlust von über 100 Millionen Menschen. Das würde bedeuten, dass Europa von heute 740 Millionen Menschen auf 675 Millionen Menschen schrumpfen würde.

Der Bevölkerungswachstum bringt große Probleme mit sich. Es ist eine einfache Rechnung: Jeder Mensch, der geboren wird, möchte einen gewissen Lebensstandard. Er möchte einen Ort, wo er leben kann, ein Haus oder eine Wohnung. Er möchte Nahrung und Kleidung. Er braucht Energie, um zu heizen und elektronische Geräte zu benutzen. Und er möchte vielleicht ein paar Luxusgüter benutzen, zum Beispiel ein Auto oder ein Flug in ein anderes Land. Das sind alles legitime Wünsche, die wahrscheinlich jeder Mensch hat. Aber es ist logisch, dass die Erfüllung dieser Wünsche nicht für jeden Menschen möglich ist. Wo sollen so viele Menschen leben? Für jedes Haus und jede Wohnung muss ein Stück Natur zerstört werden. Für Nahrung benötigt man Acker- und Weideflächen. Dafür muss man Wälder und Felder zerstören. Die Tiere, die man züchtet, brauchen Nahrung. Dafür benötigt man Flächen. Die Menschen brauchen sauberes Wasser, um zu trinken und zu waschen. Sie brauchen Arbeit, medizinische Versorgung und Bildung. Außerdem steigt das Risiko für Infektionskrankheiten, Kriege und Umweltschäden. Wenn Menschen in Afrika nicht überleben können, weil es kein Essen gibt, beginnen sie zu wandern. Sie versuchen in reichere Länder zu kommen und hoffen auf ein besseres Leben. Das bringt Probleme und gesellschaftlichen Druck in die Gastländer. Auf der anderen Seite gibt es schon heute genug Nahrung für alle Menschen auf der Erde. Das Problem ist, dass Reichtum und Nahrung sehr ungleich verteilt sind. Das bedeutet, dass zum Beispiel viele Menschen in Europa und den USA viel mehr haben als sie brauchen und konsumieren können, während viele Menschen in Afrika kaum Geld und Nahrung besitzen, um überleben zu können. Wenn der Mensch seine Art zu Leben nicht verändert, wird er 2050 möglicherweise 3 Planeten brauchen, um zu überleben. Auf der anderen Seite lebt ein Teil der Erdbevölkerung heute so verschwenderisch und nachlässig, dass sie ohne große Probleme Nahrung, Energie und Ressourcen sparen könnten und immer noch eine hohe Lebensqualität hätten. Allein die Lebensmittel, die in Deutschland jährlich weg geworfen werden, könnten viele Menschen ernähren. Zum Beispiel wird in den großen Industrienationen bis zu 40% Lebensmittel weg geworfen. Zum Beispiel sind Früchte und Gemüse nicht schön und perfekt genug oder es fehlen Lagerkapazitäten. Wenn es um Bevölkerung geht, denken viele Menschen sofort an China. China hat sich in den letzten zwei Jahrzehnten rasend schnell entwickelt, sozial, politisch und wirtschaftlich. China hat heute ungefähr 1,3 Milliarden Einwohner und entwickelt sich schnell von einem armen Land mit vielen Bauern und niedrigem Lebensstandart zu einem entwickelten Land mit Mittelklasse und Hunger auf Konsum, Energie und Ressourcen. Es ist klar, dass sich viele Dinge ändern müssen. Die Menschen müssen lernen, nachhaltiger und genügsamer zu leben. Eine verschwenderische und nachlässige Lebensweise, wie sie heute ein großer Teil Europas und der USA lebt, wird nicht für die ganze Welt funktionieren. Aber kann man einem Chinesen oder einem Inder sagen, dass er nicht leben darf, wie er es in Europa und in den USA gesehen hat? Das bedeutet, dass der reiche Teil der Welt von heute beginnen muss zu verzichten, genügsamer und nachhaltiger zu leben, damit der arme Teil der Welt eine Chance hat, ein gutes Leben zu haben. Ist das realistisch? Die Zukunft wird zeigen, ob der Mensch intelligent und solidarisch genug ist. Sollte er es nicht sein, wird er wahrscheinlich für seinen eigenen Untergang verantwortlich sein.

Gesunde Ernährung

Text 1

Eine gesunde Ernährung ist sehr wichtig für die Gesundheit. Leider sehen viele Menschen heute Ernährung mehr als zusätzliche Arbeit als als wichtigen Beitrag für ihr tägliches Leben. Es ist wichtig mit der richtigen Ernährung schon als Kind zu beginnen. Die Kinder sollten sich von Anfang an an eine gesunde Ernährungsweise gewöhnen. Früchte, Gemüse und Zerealien sollten von Beginn an Teil ihres Ernährungsplans sein. Das macht man am besten mit der Methode Spaß. Wenn Kinder Spaß haben, machen sie viele Dinge mit mehr Freude und höherer Bereitschaft. Ein Apfel sieht zum Beispiel sehr langweilig aus. Genauso wie eine Banane oder eine Karotte. Warum macht man kein lustiges Spiel aus dem Essen. Man schneidet die Früchte und das Gemüse in Stücke und 'malt' kleine bunte Bilder. Ein Gesicht oder einen simplen Hund zum Beispiel. Und danach kann man die Bilder aufessen! Wichtig ist, dass es für die Kinder zur Gewohnheit wird, dass sie Gemüse und Früchte essen. Es ist die Pflicht und Verantwortung der Eltern den Kindern zu helfen, damit sie lernen, was gute Ernährung bedeutet. Mit Kreativität und Spaß ist das aber kein Problem. Der Mensch lernt am besten, wenn er Spaß hat und die Dinge interessant sind.

Essen ist wie das Benzin für das Auto. Essen ist der Treibstoff für den Körper. Ohne das richtige Essen hat der Körper keine Energie. Man fühlt sich müde und ohne Kraft. Man kann sich nicht konzentrieren und man hat schlecht Laune. Auch um zu wachsen braucht man die richtige Ernährung. Richtige Ernährung bedeutet, dass man dem Körper Kohlenhydrate, Vitamine, Mineralien, Fette und Eiweiße in der richtigen Menge gibt. Sehr wichtig ist, dass man viel pflanzliche Nahrung isst. Das heißt, viel Gemüse und Früchte gehören zu jeder Mahlzeit. Der Rest der Mahlzeit besteht dann aus Kohlenhydraten, zum Beispiel Nudeln, Kartoffeln oder Reis und tierischen Fetten, Fleisch und Fisch. Wenn man sich generell gesund ernährt, dann ist es auch kein Problem, wenn man manchmal ein Stück leckere Schokolade oder einen Kuchen isst.

Fazit: Wer eine gesunde Ernährung hat, isst leckeres Essen, bleibt gesund und aktiv, hat die nötige Energie für den Tag und kann sich ohne große Probleme von Zeit zu Zeit ein leckeres Stückchen Schokolade oder Kuchen erlauben.

Text 2

Heute möchten wir euch 8 Regeln für eine gesunde und leckere Ernährung präsentieren:

Regel 1: Eine gesunde Ernährung besteht aus vielen verschiedenen Lebensmitteln. Das bedeutet, dass wenn du jeden Tag 5 Kilo Äpfel isst, du zwar viele Früchte gegessen hast. Aber dir fehlen wichtige Stoffe und Substanzen, die der Körper braucht und die der Apfel nicht enthält.

Regel 2: Iss viele Getreideprodukte und Kartoffeln, denn sie sind sehr gesund und liefern die Energie, die du für den Tag brauchst. Sie enthalten auch viele Vitamine, Mineralien und Ballaststoffe.

Regel 3: Denke an die Regel '5 am Tag'. Die Regel bedeutet, dass du jeden Tag 5 Mal Früchte und Gemüse essen solltest. So bleibst du gesund und kannst sicher sein, dass du die nötige Energie, Vitamine und Mineralstoffe für einen anstrengenden und aktiven Tag hast.

Regel 4: Du kannst Milch und Milchprodukte jeden Tag essen. Ein leckerer Joghurt zum Frühstück, ein Glas Milch zum Mittagessen und ein saftiges Stück Käse zum Abendessen sind gut für deinen Körper. Außerdem kannst du ein bis zwei Mal pro Woche Fisch und Fleisch essen. Aber wichtig ist, dass du alles in Maßen isst und nicht zu viel. Alles in Maßen, nicht in Massen, sagt man.

Regel 5: Versuche wenig Fett zu essen. Fett ist wichtig, aber der Körper braucht nicht so große Mengen. Fett liefert viel Energie, es ist sehr energiereich und das heißt, dass wenn du zu viel Fett oder fettige Lebensmittel isst, wächst dein Bauch und du wirst dick. Oft weiß man aber gar nicht, dass ein Produkt viel Fett enthält. Da hilft nur eins: Das Etikett auf der Packung lesen.

Regel 6: Benutze nur wenig Zucker und Salz für dein Essen. Viele Menschen sind heute so stark an den Geschmack von Salz und Zucker gewöhnt, dass Gerichte ohne sie langweilig und fade schmecken. Versuche eine Woche ohne Salz und Zucker zu kochen. Du wirst sehen, danach schmeckt dein Essen auch ohne Salz und Zucker himmlisch und vor allem schmeckt dein Essen nach deinen Zutaten.

Regel 7: Trinke viel Wasser. Versuche jeden Tag mindestens 1,5 Liter Wasser zu trinken. Noch besser ist es, wenn du 2 oder 3 Liter am Tag schaffst. Und trinke nicht viel Alkohol, denn er ist nicht gesund.

Regel 8: Nimm dir Zeit, um zu essen. Für viele Menschen scheint Essen heute nur noch eine Notwendigkeit zu sein. Sie essen, weil sie Hunger haben. Schließe die Augen, kaue dein Essen lang und gründlich und erforsche seinen Geschmack. Es gibt viel Neues zu entdecken!

Politik

Text 1

Was ist Politik? Warum braucht man Politik? Wer macht Politik? Das sind Fragen, die man oft hört, aber auf die viele Menschen keine Antwort haben. Meistens hört man die Leute über Politik und Politiker schimpfen, weil etwas nicht funktioniert. Politik ist immer dann wichtig, wenn mehrere Leute eine Entscheidung finden müssen. Da Menschen immer zusammen in einer Gemeinschaft leben, gibt es auch immer Fragen, Themen und Probleme, die politisch beantwortet werden müssen. Politik ist nicht nur, was man im Fernseher sieht oder in den Nachrichten im Radio oder in der Zeitung berichtet wird. In der Politik geht es um Interessen, um Macht und Einfluss. Das heißt, eigentlich ist alles Politik. Das Wort Politik kommt vom griechischen Wort 'Polis'. Polis bedeutete im alten Griechenland Stadt, Bürgerschaft und Staat. In Griechenland lebten die Menschen schon vor 2500 Jahren in einer Polis. Es gab Versammlungen, auf denen Themen und Probleme diskutiert wurden und gemeinsam und demokratisch Entscheidungen getroffen wurden. Darum hört man auch oft, dass in Griechenland die Demokratie erfunden wurde. Das ist aber nur zum Teil richtig. Im antiken Griechenland lebten nicht nur freie Menschen, sondern auch Sklaven. Diese hatten keine Rechte, vor allem keine politischen Rechte. Und eine Demokratie, in der nicht alle Menschen teilnehmen dürfen, ist keine gute Demokratie. In der Politik geht es um Interessen. Wichtig ist, dass man die Menschen von einer Idee überzeugen kann. Wenn nur eine einzige Person eine Idee gut findet, dann hat er mit seiner Idee schlechte Chancen. Finden aber viele Menschen eine Idee gut, ist es leichter eine Idee zu realisieren. Normalerweise schlägt eine Person oder eine Gruppe ein Thema vor und es wird darüber diskutiert. Um zu diskutieren, benutzt man Argumente. Man versucht, den anderen Leuten die Vorteile und Nachteile einer Idee zu erklären. Danach hat ein anderer Bürger die Möglichkeit seine Meinung und Argumente zu erklären. Diese Diskussionen sollen dabei helfen, die besten Argumente zu filtern. Wenn man alle Seiten gehört hat, gibt es eine Abstimmung. Will man, dass eine Idee realisiert wird, braucht man eine Mehrheit. Diese Mehrheit hat man hoffentlich vorher in der Diskussion gewonnen. Die Mehrheit der Stimmen gibt einem die notwendige Macht, um seine Idee zu realisieren. Es ist wichtig, dass man Mehrheiten für seine Idee gewinnt und Minderheiten akzeptiert.

Text 2

Die größte Macht in einem Staat ist die Regierung. Sie macht die Politik im Land, die Innenpolitik und die Politik mit anderen Staaten, die Außenpolitik. Die Regierung besteht aus Mitgliedern von Parteien, die die Menschen im Staat, die Bürger, gewählt haben. In Deutschland gibt es zum Beispiel alle 4 Jahre Bundestagswahlen. Der Bundestag ist das Parlament in Deutschland. Hier treffen sich die Politiker und diskutieren über Probleme und suchen eine Lösung. Bei den Bundestagswahlen wählen die Bürger einen Repräsentanten. Das heißt, sie wählen einen Politiker, der für sie und ihre Interessen sprechen soll. Der Politiker oder besser seine Partei haben ein politisches Programm, in dem sie versprechen, dass sie gewisse Ideen versuchen werden. Wenn die Bürger das Programm gut finden, wählen sie den Politiker und schicken ihn mit ihrer Stimme bei der Wahl in den Bundestag. Für die Politiker ist es deshalb wichtig, dass sie in der Bevölkerung sehr beliebt sind. Leider werden Politiker von vielen Menschen gewählt, weil sie sympathisch sind und nicht, weil sie sehr klug und erfahren sind. Das ist ein großes Problem, denn es werden nicht die besten Köpfe in das Parlament geschickt, sondern die, die am besten auf einem Foto aussehen. Im Bundestag sitzen über 600 Politiker. Das heißt, es gibt viele verschiedene Meinungen und Sichtweisen. Es ist wichtig, dass jeder Politiker die Chance hat, seine Meinung zu erklären. Deshalb gibt es im Bundestag Debatten und Diskussion, bei denen Probleme und Themen diskutiert werden. Der Politiker versucht, Mehrheiten für seine Position zu gewinnen. Natürlich gibt es andere Politiker, die eine andere Position verteidigen und versuchen die Mehrheit der Politiker im Bundestag für ihre Sichtweise zu gewinnen. Am Ende wird von allen Politikern abgestimmt. Jeder Politiker hat eine Stimme. Die Idee oder Lösung, die am meisten Stimmen für sich gewinnt, gewinnt die Debatte. Wichtige Themen bei den Debatten im Bundestag sind zum Beispiel die Gesundheitspolitik, die Sicherheitspolitik oder die Wirtschaftspolitik. Außerdem wird auch über Außenpolitik diskutiert. Bei diesem Thema diskutieren die Politiker, welches Verhältnis sie zu einem anderen Staat haben möchten. Es gibt Staaten mit denen Deutschland befreundet ist und Staaten mit denen Deutschland Probleme hat. Manchmal muss ein Staat auch in den Krieg, um sich zu verteidigen oder um anderen Menschen in anderen Ländern zu helfen. Das ist aber ein sehr schwieriges Thema. In einem Krieg sterben immer viele Menschen und es wird sehr viel zerstört. Das kostet viele Menschenleben und viel Geld. Politik ist sehr interessant und sehr spannend, aber auch oft tragisch, traurig und frustrierend. Aber Politik ist auch sehr wichtig, denn sie ist immer überall und wir sind mittendrin.

In der Bank

Text 1

Bankangestellter: Guten Tag, wie kann ich Ihnen helfen?

Kunde: Ich möchte Geld von meinem Konto abheben, aber ich weiß nicht genau, wie der Geldautomat funktioniert. Könnten Sie mir bitte helfen?

Ba: Natürlich, das mache ich sehr gern. Gehen wir zum Automaten und ich erkläre Ihnen alles.

K: Vielen Dank. Das ist sehr freundlich von Ihnen.

Ba: Zuerst brauchen Sie ihre Bankkarte. Stecken Sie die Karte in den Automaten. Dann liest der Automat ihre Daten. Danach müssen Sie ihre Pin-Nummer eingeben. Die Pin-Nummer haben wir Ihnen mit der Bankkarte geschickt. Sie hat vier Nummer, zum Beispiel 1234. Wissen Sie die?

K: Ich habe Sie in meinem Geldbeutel. Lassen Sie mich nachsehen. Hier ist sie.

Ba: Sehr gut. Nun geben Sie die Nummer ein und bestätigen mit der grünen Taste. Perfekt. Nun müssen Sie den Betrag auswählen, den Sie abheben wollen. Und das ist schon alles.

K: So einfach geht das? Vielen Dank für ihre Hilfe.

Ba: Möchten Sie noch einen Kontoauszug haben? Auf dem Kontoauszug können Sie sehen, wie viel Geld Sie auf ihrem Konto haben. Und Sie können die Einzahlungen und die Auszahlungen sehen.

K: Das wäre super. Dann verliere ich nicht den Überblick über mein Konto.

Ba: Drücken Sie hier auf die Taste 'Kontoauszug'. Und schon druckt der Automat den Auszug.

Text 2

Ba: Guten Tag, wie kann ich Ihnen helfen? Gibt es ein Problem?

K: Ich möchte eine Überweisung machen, aber ich weiß nicht, wie das funktioniert. Könnten Sie mir dabei helfen? Was brauche ich, um Geld an meine Nichte zu überweisen?

Ba: Sie brauchen einen Überweisungsschein. Hier haben Sie einen Überweisungsschein. Wenn Sie möchten, helfe ich Ihnen beim Ausfüllen. Das ist nicht schwierig.

K: Das wäre sehr nett. Das nächste Mal kann ich es dann alleine machen.

Ba: Zuerst brauchen wir ihre Daten. Hier ist das Feld für ihre Kontonummer und hier schreiben Sie die Bankleitzahl hinein. Dann schreiben Sie noch ihren Namen und einen Verwendungszweck. Der Verwendungszweck ist für den Empfänger, damit er weiß, wofür das Geld ist. In ihrem Fall schreiben Sie einfach 'Taschengeld' oder 'zum Geburtstag'.

K: Und wer ist der Empfänger? Die Bank oder meine Nichte?

Ba: Der Empfänger ist ihre Nichte. Sie empfängt das Geld auf ihrem Konto. Schreiben Sie also den Namen von ihrer Nichte. Daneben schreiben Sie den Namen der Bank, bei der ihre Nichte das Konto hat. Und darunter in die Felder schreiben Sie die Kontonummer und die Bankleitzahl ihrer Nichte. Dann noch den Betrag und schon sind Sie fertig. Das war nicht schwierig.

K: Nein, das war kein Problem. Trotzdem vielen Dank für ihre Hilfe.

Text 3

K: Guten Morgen, ich möchte bitte 500 € auf mein Konto einzahlen. Hier ist die Kontonummer.

Ba: Gern. Kein Problem. Ich bräuchte noch eine Unterschrift, bitte. Hier unten, auf der Linie.

K: Hätten Sie eine Quittung für mich? Also ein Papier, auf dem steht, dass ich das Geld eingezahlt habe? Ich brauche eine Quittung für meine Unterlagen.

Ba: Natürlich. Hier, bitte schön, ihre Quittung. Hier ist das Datum, darunter ihr Name und der Betrag.

K: Vielen Dank. Und könnten Sie mir bitte 200 € von meinem anderen Konto auszahlen? Hier ist die Kontonummer. Und machen Sie mir bitte einen Kontoauszug. Das wäre sehr nett.

Ba: Einen kleinen Moment, bitte. Hier haben Sie ihr Geld und hier haben Sie den Kontoauszug. Bitte unterschreiben Sie die Quittung für die Bank. Vielen Dank für ihren Besuch.

K: Vielen Dank für ihre Hilfe. Auf Wiedersehen. Schönen Tag noch!

Am Bahnhof

Bahnangestellter: Herzlich Willkommen im Kundencenter der Bahn. Wie kann ich Ihnen helfen?

Kunde: Guten Tag, ich möchte gerne eine Zugfahrkarte von München nach Berlin.

Ba: Wann möchten Sie reisen? Möchten Sie eine schnelle Verbindung oder eine normale Verbindung?

K: Was ist denn eine schnelle Verbindung? Natürlich möchte ich schnell an mein Ziel kommen.

Ba: Eine schnelle Verbindung ist mit einem Schnellzug, zum Beispiel einem ICE. Die Fahrkarte ist ein bisschen teurer, aber dafür reisen Sie schneller. Die normale Verbindung dauert 2 Stunden länger, ist aber 20 Prozent günstiger. Und Sie müssen ein Mal umsteigen. Die schnelle Verbindung geht direkt bis zum Zielbahnhof. Das heißt Sie steigen in München ein und steigen in Berlin wieder aus. Mit der langsamen Verbindung müssen Sie in Dresden aussteigen und 1 Stunde warten. Dann steigen Sie in einen anderen Zug ein und fahren weiter nach Berlin. Wann möchten Sie reisen?

K: Ich möchte eine Fahrkarte für die normale Verbindung, bitte. Ich würde gerne Morgen früh reisen, spätestens um 10 Uhr, weil ich am frühen Abend einen Termin habe.

Ba: Ok, kein Problem. Es gäbe einen Zug mit Abfahrt um 8.30 Uhr und Ankunft um 16 Uhr und einen Zug um 10 Uhr mit Ankunft in Berlin um 17.30 Uhr. Mit welchem Zug möchten Sie reisen?

K: Der Zug um 8.30 Uhr ist perfekt. Ich habe eine Bahncard 50. Kann ich diese benutzen?

Ba: Natürlich. Sie bekommen einen Rabatt von 50 Prozent auf ihre Fahrkarte. Möchten Sie bar oder mit Karte bezahlen? Zeigen Sie mir bitte ihre Bahncard 50.

K: Mit Karte, bitte. Hier haben Sie meine Bahncard.

Ba: Möchten Sie eine Sitzplatzreservierung buchen? Es kann sein, dass der Zug sehr voll ist. Mit einer Reservierung haben Sie sicher einen Sitzplatz und müssen nicht bis Berlin stehen.

K: Ja, bitte. Dann kann ich in Ruhe arbeiten und die Zeit nutzen. Vielen Dank.

Ba: Hier bitte, ihre Fahrkarte und ihre Quittung. Gute Reise, kommen Sie gut an!

Im Hotel

Text 1

Rezeptionist: Guten Tag, herzlich Willkommen in unserem Hotel. Was kann ich für Sie tun?

Gast: Ich habe ein Zimmer auf den Namen Schmid reserviert. Es ist ein Doppelzimmer mit Balkon.

R: Lassen Sie mich kurz im Register nachsehen. Sie haben im Internet gebucht, richtig? Haben Sie Frühstück oder eine andere Mahlzeit gebucht? Der Kollege hat das hier nicht notiert.

G: Ich habe Vollpension gebucht, Frühstück, Mittagessen und Abendessen.

R: Hätten Sie bitte ihre Reservierungsbestätigung? Dann kann ich die Daten vergleichen.

G: Hier, bitte schön. Ich habe über eine Reiseseite im Internet gebucht. Brauchen Sie auch meine Kreditkarte oder meinen Ausweis?

R: Wenn Sie mir ihren Ausweis geben könnten, wäre das sehr freundlich. Es scheint alles in Ordnung zu sein. Ich lasse ihre Koffer auf ihr Zimmer bringen. Frühstück gibt es ab 7 Uhr morgens und Mittagessen gibt es ab 11 Uhr vormittags. Das Abendessen wird ab 18 Uhr serviert. Jeden Morgen kommt ein Zimmermädchen. Sie bringt Ihnen frische Handtücher und reinigt ihr Zimmer. Wir haben auch eine Sauna, einen Pool und eine große Terrasse, die sie gerne benutzen können. Benötigen Sie Handtücher? Sie können hier an der Rezeption große Handtücher für die Sauna oder den Pool ausleihen. Es ist kostenlos. Sie müssen nur ihren Ausweis an der Rezeption hinterlegen. Später bringen Sie die Handtücher wieder und holen ihren Ausweis ab. Hier, bitte schön, ihre Schlüssel. Das Zimmer ist im dritten Stock. Möchten Sie, dass ich Ihnen den Weg zeige?

G: Das wäre sehr freundlich. Das Hotel ist so riesig und ich verlaufe mich bestimmt. Vielleicht könnten Sie mir auch den Pool und die Sauna einen Moment zeigen.

R: Sehr gerne, hier entlang, bitte. Gehen wir zum Aufzug und dann zeige ich Ihnen ihr Zimmer. Hier ist noch eine Karte mit wichtigen Telefonnummer. Sie haben ein Telefon in ihrem Zimmer, falls Sie etwas brauchen. Rufen Sie einfach an der Rezeption an und wir bringen Ihnen, was Sie benötigen.

Märchen, Mythen und Fabeln

Text 1

Wie der Tod in die Welt kam

Die Erde, die Sonne, den Mond und die Sterne gab es schon immer. Sie existieren seit einer Ewigkeit. Aber der Tod ist nicht so alt. Er war nicht immer auf der Erde.

Eines Tages kamen zwei Boten zu den Menschen mit einer Nachricht. Die Boten hatte der große Geist geschickt, der Herr über Himmel und Erde. Einer der Boten war ein Chamäleon und der andere Bote war ein Salamander. Der große Geist hatte zu dem Chamäleon gesagt: „Geh auf die Erde und sag den Menschen, dass sie glücklich, zufrieden und ewig leben sollen." Und dem Salamander sagte der große Geist: „Geh zu den Menschen und sag ihnen, dass sie sterben müssen." Das Chamäleon war der Bote des Glücks und der Salamander war der Bote des Unglücks. Sie machten sich auf den Weg zur Erde, um ihre Botschaft zu den Menschen zu bringen. Als der Salamander den ersten Menschen sah, lief er zu ihm und sagte: „Warum bist du so glücklich? Weißt du nicht, dass du sterben musst?" Erst verstand der Mensch nicht, was der Salamander sagen wollte. Dann erschrak er. Er hatte verstanden, dass das Sterben das Ende seiner Existenz bedeutete. So lernten die Menschen die Sorge und Angst vor dem Tod kennen. Das Chamäleon hatte sich verlaufen. Es hatte hier eine Fliege gefressen und dort einen Schmetterling und kam deshalb später zu den Menschen. Aber es war schon zu spät. Der Salamander hatte den Menschen schon die Angst vor dem Tod gebracht.

Text 2

Die Sage von den wunderbaren Hörnern

Es war einmal ein kleiner Junge. Seine Mutter war schon gestorben und die anderen Frauen seines Vater behandelten ihn schlecht. Deshalb entschied er sich auf eine lange Reise zu gehen. Der Vater hatte ihm einen Ochs geschenkt. Diesen Ochsen benutzte er als Pferd und ritt in die Welt. Er wusste nicht, wohin er wollte und ritt ohne Ziel und ohne Plan immer gerade aus. Nach ein paar Tagen, als die beiden schon ziemlich weit weg von zu Hause waren, sahen sie eine Viehherde. In der Viehherde gab es auch einen Stier. Der Stier war der Chef der Herde und sehr groß und stark. Der Ochse sagte zum

Jungen: „Ich werde mit dem Stier kämpfen. Steig ab und lass mich gehen." Der Junge stieg ab und der Ochse lief zu dem Stier, um mit ihm zu kämpfen. Und der Ochse gewann. Der Junge stieg wieder auf den Ochsen und sie ritten weiter. Ein wenig später hatte der Junge Hunger. „Schlag gegen mein rechtes Horn und du wirst etwas zu essen haben.", sagte der Ochse. Der Junge schlug gegen das Horn und das Horn öffnete sich und gab dem Jungen zu essen. Als der Junge keinen Hunger mehr hatte, schlug er gegen das linke Horn. Es öffnete sich und der Junge ließ das Essen darin. Satt und zufrieden reisten die beiden weiter bis sie zu einer zweiten Herde kamen. „Steig ab mein Freund.", sagte der Ochse, „Ich werde hier sterben. Brich meine beiden Hörner ab. Wenn du hungrig bist, dann sprich mit ihnen und sie werden dir Nahrung geben." Der Ochse ging zu der Herde, um mit dem Stier zu kämpfen und starb. Wie er es prophezeit hatte. Der Junge wanderte alleine weiter. Er war sehr traurig, weil er seinen Freund verloren hatte. Nach einer Weile kam er in ein Dorf. In diesem Dorf gab es sehr wenig zu essen, weil die Ernte nicht gut war. Die letzten Monate waren sehr trocken gewesen und es hatte kaum geregnet. Die Menschen hatten Hunger und Durst und waren sehr verzweifelt. Der Junge setzte sich mit den Menschen auf den Dorfplatz und teilte sein Essen mit ihnen. Dank der Hörner hatte er genug Essen, um es mit allen Dorfbewohnern zu teilen. Ein Mann lud ihn ein, die Nacht in seinem Haus zu verbringen. Der Junge war glücklich, dass er in einem Bett die Nacht verbringen konnte und ging mit dem Mann zu seinem Haus. Als der Junge schlief, kam der Mann in sein Zimmer und stahl seine Hörner. Anstelle der magischen Hörner ließ er normale Hörner neben dem Bett des Jungen liegen. Am nächsten Tag bedankte sich der Junge und machte sich wieder auf den Weg. Er hatte noch nicht bemerkt, dass ihm der Mann seine magischen Hörner gestohlen hatte. Als es Mittag wurde, wollte der Junge zu Mittag essen, weil er sehr hungrig war. Aber die Hörner wollten nicht reagieren. Schließlich verstand der Junge, was passiert war. Sofort lief er zum Dorf zurück. Als er an der Tür stand, hörte er den Mann mit den Hörnern reden. Aber es war vergeblich. Die Hörner wollten ihm kein Essen geben. Der Junge ging in das Haus hinein, nahm seine Hörner und machte sich wieder auf den Weg. Am Abend kam er zu einer Hütte. Er klopfte an der Tür und bat die Leute, die Nacht in der Hütte schlafen zu dürfen. Aber die Leute wollten ihn nicht herein lassen, weil er schmutzig und staubig war und seine Kleidung war kaputt. Deshalb ging der Junge weiter zu einem Fluss. Er zog seine Kleidung aus und badete sich im Fluss. Danach fragte er seine Hörner nach Kleidung. Die Hörner gaben ihm schöne Kleidung, Perlen und Halsketten. Nun sah er aus wie ein kleiner Prinz. Er wanderte weiter und kam wieder zu einer Hütte. In der Hütte lebten ein Mann und eine Frau mit ihrer wunderschönen Tochter. Die Familie freute sich über den Gast und lud ihn ein, mit ihnen zu essen und die Nacht zu verbringen.

Der Junge blieb ein paar Wochen im Haus der Familie und heiratete schließlich die Tochter. Dann nahm er seine Frau und sie machten sich auf den Weg nach Hause zu seinem Vater. Der Hörner schenkten dem jungen Paar ein schönes Haus und dort lebten sie glücklich und zufrieden für viele Jahre.

Text 3

Der Hase, die Hyäne und der Löwe

Es waren einmal ein Hase, eine Hyäne und ein Löwe. Zusammen hatte sie einen wunderschönen Garten gepflanzt. Der Garten war voll mit bunten Blumen, exotischen Bäumen und Büschen. In den Bäumen sangen die Vögel fröhlich ihre Lieder und in der Luft flogen Schmetterlinge. Eines Tages wollten die drei zu ihrem Garten gehen. Der Weg war sehr weit und weil sie keine Zeit verlieren wollten, vereinbarten sie eine Regel: „Wer auf dem Weg stehen bleibt und eine Pause macht, der wird mit Haut und Haaren gefressen." Sie machten sich auf den Weg und nach einer Weile blieb der Hase plötzlich stehen. „Schau, Löwe, der Hase macht eine Pause und geht nicht mehr weiter. Wir werden ihn auffressen", schrie die Hyäne. „Ich mache keine Pause, sondern ich denke nach", sagte der Hase. „Du denkst nach? Warum kannst du nicht weitergehen? Zum Denken brauchst du deine Füße nicht, nur deinen Kopf.", riefen der Löwe und die Hyäne. „Habt ihr nicht diese beiden Steine gesehen? Der eine ist groß und der andere ist klein. Ich frage mich, warum der kleine Stein nicht mehr weiter wächst. Ist das nicht eigenartig?", fragte der Hase. „Das ist wirklich eine gute Frage. Wie klug du bist. Wir sollten auch darüber nachdenken." , antworteten die beiden Anderen. Und dann gingen sie weiter. Nach einer Weile blieb der Hase wieder stehen. „Schau, Hyäne, der Hase macht eine Pause und geht nicht mehr weiter. Wir werden ihn auffressen", schrie der Löwe. „Ich mache keine Pause, sondern ich denke nach", sagte der Hase. „Du denkst nach? Was ist es diesmal?" „Wenn die Menschen neue Kleider haben, was machen sie mit ihren alten Kleidern? Habt ihr euch das noch nie gefragt?", antwortete der Hase. „Das ist wieder eine sehr interessante Frage und sie ist es wert, sich Gedanken zu machen.", stimmten der Löwe und die Hyäne zu. Und dann machten sie sich wieder auf den Weg. Plötzlich blieb die Hyäne stehen. „Schau, Löwe, die Hyäne macht eine Pause und geht nicht mehr weiter. Wir werden sie auffressen", schrie der Hase sofort. „Ich mache keine Pause, sondern ich denke nach", sagte die Hyäne. „Du denkst nach? Worüber?", fragten sie ihre Kameraden. „Über nichts!", antwortete die Hyäne. Da fraßen der Hase und der Löwe die Hyäne. Danach gingen die zwei weiter. Nach einer Weile blieb der Hase wieder stehen. „Du bist stehen geblieben", schrie der Löwe, „Dieses Mal werde ich dich fressen. Dieses Mal gibt es keine Ausreden mehr." „Nein, nein, nein. Warte!", rief der Hase, „Es geht um Leben und Tod. Siehst du das kleine Loch dort im Felsen? Es ist der Eingang zu einer Höhle. Schon seit vielen Generation gehen die Tiere dort hinein. Es gibt einen großen Raum im Innern der Höhle. Ich werde hinein gehen und sehen, ob es für dich sicher ist." Der Hase ging in die Höhle hinein und nach ein paar Minuten kam er zurück und sagte dem Löwe, dass es sicher für ihn sei und es keine Gefahr für ihn gäbe. Der Löwe folgte dem Hasen, aber das Loch im Felsen war zu klein und der Körper des Löwen passte nicht durch die Öffnung. Der Löwe steckte fest und konnte nicht vorwärts und nicht zurück gehen. „Du bist stehen geblieben", sagte der Hase zum Löwen, „Du hast dein Leben verloren. Aber ich werde großzügig sein. Ich schenke dir dein Leben." Der Hase verließ die Höhle und ließ den Löwen in seinem Unglück zurück. Von diesem Tag hatte der Garten nur noch einen Besitzer.

Text 4

Drei Worte

Es war einmal ein alter Mann, der sehr geizig war. Er wollte nie seine Dinge mit anderen Menschen teilen und er schuldete vielen Leuten Geld. Es wurde immer schwieriger für ihn Leute zu finden, die ihm etwas verkaufen oder ihm helfen wollten. „Er verspricht uns Geld und am Ende gibt er uns nichts.", sagten die Leute. Eines Tages hatte der geizige Mann ein wertvolles Gefäß aus Glas auf einem Markt gekauft. Aber es war sehr groß und sehr schwer. Da der Mann sehr alt war, hatte er nicht genug Kraft, um das Gefäß nach Hause zu tragen. Deshalb suchte er jemanden, der ihm die Kiste mit dem Gefäß nach Hause tragen würde. Schließlich fand er einen Mann, der ihm helfen wollte. „Entweder bezahle ich deinen Dienst mit Geld oder ich werde dir drei Worte sagen, die dir in deinem Leben helfen werden.", bot ihm der geizige Mann an. „Du bist alt und sicher sehr weise. Ich denke, ich möchte von deiner Erfahrung und deiner Weisheit profitieren.", antwortete der Mann. Er nahm die schwere Kiste in beide Hände und die beiden machten sich auf den Weg. Nach ungefähr einem Drittel des Weges blieb der Mann stehen und sagte zum alten Mann: „Ich denke, dass es Zeit ist für das erste Wort. Sag mir etwas, dass mir in meinem Leben eine große Hilfe sein wird!" Der geizige Alte sprach: „Glaube niemandem, der dir sagt, dass Sklaverei besser als Freiheit ist." Der Mann nahm die Kiste wieder in beide Hände und sie machten sich wieder auf den Weg. „Der alte Mann ist ein Betrüger. Er ist nicht nur geizig, sondern er betrügt die anderen Menschen. Das ist noch viel schlimmer!", dachte der Mann.

Nach ungefähr zwei Dritteln des Weges blieb der Mann wieder stehen und wollte sich ausruhen. „Es ist Zeit für das zweite Wort!", sagte er, „Aber dieses Mal hoffe ich, dass es wirklich hilfreich ist." „Wer sagt, dass Armut Glück und Reichtum Unglück bringt, ist ein Lügner. Glaube ihm nicht seine Lügen!" Wieder nahm der Mann die schwere Kiste in beide Hände und trug sie die letzten Meter bis zum Haus des alten Mannes. „Welches ist das letzte Wort?", fragte der Mann. „Glaube niemanden, der dir sagt, dass Hunger nicht schmerzhaft ist." „Geh auf die Seite", rief der Mann und ließ die Kiste mit einem lauten Krach auf den Boden fallen. Das Glas in der Kiste war zerbrochen. „Mein schönes Gefäß, du hast es kaputt gemacht!", schrie der geizige Mann, „Warum hast du das getan?" „Wenn jemand dir sagt, dass in der Kiste ein Gefäß aus Glas ist, glaube ihm nicht, denn er ist ein Lügner."

Text 5

Das Lied von Quetzalcoatl

Quetzalcoatl wurde von den Tolteken als Gott gesehen. Die Tolteken verehrten ihn und machten ihm viele Geschenke. Sie bauten ihm einen riesigen und prächtigen Tempel. Die Tolteken waren Künstler und sie bearbeiteten Stein, um ihrem Gott Statuen zu schenken. Sie sammelten Federn, um ihrem Gott Schmuck zu machen und sie suchten nach Gold, um seinen Tempel noch prächtiger und schöner zu machen. Alle Tolteken waren reich. Niemand hatte Hunger, jeder hatte ein Zuhause und niemand war arm. Eines Tages wurde Quetzalcoatl sehr krank. Mit der Zeit wurden auch die Tolteken faul und wollten nicht mehr für ihr Glück arbeiten. Eines Tages kamen drei böse Zauberer in die Stadt der Tolteken. Einer der Zauberer wollte mit Quetzalcoatl sprechen und verwandelte sich in einen alten Mann mit einem langen, weißen Bart. Er bat um ein Gespräch mit dem Gott, aber die Tolteken wollten ihn nicht zu ihrem Gott gehen lassen. Doch der Zauberer war geduldig und hartnäckig. Nach einer Weile gab Quetzalcoatl der Bitte des Zauberers nach und ließ ihn in seinen Tempel eintreten. „Wie geht es dir mein Enkel?", fragte der böse Zauberer, „Ich habe dir eine Medizin mitgebracht. Sie wird dir helfen und dich wieder gesund machen. Trink sie schnell, damit du dich wieder gesund und stark fühlst." „Wie geht es dir, alter Mann? Ich habe schon lange auf dich gewartet. Du hattest sicher eine lange Reise und bist sehr müde und erschöpft.", antwortete Quetzalcoatl. „Du siehst sehr krank aus, mein lieber Enkel. Sei ehrlich, du bist sehr krank, nicht wahr?", sprach der böse Zauberer. „Ja, ich bin sehr krank.", entgegnete der Gott, „Mein Körper ist schwach und meine Krankheit zerstört mich jeden Tag ein bisschen mehr." „Trink diese Medizin. Ich habe sie nur für dich gemacht. Sie wird dir helfen.

Du wirst leiden und weinen. Dein Herz wird traurig sein und du wirst über den Tod und das Leben nachdenken. Du wirst dich fragen, wohin dein Weg dich führt und deine Reise geht.", versprach ihm der Zauberer. „Und wohin geht meine Reise?" „Deine Reise geht in die Berge, wo ein alter Wächter auf dich wartet. Du wirst mit ihm sprechen, du wirst viel lernen und wirst viele neue Dinge entdecken. Wenn du bereit bist, wirst du als Kind zurückkehren. Du wirst wieder jung, stark und voller Energie sein." Das beeindruckte den Gott sehr, aber trotzdem wollte er die Medizin nicht trinken. Er wollte dem alten Mann nicht vertrauen. „Trink wenigstens ein bisschen. Du wirst sehen, in ein paar Minuten geht es dir schon besser.", versprach ihm der Zauberer. Und Quetzalcoatl nahm einen kleinen Schluck. Nach kurzer Zeit fühlte er sich besser und er trank die ganze Medizin bis auf den letzten Tropfen. Nach einer Weile bemerkte er, was der böse Zauberer geplant hatte. Er hatte den Gott mit seiner Medizin betrunken gemacht. In diesem Zustand konnte der Gott die Tolteken nicht mehr beschützen und der böse Zauberer begann die zweite Phase seines Plans. Er verkleidete sich als Pfefferhändler und ging auf den Markt. Bald kam die Tochter des Häuptlings zum Markt und sah den Händler. Die Tochter verliebte sich auf den ersten Blick und konnte an nichts anderes mehr denken als an den Händler. Sie wurde verrückt vor Sehnsucht. Als der Häuptling seine Tochter sah, war er sehr verzweifelt: „Was ist nur mit meiner Tochter passiert? Warum ist sie verrückt geworden? Ich muss einen Weg finden, um sie zu heilen." Die Frau, die seine Tochter begleitete und unterrichtete, erzählte ihm von der Begegnung mit dem Händler auf dem Markt. Der Häuptling schickte seine besten Krieger, um den Mann zu finden und ihn zu seinem Haus zu bringen. Als die Krieger den Mann endlich gefunden hatten, brachten sie ihn zum Haus des Häuptlings. „Wer bist du und woher kommst du?", fragte der Häuptling. „Ich bin ein Fremder und ich komme aus einem weit entfernten Land.", antwortete der böse Zauberer. „Du hast meine Tochter verrückt gemacht. Jetzt musst du ihr helfen, wieder gesund zu werden.", befahl ihm der Häuptling. „Ich bin ein einfacher Händler und kein Arzt. Ich weiß nicht, wie ich eurer Tochter helfen kann." „Du hast sie verrückt gemacht, du wirst sie wieder gesund machen.", entgegnete der Häuptling. Sie wuschen die Tochter und kleideten sie in wunderschönen Kleidern und brachten den Zauberer in ihr Zimmer. Der Zauberer befriedigte die Sehnsucht, die die junge Frau verrückt gemacht hatte und die Frau wurde wieder gesund. Zum Dank gab der Häuptling dem Händler seine Tochter zur Frau. Der Händler heiratete die Tochter und die beiden zogen in ein Haus neben dem Haus des Häuptlings. Nun begann der böse Zauberer das Volk der Tolteken von innen zu zerstören. Quetzalcoatl war sehr traurig und wusste nicht, was er tun sollte. Er entschied sich, die Stadt zu zerstören. Er ließ alles verbrennen und einreißen, dann versteckte er seine Schätze in den Bergen. Danach machte er sich auf den Weg in das Reich von Tlapallan. Er ging zum Meer und baute sich ein Floß aus Schlangen. Dann fuhr er los und kehrte nie wieder zurück.

Text 6

Coyote stellt die Sterne auf

Es waren einmal fünf Wölfe. Die Wölfe waren Brüder und wanderten gemeinsam, um Futter zu finden. Wenn sie ein Tier gefangen hatten, dann teilten sie die Beute normalerweise mit einem Coyoten. Eines Tages beobachtete Coyote, wie die Wölfe für eine lange Zeit zum Himmel hinauf sahen. „Was findet ihr so interessant, dass ihr für so lange Zeit zum Himmel hinauf seht?", fragte er die Wölfe. „Nichts Besonderes.", antwortete der älteste Wolf. „Nichts Wichtiges.", antwortete der zweitälteste Wolf. Keiner der fünf Wölfe wollte dem Coyoten verraten, was es Interessantes am Himmel zu sehen gab. Sie hatten Angst, dass er sich in ihre Angelegenheiten einmischen könnte. Es vergingen einige Tage und jeden Abend fragte der Coyote wieder, was die Wölfe im Himmel beobachten würden. Eines Nachts bat der Coyote den jüngsten Wolf um eine Antwort. „Sagen wir es dem Coyoten. Er wird sicher keine Probleme machen.", sagte der jüngste Wolf zu den anderen Wölfen. Die anderen Wölfe stimmten zu und der jüngste Wolf erzählte dem Coyoten: „Wir sehen dort oben im Himmel zwei Tiere. Aber sie sind sehr weit entfernt. Deshalb können wir sie nicht besuchen." „Ich weiß, wie wir zu den Tieren kommen können. Das ist ganz einfach. Vertraut mir. Ich werde euch den Weg zeigen, um die Tiere zu besuchen.", versprach der Coyote. Der Coyote ging zu seinem Versteck und suchte alle Pfeile, die er über die Jahre in der Wüste gefunden hatte. Dann schoss er den ersten Pfeil in den Himmel. Der Pfeil blieb im Himmel stecken und der Coyote schoss den zweiten Pfeil Richtung Himmel. Dieser Pfeil blieb im ersten Pfeil stecken. Dies wiederholte er viele Male. Am Ende hatte er eine Leiter mit den Pfeilen gebaut, die bis zum Boden hinunter reichte. Er hatte einen Weg von der Erde zum Himmel mit seinen Pfeilen gebaut. „Wir können jetzt zu den Tieren hinaufsteigen. Keine Angst, die Leiter ist stabil und sicher.", sagte der Wolf. Der älteste Wolf nahm seinen Hund mit und alle zusammen begannen die Leiter hoch zu klettern. Der Weg war lang und es dauerte viele Tage und Nächte bis sie endlich im Himmel angekommen waren. Die Tiere, die die Wölfe von der Erde aus gesehen hatten, waren Grizzlybären. „Geht nicht so nah an die Bären heran. Sie sind gefährlich und werden euch in Stücke reißen.", warnte der Coyote. Aber die vier jüngsten Wölfe waren schon zu den Bären hingelaufen. Sie hatte die Bären für solange Zeit beobachtet, dass sie ihnen wie alte Bekannte vorkamen. Die Wölfe sahen die Bären an und die Bären sahen die Wölfe an. Nichts passierte. Nun verlor auch der älteste Wolf seine Furcht und näherte sich den Bären. Nichts passierte. So saßen sie gemeinsam im Himmel, die zwei Bären, die fünf Wölfe und der Hund und sahen sich an. Aber der Coyote wollte sich nicht nähern. Er traute den Bären nicht und wollte in sicherer Entfernung bleiben. „Es ist ein wunderschönes Bild, wie die verschiedenen Tiere dort sitzen, in Frieden und Harmonie. Ich glaube, ich werde sie dort sitzen lassen. Dann können die Menschen sie immer am Himmel beobachten und eine Geschichte über mich erzählen. Sie werden mich als den Künstler feiern, der dieses schöne Bild erschaffen hat.", dachte der Coyote und machte sich auf den Weg nach Hause. Während er zurück auf die Erde kletterte, zog er einen Pfeil nach dem anderen aus der Leiter. Nun gab es keinen Rückweg mehr für die Wölfe. Als er auf der Erde angekommen war, bewunderte er das neue Bild am Himmel. „Ein Meisterwerk, ein wahrhaftiges Meisterwerk.", dachte er stolz. Heute kann man dieses Bild immer noch am Himmel sehen. Es heißt 'großer Bär' und wenn man genau hinsieht, erkennt man die Wölfe und den Hund. Dem Coyoten gefiel sein Bild so gut, dass er beschloss mehr Bilder zu machen. Und so stieg er wieder zum Himmel hinauf und machte mehr Bilder. Als er fertig war, rief er seinen Freund, den Vogel. „Wenn ich gestorben bin, erzähl allen Menschen und Tieren, dass ich diese Bilder im Himmel geschaffen habe. So wird die Welt mich nicht vergessen und mich für immer in Erinnerung behalten."

Text 7

Coyote und der Biber

Eines Tages, als der Coyote einen seiner langen Spaziergänge quer durch das Land machte, traf er einen Biber. Der Biber schlief am Ufer eines Flusses unter einem Baum. Er schlief tief und fest und bemerkte nicht einmal, dass ihn der Coyote hochhob und von seinem Schlafplatz fort trug. Als sie weit weg vom Fluss waren, rief der Coyote: „Aufwachen Biber! Was machst du an so einem trockenen Ort? Ich dachte immer, dass Biber das Wasser lieben und darum immer in der Nähe von einem Fluss leben. Bist du ein Biber, der den Staub liebt und darum in der Nähe von einer Wüste lebt?" Der Biber, noch ganz verschlafen, blickte um sich herum und konnte nirgendwo auch nur einen Tropfen Wasser erblicken. „Könntest du mich zum nächsten Fluss bringen, lieber Coyote? Dieser Ort hier ist sicher kein Ort für einen Biber.", bat der Biber den Coyoten. „Nein, leider kann ich dir nicht helfen. Mein Rücken schmerzt sehr und ich bin schon ein alter Coyote. Du musst den Weg leider selbst finden.", antwortete der Coyote und verabschiedete sich vom Biber. Der Biber machte sich auf den langen Weg

156

zum nächsten Fluss. Er war wütend und überlegte den ganzen Weg, wie er es dem Coyoten heimzahlen könnte. Er suchte den Coyoten tagelang und endlich fand er ihn eines Tages schlafend am Flussufer. Der Coyote schlief tief und fest und bemerkte nicht einmal als ihn der Biber hochhob und fort trug. Der Biber schwamm mit dem Coyoten bis auf eine Insel mitten im Fluss. Dort weckte er den Coyoten: „Wach auf Coyote! Ich dachte immer, dass Coyoten in der Wüste leben. Ich wusste gar nicht, dass Coyoten auch gerne auf Inseln leben. Magst du das Wasser wirklich so sehr?" Der Coyote sprang auf und blickte um sich herum. Aber weit und breit sah er nichts anderes als Wasser. Der Coyote erschrak und bekam große Angst, denn er konnte nicht schwimmen. „Bring mich bitte zurück zum Ufer, ich bitte dich!", rief der Coyote. „Leider kann ich dir nicht helfen. Mein Rücken schmerzt so sehr und ich bin schon ein alter Biber. Du musst leider selbst zum anderen Ufer schwimmen.", antwortete der Biber. Mit diesen Worten verabschiedete sich der Biber und sprang ins Wasser.

Text 8

Der kleine Geist

Es war einmal ein kleiner Junge und ein kleines Mädchen. Sie waren Indianer und lebten in einer Höhle. Sie waren ganz allein, denn ihre Eltern waren schon gestorben. Sie waren Waisenkinder. An einem schönen, sonnigen Tag im Winter bat der kleine Junge seine Schwester um einen Ball. Das kleine Mädchen machte ihm einen kleinen Ball und bat ihren Bruder, dass er in der Nähe der Höhle bleiben solle. Der Junge ging nach draußen und spielte mit dem Ball. Er schoss den Ball gerade aus und rannte hinter dem Ball her. Auf diese Weise entfernte er sich Stück für Stück von der Höhle und kam nach einer Weile zu einem See. Der See war gefroren und man konnte auf dem Eis gehen. In der Mitte des Sees saßen vier Männer und angelten. Sie hatten ein Loch in das Eis geschlagen und hatten ihre Angeln in das Loch gehängt. Einer der Männer drehte sich um und sah den kleinen Jungen. Spöttisch rief er: „Schaut mal diesen Zwerg an! Wie winzig der kleine Junge ist." Die anderen Männer aber interessierten sich nicht für den Jungen. Dies ärgerte den Jungen mehr als der Spott. Wütend dachte er nach, wie er es den Männern heimzahlen könnte. Er sah den Eimer des Mannes, der voll war mit Fischen, und stahl ihm den größten Fisch. Dann lief er so schnell er konnte nach Hause. Seine Schwester kochte den Fisch und sie aßen ein leckeres Abendessen. Am nächsten Tag spielte der Junge wieder in der Nähe der Männer auf dem Eis. Als der Junge einmal nicht aufpasste, flog sein Ball in eines der Löcher, die die Fischer zum Angeln ins Eis geschlagen hatten. Der Junge bat freundlich und höflich, dass sie ihm den Ball zurück werfen sollten, aber die Männer ignorierten ihn. Der Junge wurde wieder wütend und lief schnell zu dem Fischer, brach ihm den linken Arm, holte seinen Ball aus dem Loch und rannte so schnell er konnte nach Hause. Die Fischer konnten nicht so schnell rennen wie der kleine Junge und deshalb verloren sie den Jungen schnell aus den Augen. Aber sie wollten Rache und machten einen Plan, um sich zu rächen. Am nächsten Tag suchten sie immer noch voller Wut nach der Höhle des Jungen und fanden sie auch. Die Schwester sah die Männer als sie noch ein bisschen entfernt waren und rannte voller Angst zu ihrem Bruder. „Bruder, was sollen wir machen? Die Männer kommen, um uns zu töten. Denk nach, wir brauchen eine Idee." „Bring mir etwas zu essen.", bat sie der Junge. Das Mädchen brachte ihm eine riesige Muschel, die so groß war wie ein Mann. Der Junge begann zu essen und als die Männer an den Eingang der Höhle kamen, warf er schnell die Muschel vor die Tür und blockierte damit den Eingang. Die Männer versuchten den ganzen Tag in die Höhle hinein zu kommen, aber es war alles vergebens. Am Abend hatten sie ein kleines Loch in die Muschel gebrochen. Ein Mann steckte seinen Kopf durch das Loch, aber der Junge wartete schon mit Pfeil und Bogen. Er tötete den Mann mit einem Pfeil in den Kopf. Als die Männer ihren toten Freund sahen, hoben sie seinen leblosen Körper auf ihre Schultern und rannten so schnell sie konnten nach Hause. Sie kehrten nie wieder zur Höhle zurück und ließen den Jungen und das Mädchen in Ruhe.

Text 9

Die Geschichte eines Riesen

Am Anfang war alles Land unter Wasser. Es gab keine Kontinente, sondern nur Meer. Eines Tages begannen die Kontinente an die Oberfläche zu tauchen. Als die Erde aufgetaucht war, begannen sich Pflanzen, Tiere und Menschen zu entwickeln. Auch eine besonders seltsame Spezies entwickelte sich zu dieser Zeit: die Riesen. Die Riesen waren keine freundlichen Kreaturen. Sie raubten und mordeten und waren voller böser Ideen. Eines Tages zum Beispiel, kam ein großes Schiff am Ufer des Landes, wo die Riesen wohnten, an. Die Menschen suchten nach einem neuen Leben, einer neuen Gelegenheit, um ein neues Leben zu beginnen. Sie bauten kleine Bauernhöfe und züchteten verschiedenes Vieh, Kühe, Schafe, Schweine und Ziegen. Aber die Riesen wollten ihr Land nicht mit den Siedlern teilen. Sie begannen einen Krieg mit den Menschen und töteten sie alle. In dieser Zeit konnte man nicht eine gute Geschichte von den Riesen erzählen, sie waren einfach nur böse und zerstörerisch.

Zu dieser Zeit lebte auch ein Häuptling. Der Häuptling hatte sechs Söhne und eine wunderschöne

Tochter. Eines Tages waren alle Brüder auf der Jagd, um frisches Fleisch für die Familie zu beschaffen. Ein Riese, der schon lange in die Tochter verliebt war, nutzte die Gelegenheit und raubte die Tochter des Häuptlings. Als die Brüder von der Jagd zurück kamen, suchten sie überall nach ihrer Schwester. Aber sie konnten sie nicht finden und am Ende gaben sie die vergebliche Suche auf. Der älteste Bruder aber wollte noch nicht aufgeben und suchte weiter. Nach drei Tagen kam er zum Haus des Riesen, der seine Schwester geraubt hatte. Er beobachtete das Haus eine Weile und nach einiger Zeit kam seine Schwester aus dem nahen Wald und ging zur Hütte. Sie hatte im Wald Holz gesammelt und trug es zur Hütte. Als der Bruder sich der Schwester näherte, lief sie schnell in die Hütte hinein und schloss die Tür. Der Bruder hatte den Eindruck, dass es der Schwester nicht schlecht ging und sie keine Angst hatte. Fast sah sie so aus als würde sie sich sicher und wohl im Haus des Riesen fühlen. Der Bruder lief seiner Schwester hinterher, klopfte an die Tür und rief ihren Namen. Aber es öffnete nicht die Schwester, sondern der Riese. Der Mann erschrak und wollte weglaufen, aber der Riese hielt ihn auf und lud ihm zum Abendessen ein. Danach rauchten sie beide ihre Pfeifen und unterhielten sich freundlich. Danach gab der Riese dem Mann ein Bett und eine Decke und der Mann legte sich schlafen. Als der Mann tief und fest schlief, näherte sich der Riese und tötete den Mann mit einer Keule. Danach sagte er der Frau, dass sie das nächste Mal besser aufpassen solle, weil er keinen ihrer Brüder in der Nähe seiner Hütte sehen wolle. Danach begrub der Riese den Mann in einem kleinen Grab. Kurze Zeit später erschien der Jüngste der Brüder vor dem Haus des Riesen, klopfte stürmisch an die Tür und rief nach seinem Bruder und seiner Schwester. Er war der Schnellste und Stärkste der Brüder und war bis an die Zähne bewaffnet für den Fall, dass er sich verteidigen müsste. Der Riese öffnete dem jungen Mann und empfing ihn freundlich wie schon den ersten Bruder. Er gab ihm zu essen, sie rauchten zusammen ihre Pfeifen und sprachen über viele verschiedene Dinge. Der Riese erzählte dem jungen Mann, dass der andere Bruder auf der Jagd sei und sicher am nächsten Morgen zurück kommen würde. Er gab dem Mann ein Bett und eine Decke und der junge Mann legte sich schlafen. Vorher aber legte er sich auf jedes Auge ein Stück faules Holz. Das Holz leuchtete in der Dunkelheit und der Riese dachte, dass der Mann die ganze Nacht wach war. Am nächsten Morgen, als der ältere Bruder nicht zurück kam, forderte der junge Mann eine Erklärung. Der Riese dachte, dass der Mann müde und erschöpft sei, weil er die ganze Nacht nicht geschlafen hatte und sagte ihm die Wahrheit. Letztendlich würde es einfach sein, einen müden und schwachen Menschen zu töten. Aber der Riese selbst hatte die ganze Nacht darauf gewartet, dass der Mann einschlafen würde und war deshalb müde und ohne Kraft. Und der junge Mann war frisch und ausgeruht. Er besiegte den Riesen mit seiner Axt und Pfeil und Bogen.

Danach verbrannte er das Haus und nahm seine Schwester wieder mit nach Hause. Er wurde als großer Held gefeiert und allen waren glücklich und zufrieden.

Text 10

Die Sage vom Traumfänger

Es war einmal eine Familie, die hatte jede Nacht schreckliche Albträume. Sie führten ein gutes und bescheidenes Leben, aber nachts kamen fürchterliche Kreaturen und Monster in ihre Träume und quälten die Familie. Der Vater war verzweifelt, denn er wollte seine Familie vor diesen Albträumen beschützen. Eines Tages nahm er seine Pfeife und ging in den Wald, um mit dem großen Geist zu sprechen. Er setzte sich auf eine freie Fläche im Wald, rauchte seine Pfeife und hörte dem Wind zu. „Ich kann dir helfen." Der Mann sah sich um, aber er konnte niemanden entdecken. Er dachte, dass er sich sicherlich getäuscht hatte. „Ich kann dir helfen." Wieder hörte der Mann eine Stimme. Dieses Mal war er sicher, dass er sich nicht getäuscht hatte und sah genauer um sich herum. Schließlich entdeckte er eine kleine Spinne, die auf einem Grashalm saß. „Hast du mich gerufen?", fragte er. „Ich war es, die dich gerufen hat. Ich möchte dir helfen. Du bist ein guter und bescheidener Mann und deine Familie hat es nicht verdient Nacht für Nacht zu leiden. In dieser Gegend leben böse Geister, unglücklich und ruhelos, und sie wollen dich und deine Familie zerstören. Ich werde dir meine Medizin beibringen und du wirst dich und deine Familie von den Albträumen befreien können. Während die Spinne sprach, band sie zwei Grashalme mit ihrem Faden zusammen. Danach schickte sie den Mann in den Wald, um verschiedene Dinge zu suchen: eine Adlerfeder, einen Stein, eine Muschel und eine Perlenschnur. „Die Adlerfeder symbolisiert die Luft und die Geister der Lüfte. Der Stein symbolisiert die Erde und die Geister der Erde. Die Muschel bedeutet das Meer und die Geister des Meeres. Und die Perlen sind Kinder des Feuers und symbolisieren die Geister des Feuers. Nimm diesen Traumfänger und hänge ihn über dein Bett. Mit der Hilfe und der Kraft von Erde, Wind, Feuer und Wasser wirst du die bösen Geister bekämpfen können und endlich wieder ruhig schlafen. Gute Geister können auf den geraden Linien zu dir kommen. Sie bringen dir schöne Träume und lassen dich ruhen. Böse Geister aber können auf den geraden Linien nicht gehen und bleiben im Netz hängen. Am Morgen verbrennen sie dann mit den ersten Sonnenstrahlen der aufgehenden Sonne."

Text 11

Sonne und Mond

Vor langer, langer Zeit lebten in einem Wald eine Großmutter und ihre wunderschöne Enkelin. Sie lebten dort ganz allein und hatten keinen Kontakt zu anderen Menschen. Als das Mädchen langsam erwachsen wurde, fragte sie ihre Großmutter: „Großmutter, wo sind all die anderen Menschen? Es kann doch nicht sein, dass es nur dich und mich auf dieser großen, weiten Welt gibt." „Früher lebten auf der Erde viele Männer und Frauen. Aber die anderen Menschen sind schon vor vielen Jahren von der Erde verschwunden. Sie hatten ein schlechtes Leben gelebt. Sie waren gierig, neidisch, böse und gewalttätig. Eines Tages hatte der große Geist beschlossen, dass die Erde wieder ein Ort des Friedens und der Harmonie werden müsse und hat alle Menschen auf der Erde vernichtet. Ich hatte damals Glück, dass ich ein großes und mächtiges Wissen über Medizin und Magie hatte und deshalb konnten wir beide der Vernichtung entkommen." Das Mädchen konnte die Geschichte aber nicht glauben. Es schien ihr sehr unwahrscheinlich, dass nur sie und ihre Großmutter diese Katastrophe überlebt haben sollten. Sie war sich sicher, dass es noch mehr Menschen auf der Welt geben müsse. Deshalb beschloss sie eine Reise zu machen und nach Überlebenden zu suchen. Sie würde die Welt bereisen und überall nachsehen, ob es nicht noch andere Menschen gäbe. Sie nähte sich 10 Paar Schuhe, packte ihre Reisetasche und machte sich auf den Weg. Eines Morgens als sie schon 10 Tage gewandert war, kam sie zu einem Haus. In diesem Haus gab es 12 Zimmer, aber es war niemand zuhause. Das Mädchen dachte, dass die Bewohner wahrscheinlich auf der Jagd wären und entschied sich bis zu ihrer Ankunft zu warten. Am Abend kamen zwölf junge Männer von der Jagd zurück und setzten sich an den großen Tisch im Esszimmer. Es dauerte eine Weile bis sie das junge Mädchen bemerkten. Der Mann, der das Mädchen zuerst bemerkt hatte, nahm sie an der Hand und führte sie zu seinem Platz und sprach: „Endlich habe ich eine Frau gefunden. Ich hatte schon lange keine Lust mehr meine Schuhe selbst zu nähen. Möchtest du diese Arbeit für mich machen?" Das Mädchen hatte kein Problem diese Arbeit zu übernehmen und so heirateten die beiden. Nach einem Jahr bekam das junge Paar einen Sohn, der aber leider schon nach 3 Tagen starb. Der Vater war so traurig über den Tod des Sohnes, dass auch er vor Kummer starb. Danach heiratete das junge Mädchen den jüngsten Mann, der aber auch bald starb. Das Mädchen heiratete einen Mann nach dem anderen und alle starben kurz nach der Hochzeit. Zum Schluss blieb nur noch ein Mann übrig, der Älteste der Brüder. Der Mann liebte das Mädchen aber nicht und so wurde da Mädchen jeden Tag trauriger und in ihrer Verzweiflung plante sie ihre heimlich Flucht. Sie lief und lief immer Richtung Osten bis sie zum Ende der Welt kam. Am Ende der Welt traf sie einen

161

Geist, der im Fluss angelte. „Geh weiter, hab keine Angst.", sagte der Geist und zeigte Richtung Osten zum Himmel. Und die junge Frau stieg hoch in den Himmel. Ihr Ehemann hatte Tage und Nächte nach ihr gesucht und kam schließlich ebenfalls am Ende Welt an. Dort fand er den fischenden Geist und fragte ihn, ob er seine Frau gesehen habe. Der Geist wollte ihm keine Antwort geben und tat als ob er ihn nicht gehört hätte. Der Mann wurde immer wütender und schrie letztendlich: „Wo ist meine Frau, verfluchter Geist. Sag es mir oder du wirst es bereuen." „Ich habe eine Frau gesehen, sie ging Richtung Osten zum Himmel. Aber sie gehört nicht dir und ist nicht deine Frau.", antwortete schließlich der Geist. Als der Mann Richtung Osten zum Himmel laufen wollte, rief der Geist: „Von heute an bis in alle Ewigkeit sollst du der Frau hinterherlaufen. Die Menschen sollen dich den Tagmacher nennen, der Mann, der den Tag zur Welt bringt." Nach einer Weile kam die Frau – der Mond – zurück zum Geist und bedankte sich für seine Hilfe. Als Dank flüsterte sie ihm ins Ohr: „Ich habe noch eine Großmutter. Sie ist eine freundliche und intelligente Frau und würde sich über deine Gesellschaft sehr freuen. Da lachte der Geist und ging in der Gestalt eines alten Mannes zur Großmutter und heiratete sie. Aus dieser Beziehung zwischen der Großmutter entstanden die neuen Menschen. Die Frau wurde später von den Menschen die Sonne der Nacht genannt und die zwölf Brüder waren die Monate, die bei Kontakt mit der Frau starben.

Text 12

Jaguar und Regen

Vor vielen Jahren gab es ein Haus, in dem es immer heiß und rauchig war. Das Haus war immer voll Rauch, weil die Menschen abends ein großes Feuer anzündeten. Wegen dem Feuer konnten die Menschen nicht in ihrem Haus schlafen und deshalb hängten sie draußen vor dem Haus Hängematten auf. In diesen Hängematten schliefen sie dann und genossen die frische Luft. In der Nähe des Hauses wohnte ein Jaguar. Abend für Abend beobachtete er das Haus. Er fand die Menschen sehr interessant, ihre Art und Weise zu leben schien ihm sehr eigenartig zu sein. Eines Abends traf er seinen Freund den Regen während er die Menschen beobachtete. „Was machst du hier?", fragte der Regen. „Ich beobachte die Menschen. Ich finde sie sehr interessant. Und wenn mir langweilig ist, mache ich ihnen Angst und lache, weil sie laut schreiend in ihr Haus hinein rennen.", antwortete der Jaguar. „Die Leute haben keine Angst vor einem Jaguar.", entgegnete der Regen. „Natürlich haben sie Angst vor mir. Ich bin eine gefährliche Raubkatze und wenn ich will, dann fresse ich sie alle zum Abendessen.", lachte der Jaguar.

„Täusch dich nicht, mein Freund. Es könnte dich das Leben kosten", warnte ihn der Regen. „Ich werde dir zeigen, wie die Menschen rennen können. Geh zu ihrem Haus und höre, wie sie schreien vor Angst.", sagte der Jaguar. Der Regen ging also zu den Menschen und wartete auf das Gebrüll des Jaguars. Der Jaguar brüllte so laut und so furchterregend wie er konnte und wartete auf die Rückkehr des Regens. „Hörst du die große Katze? Morgen machen wir schöne Taschen aus seinem Fell.", sagte ein Mann zu seinem Nachbar. „Das wird ein schönes Geschenk für meine Frau. Morgen werden wir den Jaguar mit Pfeil und Bogen jagen.", antwortete der andere Mann. Der Regen kehrte zurück zum Jaguar und erzählte ihm, was er gehört hatte. „Sie haben keine Angst vor dir. Sie sagten, dass sie dich morgen mit Pfeil und Bogen jagen und Taschen aus deinem Fell machen werden. Sei sehr vorsichtig morgen und verstecke dich gut! Und jetzt pass genau auf, ich werde dir zeigen, wie viel Angst die Menschen vor dem Regen haben! Geh zu den Menschen, versteck dich und hör zu!" Der Jaguar ging zu ein paar Büschen in der Nähe des Hauses und versteckte sich dahinter. Ein starker Wind fing an zu wehen, Blitze erhellten den Himmel und lauter Donner erschütterte die Erde. Dann fing es an immer stärker zu regnen. „Schnell, schnell, gehen wir in das Haus hinein. Der Regen kommt. Schützen wir uns vor dem Regen im Haus. Geht schnell nach drinnen!", riefen die Männer und rannten in das Haus hinein. „Hast du gesehen wie die Menschen Angst vor mir haben?", fragte der Regen den Jaguar.

Text 13

Der Seelöwe und das Mädchen

Es war einmal ein Seelöwe, der lebte am Ufer des Meeres in einem fernen Land in Südamerika. Eines Tages hatte er ein Mädchen am Ufer getroffen und hatte sich unsterblich in sie verliebt. Seit diesem Tag suchte er sie verzweifelt an allen Stränden entlang der Küste. Doch nirgends fand er eine Spur von ihr. So blieb ihm nur die Hoffnung, dass er sein geliebtes Mädchen eines Tages wiedersehen würde. Eines schönen Tages bemerkte der Seelöwe eine Gruppe von Frauen, die am Strand Muscheln sammelte und im Wasser nach Fischen fischte. Zu seiner großen Freude entdeckte er auch sein geliebtes Mädchen unter ihnen. Voller Glück und Zufriedenheit beobachtete er das Mädchen und wartete auf eine günstige Gelegenheit, um sich ihr zu nähern. Bald kam diese Gelegenheit auch. Das Mädchen hatte sich ein bisschen von den anderen Frauen entfernt und versuchte an einer einsamen Stelle Fische zu fangen. Sie hatte eine Angel und versuchte die Fische mit kleinen Stückchen Fleisch anzulocken. Der Seelöwe schwamm heimlich unter Wasser zum Fleisch und fraß es. Dann schwamm er wieder weg und wartete darauf, dass das Mädchen ein neues Stück Fleisch an der Angel befestigte und ins Wasser warf. Der Seelöwe stahl noch einige Male das Fleisch und schließlich wurde das Mädchen ungeduldig. „Das ist seltsam.", dachte sie sich, „Irgendein Fisch frisst mein Fleisch, aber er schafft es immer wieder zu entkommen." Weil es aber ein sehr ehrgeiziges Mädchen war, gab sie nicht auf und versuchte weiter einen Fisch zu fangen. Sie suchte ein großes Stück Fleisch in ihrer Tasche, band es an die Angel und warf es ins Wasser. Dieses Mal kam der Seelöwe zu dem Mädchen an der Strand. Er ergriff das Mädchen am Arm und zog es mit sich ins Wasser. Das Mädchen erschrak und schrie laut um Hilfe, aber die Frauen konnten sie nicht hören. Sie waren schon zu weit weg und konnten ihre Schreie nicht hören. Der Seelöwe entfernte sich immer weiter vom Ufer, das Mädchen auf seinem Rücken sitzend. Das Mädchen konnte nicht schwimmen, aber nach einer Weile hatte sie keine Angst mehr, denn sie hatte bemerkt, dass der Seelöwe freundlich und friedlich war. Sie begann die Reise auf seinem Rücken zu genießen. Nach einer Weile, das Mädchen wusste nicht ob es eine Stunde oder viele Stunden waren, schwamm der Seelöwe an Land. Nirgends waren Menschen zu sehen, weit und breit gab es nur Sand und das Meer. Der Seelöwe und das Mädchen legten sich an den Strand und ruhten sich aus. Wenn das Mädchen Hunger hatte, sammelte sie essbare Algen am Strand. Davon gab es so viele, dass es sicher keinen Hunger leiden würde. Schließlich bemerkten auch die Frauen, dass das Mädchen nicht mehr bei ihnen war und begannen sie zu suchen. Nach einer Weile gaben sie die Suche auf und gingen zurück zum Dorf, wo sie den Männern erzählten, was passiert war. Zusammen gingen die Männer und Frauen zurück zum Strand und sie suchten den ganzen Tag. Am Abend, als es schon fast dunkel war, entdeckten sie das Mädchen in einer Bucht. Sie winkten dem Mädchen und das Mädchen winkte zurück. Aber es dachte nicht daran, zurück zu gehen. Sie hatte sich in der Zeit, die sie mit dem Seelöwen verbracht hatte, verliebt und wollte bei dem Seelöwen bleiben und mit ihm leben. Als die Männer und Frauen an der Stelle ankamen, wo sie das Mädchen gesehen hatten, war das Mädchen verschwunden. Traurig gaben die Dorfbewohner die Suche auf. Das Mädchen blieb bei dem Seelöwen und verwandelte sich mehr und mehr selbst in einen Seelöwen. Sie lebten lange Jahre glücklich und zufrieden und bekamen viele Kinder.

Text 14

Die drei Schweine und der Wolf

Es waren einmal drei kleine Schweine. Die Schweine wohnten zusammen in einem schönen großen Haus. So lebten sie viele Jahre glücklich und zufrieden. Eines Tages aber beschlossen sie sich zu trennen und sich ihre eigenen Häuser zu bauen. Es war schön zusammen in einem Haus zu leben, aber die Schweine waren der Meinung, dass ein erwachsenes Schwein ein eigenes Zuhause bräuchte. Jedes der Schweine suchte sich einen schönen Platz und begann sein Haus zu bauen. Das erste Schwein baute sein Haus aus Stroh. Das zweite Schwein baute sein Haus aus Holz. Und das dritte und klügste Schwein baute sein Haus aus Stein. Die Schweine wussten nicht, dass in der Nähe von ihren neuen Häusern ein böser Wolf wohnte. Als der Wolf herausfand, wer seine neue Nachbarn waren, freute er sich schon auf das leckere Abendessen, das er aus den Schweinen machen würde. Eines Tages, es war ein scheußlicher Tag mit Wind und Regen, machte sich der Wolf auf den Weg, um die kleinen Schweine zu fangen. Zuerst ging er zum Haus aus Stroh. Der Wolf pustete ein bisschen und schon viel das Haus um. Das Schwein lief so schnell es konnte zu seinem Bruder und versteckte sich in seinem Haus aus Holz. Daraufhin ging der Wolf zum zweiten Haus. Er pustete und pustete, aber das Haus aus Holz war stabiler als das Haus aus Stroh. Der Wolf dachte eine Weile nach und hatte ein Idee. Er machte ein Feuer und mit dem Feuer brannte er das Haus nieder. Die Schweine rannten so schnell sie konnten zum Haus des dritten Bruders und versteckten sich in seinem Haus. Weil die Schweinejagd am Ende doch anstrengender war als der Wolf gedacht hatte, ging der Wolf nach Hause, um sich auszuruhen und am nächsten Tag seine Arbeit zu beenden. Am nächsten Morgen kehrte er zum Haus aus Stein zurück. Aber er hatte keine Idee, wie er das Haus kaputt machen sollte. Stundenlang ging er um das Haus herum und suchte nach einem Eingang oder einem schwachen Punkt, um das Haus zu zerstören. Er beschloss zu warten, schließlich würden die Schweine irgendwann Hunger bekommen und dann würden sie das Haus verlassen müssen. Die Schweine wollten aber nicht so lange warten und beschlossen dem Wolf eine Lektion zu erteilen. Sie machten ein Feuer im Kamin und zündeten drei dicke Äste damit an. Dann gingen sie zur Tür hinaus und direkt Richtung Wolf. Der Wolf erschrak sich so sehr als er die brennenden Äste sah, dass er so schnell er konnte zu seinem Haus lief, seine Koffer packte und nie mehr gesehen wurde. Die Schweine aber beschlossen, dass es klüger und auch schöner wäre zusammen zu leben und sich das Haus aus Stein zu teilen.

Text 15

Rumpelstilzchen

Es war einmal ein Müller, der war sehr arm und seine Familie hatte kaum etwas zu essen. Der Müller hatte eine wunderschöne Tochter. Eines Tages traf der Müller den König und erzählte ihm von seiner Tochter. Der Müller war ein Mann, der gern ein bisschen übertrieb und so erzählte er dem König, dass seine Tochter aus Stroh Gold spinnen könne. Das gefiel dem König natürlich sehr gut und deshalb lud er den Müller und seine Tochter auf sein Schloss ein. Dort sollte die Tochter ihr Talent vorführen und aus Stroh Gold spinnen.

Der König ließ ein ganzes Zimmer voll mit Stroh füllen und dort schloss er die Tochter ein. Er gab ihr eine Nacht, um aus dem vielen Stroh Gold zu machen. Sollte sie das nicht schaffen, würde der König sie töten lassen. Das Mädchen hatte aber keine Ahnung wie man aus Stroh Gold macht und wurde von Stunde zu Stunde verzweifelter. Sie fürchtete um ihr Leben und weinte vor lauter Verzweiflung. Auf einmal ging die Tür auf und ein kleines Männchen kam in das Zimmer herein. „Warum bist du so traurig, liebes Mädchen?", fragte das kleine Männchen, „Hast du Schmerzen? Kann ich dir vielleicht helfen?" Das Mädchen erzählte ihm von ihrer unlösbaren Aufgabe und davon, dass sie am nächsten Morgen sicher sterben würde. „Was gibst du mir, wenn ich dir helfe?", fragte das Männchen. Das Mädchen bot ihm ihr Halsband an und das Männchen akzeptierte. Er setzte sich an das Spinnrad und begann zu spinnen. Am Ende der Nacht war das ganze Zimmer voll mit Gold und das Männchen verabschiedete sich.

Am nächsten Morgen kam der König und war sehr erstaunt über das viele Gold, schließlich hatte er nicht geglaubt, dass das Mädchen wirklich solche Fähigkeiten besaß. Aber er war ein gieriger König und als er das viele Gold sah, wollte er mehr. Er ließ eine noch viel größeres Zimmer mit Stroh füllen und befahl dem Mädchen auch daraus Gold zu spinnen. Wieder saß das Mädchen die ganze Nacht in dem Zimmer und weinte vor Verzweiflung. Wieder ging die Tür auf und das kleine Männchen kam herein. „Ich sehe, du brauchst wieder meine Hilfe. Doch dieses Mal wird meine Hilfe ein bisschen teurer.", sprach das Männchen. „Ich gebe dir meinen goldenen Ring, wenn du mir hilfst.", bot ihm das Mädchen an. Und das Männchen setzte sich wieder an das Spinnrad und begann mit seiner Arbeit.

Wieder konnte der König nicht genug bekommen und in seiner Gier ließ er ein noch viel größeres Zimmer mit Stroh füllen. „Das ist die letzte Nacht, in der du arbeiten musst. Wenn du es schaffst alles Stroh zu Gold zu machen, werde ich dich heiraten.", versprach ihr der König. Wieder kam das

Männchen in der Nacht und bot dem Mädchen seine Hilfe an: „Das ist viel Arbeit für mich, aber ich werde dir noch einmal helfen. Was hast du, dass mich interessieren könnte?", fragte das Männchen. „Ich habe nichts mehr, was ich dir geben könnte. Du hast alles bekommen, was ich besessen habe. Mir bleibt nur mein Leben und auch das ist nichts mehr wert Morgen früh.", weinte das Mädchen. „Nun gut, ich sehe, dass du in großer Not bist und was für ein Monster wäre ich, wenn ich dir nicht helfen würde.", sagte das Männchen, „Wenn du Königin bist, gibst du mir dein erstes Kind und du hast keine Schulden mehr bei mir." Das Mädchen war so verzweifelt und wusste keinen anderen Ausweg, dass sie in das Geschäft einwilligte. Und wieder füllte sich die Kammer mit Gold und das Männchen verschwand am frühen Morgen. Als der König am nächsten Morgen in das Zimmer kam, war er sehr erfreut und hielt sein Versprechen. Einige Wochen später heiratete er die Tochter des Müllers. Ein Jahr später bekam die Königin ihr erstes Kind und hatte das Männchen schon lange vergessen. Eines Tages ging die Tür auf und das Männchen kam wieder herein. „Du erinnerst dich an dein Versprechen, liebe Königin? Du hast mir dein erstes Kind versprochen. Ich hoffe, dass du das nicht vergessen hast." Die Königin weinte vor lauter Verzweiflung und flehte das Männchen an ihr nicht das Kind wegzunehmen. Sie versprach ihm alle Reichtümer des Königreichs. „Ich interessiere mich nicht für Reichtümer. Wie du weißt, kann ich aus Stroh Gold machen. Ein kleines Kind allerdings interessiert mich sehr.", sprach das Männchen. Aber das Flehen des Königin weckte Mitleid in dem kleinen Männchen und so bot er ihr an: „Ich gebe dir drei Tage Zeit, damit du meinen Namen erraten kannst. Errätst du meinen Namen, darfst du dein Kind behalten." Die Königin schrieb lange Listen mit Namen und schickte ihre Diener in alle Ecken des Königreichs, um noch mehr Namen zu sammeln. Aber keiner der Namen war der Name des Männchens. Am dritten Tag kam einer ihrer Diener vom äußersten Rand des Königreichs zurück und erzählte ihr von einer Hütte und einem eigenartigen Männchen, das um ein Feuer herum tanzte und sang: „Heute back ich, morgen brau ich, übermorgen hol ich mir das Kind der Königin. Ach, wie gut, dass niemand weiß, dass ich Rumpelstilzchen heiß!" Die Königin war überglücklich und als das Männchen am nächsten Abend in ihr Zimmer kam, fragte sie ihn: „Heißt du vielleicht Rumpelstilzchen?" „Das hat dir der Teufel gesagt! Das hat dir der Teufel gesagt!", schrie das Männchen wütend und verschwand für immer.

Text 15

Frau Holle

Es war einmal ein Frau, die ihren Mann verloren hatte. Die Witwe hatte zwei Töchter, die eine war schön und fleißig und die andere war hässlich und faul. Weil die faule Tochter aber die erste Tochter war, behandelte die Mutter sie besser und die fleißige Tochter musste die ganze Arbeit allein machen. Jeden Tag musste sich das Mädchen auf den Rand des Brunnens im Garten setzen und spinnen bis ihre Hände von der Arbeit anfingen zu bluten. Eines Tages war die Spindel so blutig, dass das Mädchen sie im Brunnen waschen wollte. Leider ließ sie die Spindel in den tiefen Brunnen fallen. Sie lief zu ihrer Mutter und weinte. Die Mutter war aber eine unbarmherzige Frau und schimpfte sie sehr. Zur Strafe musste das Mädchen versuchen, die Spindel aus dem Brunnen heraus zu holen. Das Mädchen stand am Brunnenrand und wusste nicht, was es tun sollte. Vor lauter Verzweiflung sprang sie in den tiefen Brunnen, um die Spindel zu holen. Sie verlor das Bewusstsein und als sie aufwachte, wusste sie nicht, wo sie war. Sie sah sich um und bemerkte, dass sie nicht mehr im Brunnen war, sondern auf einer grünen Wiese voller Blumen und Schmetterlinge. Die Sonne schien und es war keine Wolke am Himmel zu sehen. Das Mädchen dachte, dass sie wahrscheinlich tot sei und der Ort der Himmel sein müsste. Sie stand auf und begann ohne Ziel auf der Wiese spazieren zu gehen. Nach einer Weile kam sie zu einem Backofen, der mitten auf der Wiese stand. „Hilfe! Hilfe! Hol mich aus dem Ofen! Ich bin schon lang fertig gebacken! Hilfe! Ich werde noch ganz schwarz!", schrie eine Stimme verzweifelt. Das Mädchen ging zu dem Ofen und sah, dass Brot im Ofen war und holte es heraus. Danach ging sie weiter und wieder hörte sie eine Stimme: „Schüttel den Baum! Schüttel den Baum! Wir sind schon viel zu lange hier oben und müssen endlich auf den Boden fallen." Das Mädchen sah sich um und sah einen Apfelbaum, der voll mit reifen Äpfeln war. Sie ging zu dem Baum und schüttelte den Baum mit aller Kraft. Nach und nach fielen alle Äpfel auf den Boden und als der letzte Apfel gefallen war, machte das Mädchen einen großen Haufen mit den Äpfeln und dann ging das Mädchen weiter. Nach einiger Zeit kam es zu einem hübschen, kleinen Haus. In dem Haus wohnte eine alte Frau mit riesigen Zähnen und das Mädchen fürchtete sich vor der Frau. Sie wollte gerade davon laufen, da rief die alte Frau: „Fürchte dich nicht, ich werde dir nichts tun! Ich bin die Frau Holle. Ich bin verantwortlich dafür, dass es auf der Erde schneit. Möchtest du für mich arbeiten? Es ist keine schwere Arbeit. Du musst nur meine Bettdecken schütteln, damit es auf der Erde schneit." Das Mädchen war einverstanden und blieb bei der alten Frau. Sie war wie immer sehr fleißig und schüttelte täglich die Bettdecken zur vollen Zufriedenheit der alten Frau. Dafür bekam sie jeden Tag leckeres Essen und hatte ein kleines, schönes

Zimmer im Haus. Frau Holle war eine sehr nette Frau und behandelte das Mädchen wie ihre Tochter. Endlich hatte das Mädchen ein Zuhause gefunden und fühlte sich glücklich und zufrieden und musste keine Angst mehr haben. Nach einer Weile aber bekam das Mädchen Heimweh. Obwohl es ihr bei der alten Frau viel besser ging und sie viel glücklicher war, vermisste sie ihr Zuhause. Schließlich bat sie die alte Frau, wieder nach Hause gehen zu dürfen. „Ich verstehe, dass du Heimweh hast und es ist gut so.", sagte Frau Holle, „Daheim ist daheim und so soll es auch sein. Du hast mir sehr geholfen und ich werde dich für deine Arbeit belohnen." Sie führte sie zu einem großen Tor unter dem das Mädchen stehen bleiben sollte. Dann fing es an Gold zu regnen und das Gold bedeckte nach einer Weile das Mädchen von oben bis unten. „Das ist alles dein Gold, weil du so fleißig und gehorsam warst. Ich wünsche dir ein schönes Leben. Und nun geh nach Hause!", verabschiedete sich Frau Holle. Das Mädchen ging durch das Tor und danach schloss sich das Tor wieder. Das Mädchen kam in der Nähe vom Haus ihrer Mutter an und machte sich gleich auf dem Weg, um nach ihrer Familie zu suchen. Die Mutter und die Schwester nahmen das Mädchen mit großer Freundlichkeit auf, wahrscheinlich wegen dem vielen Gold, welches das Mädchen bei sich trug. Das Mädchen erzählte die ganze Geschichte, die sie erlebt hatte und staunend hörten die anderen beiden Frauen zu. Die Mutter wollte, dass ihre andere Tochter das gleiche Glück und den gleichen Reichtum hatte und schickte das zweite Mädchen auf den Weg zu Frau Holle. Sie musste sich ebenfalls an den Brunnenrand setzen und spinnen bis ihre Hände blutig waren. Dann ließ sie die Spindel in den Brunnen fallen und sprang in den tiefen Brunnen. Sie wachte auf der grünen Wiese auf und machte sich gleich auf die Suche nach dem Haus der alten Frau. Als sie am Backofen vorbei kam schrie das Brot wieder laut: „Hilfe! Hilfe! Hol mich aus dem Ofen! Ich bin schon lang fertig gebacken! Hilfe! Ich werde noch ganz schwarz!" „Ich mache mir meine Kleidung nicht schmutzig nur wegen ein paar harten Broten.", rief das Mädchen. Wenig später kam sie am Apfelbaum vorbei, der wieder voll mit reifen Äpfeln war. „Schüttel den Baum! Schüttel den Baum! Wir sind schon viel zu lange hier oben und müssen endlich auf den Boden fallen.", riefen die Äpfel wieder. „Am Ende fällt mir noch ein Apfel auf den Kopf und ich verletze mich schwer.", rief das Mädchen und ging weiter. Bald kam sie zum Haus von Frau Holle und bat sie gleich ihr Arbeit zu geben. Am ersten Tag war das Mädchen sehr fleißig und tat alles, was Frau Holle ihr sagte. Auch wenn sie keine Lust mehr hatte, dachte sie an das viele Gold und arbeitete weiter. Aber am zweiten Tag verlor sie schon Stück für Stück die Lust zu arbeiten und wurde immer fauler. Und am dritten Tag stand sie nicht mal mehr aus dem Bett auf. Frau Holle war sehr unzufrieden mit ihrer Arbeit und bald entließ sie das Mädchen und wollte es nach Hause schicken. Das Mädchen war zufrieden und freute sich auf das viele Gold, dass ihr die alte Frau für ihre Arbeit schenken würde. Sie stellte sich unter das Tor und wartete auf den Goldregen. Aber anstelle des Goldes regnete es Pech und bedeckte das faule Mädchen von oben bis unten. Dann schickte Frau Holle sie nach Hause. Das Mädchen musste ihr ganzes Leben mit dem Pech auf ihrem Körper leben. Das war die Strafe für ihre Arroganz und Faulheit.

Text 16

Schneewittchen

Es war einmal eine Königin, die saß eines Winters in ihrem Zimmer und nähte. In Gedanken beobachtete sie wie der Schnee auf das schwarze Holz der Fensterbank fiel. Weil sie nicht aufpasste, stach sie sich in den Finger und drei Tropfen Blut fielen in den Schnee vor ihr auf der Fensterbank. „Wie schön das aussieht, rot und weiß und schwarz. Hätte ich ein Kind, würde ich mir wünschen, dass ihre Lippen so rot wie das Blut, ihre Haare so schwarz wie das Holz und ihre Haut so weiß wie der Schnee wären.", dachte sich die Königin. Ein Jahr später brachte die Königin eine Tochter zu Welt. Sie war wunderschön und sah aus wie die Königin sich es gewünscht hatte: Die Haare schwarz wie das Holz, die Lippen rot wie das Blut und die Haut weiß wie der Schnee. Die Königin gab ihr den Namen Schneewittchen. Kurz darauf starb sie aber leider an den Folgen der Geburt. Der König suchte sich eine neue Frau. Die Frau war stolz und eitel und hasste jede Frau, die nur annähernd so schön war wie sie. Sie hatte einen verzauberten Spiegel, den die Königin jeden Abend fragte: „Spieglein, Spieglein an der Wand, wer ist die schönste Frau im ganzen Land?" Und der Spiegel antwortete ihr: „Frau Königin, ihr seid die schönste Frau im ganzen Land. Es gibt keine Frau, die eure Schönheit übertreffen könnte." Die Königin war zufrieden, denn für sie gab es nichts Wichtigeres als die schönste Frau im ganzen Land zu sein. Die Jahre vergingen und Schneewittchen wurde älter und von Jahr zu Jahr schöner. Als sie 7 Jahre alt war, fragte die Königin eines Abends wieder den Spiegel. „Spieglein, Spieglein an der Wand, wer ist die schönste Frau im ganzen Land?" Und der Spiegel antwortete ihr: „Frau Königin, ihr seid die schönste Frau hier. Aber Schneewittchen ist noch tausendmal schöner als ihr. Sie ist die schönste Frau im ganzen Land." Die Königin erschrak und der Neid erfüllte sie mit Hass und Wut. Ihr Hass und ihre Wut wurden mit jedem Tag größer bis sie beschloss Schneewittchen töten zu lassen. Sie rief einen Jäger zu sich und befahl ihm Schneewittchen in den Wald zu bringen und sie dort zu töten. Als Beweis für ihren Tod sollte der Jäger dem Mädchen Leber und Lunge herausschneiden und zur Königin bringen. Der Jäger brachte das Mädchen in Wald. Aber als er das Mädchen sah, jung und wunderschön,

170

konnte er sie nicht töten, weil er schließlich kein Monster war. Er fing ein junges Reh, tötete es und schnitt ihm die Lunge und die Leber heraus und brachte sie der Königin. Das Mädchen ließ er im Wald zurück in der Hoffnung, dass es die wilden Tiere auffressen würden. Die böse Königin befahl dem Koch die Leber und die Lunge zu kochen und aß sie zum Abendessen, glaubend, dass es die Organe von Schneewittchen waren.

Schneewittchen wusste nicht, wohin sie gehen sollte und irrte durch den Wald. Nach einiger Zeit kam sie zu einem kleinen Haus. In dem Haus war alles klein, die Tür, der Tisch, die Stühle, die Betten. Alles war viel kleiner als Schneewittchen es aus dem Schloss kannte. Im Esszimmer stand ein Tisch mit sieben Stühlen und an jedem Platz gab es einen Teller, eine Gabel, einen Löffel und ein Messer. Sieben Teller, sieben Gabeln, sieben Löffel und sieben Messer. Im Schlafzimmer waren sieben kleine Betten mit weißen Decken und weißen Kopfkissen. Schneewittchen war sehr hungrig und durstig und setzte sich an den Tisch, um zu essen. Sie aß von jedem Teller ein bisschen Gemüse und ein bisschen Brot und trank einen Tropfen Wein aus jedem Glas. Sie wollte niemandem etwas wegnehmen. Danach suchte sie sich das Bett, das sie am bequemsten fand und legte sich schlafen. Später in der Nacht kamen die Besitzer des Haus von der Arbeit zurück. Sie waren Zwerge und arbeiteten in einer Mine in der Nähe. Dort suchten sie nach wertvollen Steinen. Als sie ins Esszimmer kamen fragte der erste Zwerg verwundert: „Wer hat auf meinem Stuhl gesessen?" Und der Zweite: „Wer hat von meinem Teller gegessen?" Der Dritte: „Wer hat von meinem Brot gegessen?" Der Vierte: „Wer hat von meinem Gemüse gegessen?" Der Fünfte: „Wer hat meine Gabel benutzt?" Der Sechste: „Wer hat mit meinem Messer geschnitten?" Und der Siebte: „Wer hat aus meinem Glas getrunken?" Verwundert gingen die Zwerge in das Schlafzimmer und fanden dort die Antwort auf ihre Fragen. Ein kleines Mädchen lag in einem Bett und schlief dort friedlich und zufrieden. Die Zwerge freuten sich sehr über den Besuch und ließen das Mädchen weiter schlafen. Am nächsten Morgen wachte Schneewittchen auf und erschrak beim Anblick der Zwerge. Die Zwerge waren aber sehr freundlich zu ihr und so erzählte sie ihnen, was ihr passiert war und dass sie kein Zuhause mehr hatte. Die Zwerge hatten Mitleid mit ihr und boten ihr an in ihrem Haus zu wohnen. „Du musst nur ein bisschen Hausarbeit machen, kochen, putzen und die Betten machen zum Beispiel.", sagten die Zwerge. „Ich bleibe sehr gern bei euch und helfe euch. Ich habe auf dieser Welt keinen anderen Platz mehr, wohin ich gehen könnte.", antwortete das kleine Mädchen. Und so blieb Schneewittchen bei den Zwergen und alle waren glücklich und zufrieden.

Die böse Königin glaubte aber, das Schneewittchen tot war und fröhlich fragte sie ihren magischen Spiegel: "Spieglein, Spieglein an der Wand, wer ist die Schönste im ganzen Land?" Da antwortete der

Spiegel: "Frau Königin, Ihr seid die Schönste hier, aber Schneewittchen hinter den Bergen, bei den sieben Zwergen ist noch tausendmal schöner als Ihr." Die Königin wusste nun, dass der Jäger sie betrogen hatte und wurde sehr böse. Wieder begann sie Pläne zu machen, wie sie Schneewittchen töten könnte. Sie verkleidete sich als alte Verkäuferin und machte sich auf den Weg. Als sie am Haus der Zwerge angekommen war, klopfte sie und rief: „Ich verkaufe Schnürriemen für dein Kleid. Mit den Schnürriemen siehst du noch viel hübscher aus und hast eine noch schönere Figur." Schneewittchen erkannte ihre böse Stiefmutter nicht und ließ die Frau herein. Dann band sie das Kleid von Schneewittchen mit den Schnürriemen so fest an ihrem Rücken fest, dass Schneewittchen aufhörte zu atmen und bewusstlos umfiel. Am Abend kamen die Zwerge nach Hause und fanden Schneewittchen ohne Bewusstsein. Schnell schnitten sie die Schnürriemen auf und langsam begann das Mädchen wieder zu atmen. Dann erzählte sie den Zwergen, was ihr passiert war. „Das war niemand anderes als die böse Königin.", riefen die Zwerge, „Öffne niemals niemanden die Tür, wenn wir nicht zu Hause sind." Die böse Königin war schnell nach Hause geeilt und fragte wieder ihren Spiegel: "Spieglein, Spieglein an der Wand, wer ist die Schönste im ganzen Land?" Da antwortete der Spiegel: "Frau Königin, Ihr seid die Schönste hier, aber Schneewittchen hinter den Bergen, bei den sieben Zwergen ist noch tausendmal schöner als Ihr." Wieder wurde sie sehr böse und dachte über eine andere Möglichkeit nach, um Schneewittchen zu töten. Sie suchte nach ihren Zauberbüchern und fand einen Zauberspruch, um einen Kamm zu verzaubern. Mit diesem Kamm ging sie wieder zum Haus der Zwerge. Zuerst wollte Schneewittchen nicht die Tür öffnen, aber als sie den schönen Kamm durch das Fenster sah, öffnete sie doch die Tür. Die böse Königin fing an ihre Haare zu kämmen und der Zauber begann zu wirken. Schneewittchen fiel ohne Bewusstsein auf den Boden und die Königin dachte, dass sie nun endlich tot wäre. Am Abend kamen die Zwerge wieder von der Arbeit nach Hause und fanden das bewusstlose Schneewittchen. Die Zwerge wussten sofort, dass es die böse Königin war und suchten nach der Ursache. Schnell fanden sie den Kamm und zogen ihn heraus. Kaum hatten sie den Kamm aus ihrem Haar heraus gezogen, wachte Schneewittchen wieder auf. Wieder war die Königin schnell nach Hause geeilt und fragte ihren Spiegel: "Spieglein, Spieglein an der Wand, wer ist die Schönste im ganzen Land?" Da antwortete der Spiegel: "Frau Königin, Ihr seid die Schönste hier, aber Schneewittchen hinter den Bergen, bei den sieben Zwergen ist noch tausendmal schöner als Ihr." „Schneewittchen muss endlich sterben!", schrie die böse Frau voller Wut. Sie ging in ein geheimes Zimmer, wo ihre finstersten und bösesten Zauberbücher standen. Mit ihrer Hilfe machte sie einen giftigen Apfel. Die grüne Seite war gut und die rote Seite war vergiftet und tödlich. Dann ging sie zurück zum Haus der Zwerge. Sie bot dem Mädchen einen Apfel an, aber Schneewittchen wollte die Tür nicht öffnen. „Hast du Angst vor Gift?", fragte die Königin, "Schau, ich esse selbst ein Stück. Der Apfel ist nicht vergiftet. Keine Sorge, mein Kind." Als Schneewittchen sah, dass die alte Frau den Apfel aß, fühlte sie sich sicher und öffnete die Tür. Sie nahm die andere Hälfte des Apfels und biss hinein. Sofort begann das Gift zu wirken und Schneewittchen fiel tot auf die Erde. Da lachte die Königin böse und ging nach Hause. Zurück im Schloss fragte sie wieder ihren magischen Spiegel: "Spieglein, Spieglein. an der Wand, wer ist die Schönste im ganzen Land?" Da antwortete der Spiegel: "Frau Königin, Ihr seid die Schönste im ganzen Land." Endlich war die Königin zufrieden und ihr böses, neidisches Herz wurde wieder ruhig. Als die Zwerge abends nach Hause kamen, versuchten sie alles, was sie konnten, um Schneewittchen wieder zum Leben zu erwecken. Aber nichts half. Sie bauten ihr einen Sarg aus Glas, damit die Zwerge sie jeden Tag bewundern könnten. Eines Tages kam der Königssohn am Haus der Zwerge vorbei und sah den Sarg aus Glas. „Dieses Mädchen ist so wunderschön. Ich glaube, ich kann nicht mehr ohne sie leben. Gebt mir den Sarg und das Mädchen. Ich gebe euch, was ihr wollt. Kein Preis ist zu hoch.", bat der Prinz. „Wir brauchen kein Geld und kein Gold.", antworteten die Zwerge. „Dann gebt sie mir als Geschenk, ich kann ohne sie nicht mehr leben." Die Zwerge hatten Mitleid mit dem jungen Mann und schenkten ihm den Sarg mit Schneewittchen. Die Diener des Königssohnes trugen den Sarg Richtung Schloss und auf dem Weg stolperte ein Diener. Durch den Stoß fiel das Stück vergifteter Apfel aus Schneewittchens Mund und bald öffnete Schneewittchen wieder die Augen und war wieder lebendig. Der Prinz und die Zwerge waren überglücklich und bald feierten sie Hochzeit. Eines Abends fragte die böse Königin wieder ihren magischen Spiegel: "Spieglein, Spieglein an der Wand, wer ist die Schönste im ganzen Land?" Da antwortete der Spiegel: "Frau Königin, Ihr seid die Schönste hier, aber die junge Königin hinter den Bergen, bei den sieben Zwergen ist noch tausendmal schöner als Ihr." Da wusste die Königin, dass Schneewittchen nicht tot war. Die Wut und der Hass füllten ihr Herz, aber diesmal war es selbst für ihr böses Herz zu viel und sie fiel tot auf den Boden. Schneewittchen und der Prinz lebten glücklich und zufrieden für lange Zeit.

Made in the USA
Middletown, DE
30 June 2017